憲法學的新視野(一)

憲法理論與法學方法

張嘉尹 著

自序：邁向多元與開放的憲法學

　　本書是作者預計出版之論文集系列的第一本，所收錄的論文以對於憲法學的方法論與理論反思為主要的問題意識，這種對於法學的反思意識，二十幾年來一直伴隨著我的學習與研究。從碩士階段的《憲法解釋理論之研究》，博士階段的《基本權客觀面向的證立與批評》，到回台後十多年來從事的法學研究中，我總是發現，欠缺理論反思的法學只會走向僵化與教條化，其結果是法學不但不與法學對話，法學也不與外界對話，法學看似的自主性其實是以自居於象牙塔中為代價，今日不少對於法學的批評即著眼於此，這個現象可稱之為「法釋義學的教義化」（die Dogmatisierung der Rechtsdogmatik）！

　　法學的核心或典範雖然是法釋義學（亦有稱之為「法教義學」），但是作為一門學問的法釋義學本身並不是自足的，即使僅僅從事於整理、分析與評論法律實務的資料，或是對於法律進行正確的詮釋與續造，法釋義學都會遭遇到一些自身無法解決的問題，此時有賴其他學科或是研究領域的支持，方能脫離困境，因此無論在教學與研究上，法律社群在狹義的法學或所謂的部門法學之外，還發展出一些被稱為基礎法學的研究途徑，比較為人所熟悉的是法理學、法學方法論以及法社會學，法理學宛如指南針，提供法學一個永遠朝向正義的方向感，法學方法論像是3D地圖，同供法學對於自身的定位與自身邏輯的理解，法社會學則是法學的活水源頭，透過法律事實的研究，協助法學不昧於生活世界的錯綜複雜。基礎法學雖然對於狹義法學有這麼多的貢獻與功能，但是稍加觀察即可發現，基礎法學在各方面的邊緣化，已經不是一天兩天的現象，除了種種現實因素之外，部

門法學的背後似乎隱隱有一種學術意識型態，認為正統法學即是部門法學，而部門法學即是法釋義學，殊不知部門法學加上基礎法學才是法學的康莊大道，這是本書所收錄各篇論文所共享的一般旨趣，亦即，提倡一種更寬廣的法學視野，主張法學中理論反思的必要性，如果套一句德國哲學家康德的名言：「欠缺知性的感性是盲目的，欠缺感性的知性是空洞的。」可以這麼表達：「欠缺理論的法釋義學是盲目的，欠缺法釋義學的理論是空洞的。」

　　本論文集收錄的論文，大抵皆撰寫於2000到2005年之間，這段期間是我回台以後的前六年，主要將留德期間即已發展的一些方法論與理論層面的想法，針對幾個具體的問題意識做一些落實與開展，前三篇〈論「價值秩序」作為憲法學的基本概念〉、〈基本權理論、基本權功能與基本權客觀面向〉、〈憲法解釋、憲法理論與「結果考量」〉，處理憲法解釋與憲法理論在論證結構上的關連，其中並蘊含一個想法，認為法解釋無法不納入對於社會現實的描述與考量，可以說已經涉及法的科際整合研究。第四與第五篇〈憲法、憲法變遷與憲法釋義學〉、〈憲法釋義學的繼受與其界限〉（以德文寫成），處理作為繼受法學之憲法釋義學的方法論問題，這個問題意識早就出現在討論「價值秩序」的第一篇論文，所要反省的是直接將法學移植當作比較法學的學術慣習，並在不否認繼受法學的歷史存在與其貢獻的前提之下，思索如何建立一種具有自主性與在地性的憲法學。最後兩篇論文〈法律原則、法律體系與法概念論〉、〈法學方法與法律推理〉則已經超出憲法學的領域，前者討論當代德國法哲學暨公法學者Robert Alexy的法理論，由於他具體處理的問題都在憲法學領域，因此可視為運用法理論於憲法學所開展的極佳範例，十分具有參考價值。後者則從傳統德國法學方法論的困境出發，將眼光轉移到英美法

學對於法律思維的探討，試圖為法學方法論找到另一個觀察與分析的角度，對於憲法解釋的議題亦能提供一些參考。由於本書所收錄的論文都是在數年之前完成與發表，參考文獻的引註必然有不少缺漏之處，本書雖做了一些增補，但是仍不完整，這是必須事先向讀者致歉之處。

論文集的名稱原本取為《憲法學的視野》，以呼應書中各篇論文的基本方法論立場，主張打開作為憲法釋義學之憲法學的視野，並提倡一種多元的、開放的憲法學理解，這種視野的開放不但必須立基於嚴格的方法論意識，而且必須建立憲法理論的中介上，方才有可能在開放的同時不致喪失其應有的同一性，不致於在法律科際整合研究的洶湧趨勢下，失去其作為憲法學的身分。類似想法，並非我所獨創，目前無論在強調法律科際整合研究的美國，或是在擔憂憲法學過度法釋義學化的德國，都能找到知音。林主編建議將書名微調成《憲法學的新視野》，由於不失作者原意，又可以強調這種立場與傳統以來對於憲法學理解之間的差異，我欣然接受這個新名稱。

由於我生性疏懶，過去這些年來學界友人幾度催促，雖曾產生集結論文出版的想法，如果不是五南圖書出版公司法律主編林振煌先生的積極促成與大力協助，恐怕到現在這本論文集的雛型都還沒出現，對於林主編的玉成此事，我十分感激。本書的出版，還要感謝幕後幫忙統籌與校對的學生與出版社編輯，有蕭旭東、蔡敦盛、陳鼎駿、黃大烜、陳昱寧、黃蓼、吳明儀與李承毅同學的協助，以及五南圖書出版公司編輯人員的持續用心，本書才能在此時問世。

張嘉尹

作者簡介

張嘉尹

現職：世新大學法律學系教授

學歷：德國慕尼黑大學法學博士

經歷：東吳大學法學院兼任教授

　　　台灣大學法律學院兼任副教授

　　　台北大學法律學系兼任助理教授

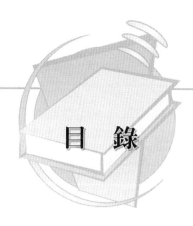

目　錄

1 論「價值秩序」作爲憲法學的基本概念

摘要 SUMMARY

　　近十幾年來大法官的釋憲實務逐漸採用「價值秩序」或是類似概念，作為憲法論證的理據，本文嘗試以比較憲法的研究模式來探討此概念，分析該概念在我國以及德國憲法實務的使用方式，並檢討其背後所蘊含的憲法學理問題。本文發現，我國大法官的釋憲見解中，對此概念有三種用法：將基本權利視為價值體系；以價值體系來詮釋特定的憲法條文；將憲法的整體解釋為價值體系。將憲法或是憲法條文「價值體系化」之後，並以此為進一步憲法論證的基礎與出發點。德國憲法實務引進價值秩序概念已超過半世紀，一開始是為了發展「防衛性民主」的理論基礎──「受價值拘束的憲法秩序」，其後則著重將基本權利定性為價值秩序，並依此展開基本權利客觀面向，憲法的「價值秩序化」是為了解決憲法論證的問題所選擇的方法，「價值秩序」概念具有濃厚的工具性。「價值秩序」概念在德國提出後遭致來自法學方法論的、基於基本權利保障的與基於憲法權力分立原則的批評，就此，本文指出採用「價值秩序」的概念，並沒有批評者

主張的種種缺點。本文並分析該概念與憲法解釋的關係，指出
「價值秩序」概念的使用與「結果考量」的解釋方法緊密相關，
「價值秩序」概念僅作為推論形式，但是實質論證則要藉由「結
果考量」來建立。最後，本文建議大法官審慎使用「價值秩序」
的概念，為了避免憲法論證的空洞化，應加強實質的說理。

關鍵詞

- 價值秩序
- 價值體系
- 比較憲法
- 基本權利客觀面向
- 基本權利的客觀法內容
- 法學方法
- 結果考量
- 法律原則
- 憲法解釋
- 權力分立

一、序論：比較憲法學的研究態度

　　憲法的發展，常常受到外國憲法的啟發與影響，不只在憲法的制定與修改上，在憲法的權威解釋與學理探討上，外國憲法也發揮著難以忽視的影響力，例如在探討釋憲機關的憲法解釋界限時，所謂的「政治問題原則」（political question doctrine）或是「司法自制」（judicial self-restraint）原則就常常成為討論的焦點[1]，這樣的探討，正是屬於比較憲法學的論域。在過去我國憲法實務仍然處於比較低度發展的時候，比較憲法學常常被當作憲法學來教授與研究，而有其不可忽視的貢獻，但是這也可能是其盲點所在，因為不管從憲法條文的內容或是憲法實務所面臨的問題看來，每個國家的憲法與憲法實務都有其獨特性，所以比較憲法學無法取代（本土）憲法學；在現今憲法實務已經漸漸「向上提昇」的時候，比較憲法學也面臨著轉型的挑戰，那種毫不猶豫地將留學母國的憲法學說與實務見解移植本土的做法，就越來越遭受了是否合理的質疑。

　　外國憲法學概念的移植與繼受有時候會被戲稱為停滯於「比較法學」階段的思維模式，有時候也會被冠以「概念法學式思考」的名稱，此種標籤化的做法雖有其部分道理，但是卻也伴隨著對話中止的風險，此外在論理上，也極可能因為標籤化而造成推論上的「稻草人

---

[1] 關於我國大法官會議解釋對於「政治問題原則」的運用，請參考李建良，〈政治問題與司法審查〉，收錄於《憲法理論與實踐（一）》，1999年，頁413以下。關於「政治問題原則」在我國憲法上的適用及其困難，請參考許宗力，〈憲法與政治〉，收錄於《憲法與法治國行政》，1999年，頁39以下，他認為「政治問題原則」並不適用於我國，建議參考德國的「功能取向分析法」(funktionell-rechtlicher Satz)（亦可翻譯為「功能－法觀點」）；本文認為「功能－法觀點」雖然避開了拒絕審判的難題，然而其規範基礎卻有待進一步之探討，姑不論此觀點之實用性如何，可以想像的問題是：「為何憲法法院進行司法審查時必須考慮到事務決定者的功能合適性？」

謬誤」。事實上，概念的釐清不但有助於法學思考的清晰性與邏輯性，也可以加強法律論證的合理性，而且並不是談論概念就會陷入概念式的思考，概念的釐清更有助於避免毫不保留的繼受外國法律的理論及其概念，使得批判性的發展與有條件的繼受成為可能。與其批評「比較法學」是概念法學，還不如去探究「比較法學」在本土憲法論述中應有的定位以及可能的貢獻，如果直接或是不具理由的套用外國憲法學的概念與理論，是有待反省並且應予正當化（rechtfertigen; justify）的做法，則留下待解的任務即是去研究這些被移植或繼受的觀念其道理（Grunde）何在，唯有在對於理由與論據的燭照之下，比較憲法學才容易找到其正確的定位，也才有可能在進行本土憲法解釋與論證時，有道理的參照與運用外國憲法學的概念，免於半意識的受到這類「前理解」（Vorverständnis）的影響[2]。因此不加思索的接受與毫無理由的排斥外國憲法學概念，都不是上上之策，比較憲法學當今的命運正是遊走於此兩端之間。

　　本文將秉持上述的態度來研究「價值秩序」的概念[3]，由於此概

---

[2] 讓法律解釋者在進行解釋活動時，時時會反省或是意識到「前理解」的影響，正是哲學詮釋學對於法律解釋學的一大貢獻，當然作為解釋可能性條件的「前理解」，永遠無法被完全的反省到，這是理解與解釋的宿命，但是這並不妨礙對於解釋合理性或正確性的追求，除非此處的合理性或是正確性是一種基於主體哲學主客觀二元對立而來的絕對「客觀性」，然而這種「客觀性」的概念在當代哲學的水平上早已站不住腳。關於哲學詮釋學「前理解」的意義以及其對於解釋過程的關鍵性角色，請參考張嘉尹，《憲法解釋理論之研究》，台大法研所碩士論文，1992年，第三章。

[3] 採取「價值秩序」而非國內更常用的「價值體系」為標題，一方面是作者主觀品味的選擇，另一方面是因為該等概念的來源─德國憲法學界，比較常使用「價值秩序」的概念。無論「價值秩序」或是「價值體系」都似乎預設了一個和諧的價值世界，這樣的預設或許只是理性的要求，卻絕難反映該世界中價值之間的衝突與鬥爭，尤其是法律適用常需要面臨價值衡量的情境，更可以突顯價值之間緊張與不諧。在當代社會，也就是馬克思‧韋伯(Max Weber)所說的除魅後的世界中，在價值的世界裡發生的是不斷持續而且永無中止的「諸神的戰爭」。

念在本土憲法學以及憲法實務上越來越常被使用，因此有必要探討其在憲法學理與實務上的起源與發展，分析「價值秩序」概念的用法與意義，並基於他山之石可以攻錯的道理[4]，檢討憲法學上使用「價值秩序」概念之優缺點，嘗試為憲法「價值秩序」理論在我國的繼續發展與運用上的可能性與其局限，提供憲法學理的參考。

二、我國憲法實務對「價值秩序」與類似概念的使用

二次大戰之後，德國波昂基本法基本權利作用範圍的擴大過程中，「價值秩序」（Wertordnung）或是「價值體系」（Wertsystem）的概念曾扮演關鍵性的角色，我國近年來憲法實務與學界進行憲法解釋時，類似的憲法學概念也成為重要的觀點與論據所在。大法官解釋中最早提及基本權利「價值體系」概念的，是釋字第372號解釋中由蘇俊雄大法官所提出之協同意見書：「憲法保障之基本權利與自由之『價值體系』中」，其後在釋字第405號解釋的不同意見書（蘇俊雄大法官）、釋字第437號解釋的不同意見書（王澤鑑大法官）中，也都有使用到此概念。釋字第461號解釋的協同意見書（林永謀大法官）亦提及憲法第67條第2項之「價值體系」。首度在解釋

---

[4] 從五零年代德國聯邦憲法法院提出「價值秩序」理論之後，就一直遭受德國憲法學界的猛烈批評，比較著名的例子是 *Carl Schmitt*, Die Tyrannei der Werte, in: Säkularisierung und Utopie. Ebracher Studien, 1967, S. 37 ff. *Ernst Forsthoff*, Die Umbildung des Verfassungsgesetzes, in: Dreier, R/Schwegmann, Fr. (Hg.), Probleme der Verfassungsinterpretation, 1976, S. 58 ff.; ders., Zur Problematik der Verfassungsauslegung, 1961以及*Ernst-Wolfgang Böckenförde*, Grundrechtstheorie und Grundrechtsinterpretation, in: ders., Staat, Verfassung, Demokratie. Studien zur Verfassungstheorie und zum Verfassungsrecht, 1991, S. 115 ff.; ders., Grundrechte als Grundsatznormen. Zur gegenwärtigen Lage der Grundrechtsdogmatik, in: ders., ebda., S. 159 ff.; Helmut Goerlich, Wertordnung und Gründgesetz, 1973. 其中E. Forsthoff的文章還引起德國憲法學界在六零年代有關憲法解釋的論戰，關於此論戰的背景及發展，請參考張嘉尹，前揭碩士論文，第七章。

文與解釋理由書中提及「憲法之『價值體系』」的是釋字第485號解釋，其後釋字第490解釋也在解釋文與解釋理由書當中提到「憲法價值體系」。釋字第499號解釋，則使用一個類似的概念──「憲法整體規範秩序」。「價值秩序」概念則僅在釋字第392號解釋的解釋理由書中出現過一次。以下僅針對釋字第485號解釋、釋字第490號解釋與釋字第499號解釋當中，憲法「價值秩序」與類似概念的使用做分析。

（一）釋字第485號解釋

釋字第485號解釋的解釋文與解釋理由書皆提到：「憲法第七條平等原則並非指絕對、機械之形式上平等，而係保障人民在法律上地位之實質平等，立法機關基於憲法之價值體系及立法目的，自得斟酌規範事物性質之差異而為合理之區別對待。」

大法官在此號解釋中，根據憲法前言、第1條、基本國策及憲法增修條文第10條之規定，論證「促進民生福祉」乃憲法基本原則之一，亦即為憲法價值體系的一環。但是適用憲法第7條平等原則時，卻沒有從憲法整體之價值體系導出合理差別待遇的評價基準，而是直接承認立法者可以基於社會政策考量，制定法律將福利資源為限定性之分配。在此種用法裡，憲法價值體系的功用僅在於作為導出「民生原則」的來源，然而既然根據憲法前言、第1條、基本國策及憲法增修條文第10條之規定，即可以論證我國憲法中包含該原則，則是否有使用「憲法價值體系」概念的必要，實在令人懷疑。

（二）釋字第490號解釋

釋字第490號解釋的解釋文提及：「服兵役之義務，並無違反人性尊嚴亦未動搖憲法價值體系之基礎，且為大多數國家之法律所明定，更為保護人民，防衛國家之安全所必需，與憲法第7條平等原則及第13條宗教信仰自由之保障，並無牴觸。」

在此號解釋中，首先令人不解的是，何謂憲法價值體系之「基礎」？如果憲法價值體系就是憲法的基本決定——憲法的基礎，則其「基礎」應該是贅語；若是如同德國憲法學界部分學者的看法，主張人性尊嚴是憲法價值體系的基礎，則應將該句改寫為類似「並無違反作為憲法價值體系基礎的人性尊嚴」的句子，比較妥當。其次，如果只是要論證服兵役之義務並沒有違反憲法第7條平等原則及第13條宗教信仰自由之保障，似乎也沒有提及「憲法價值體系」概念的必要。

（三）釋字第499號解釋

對憲法修改是否具有界限的問題具有劃時代意義的釋字第499號解釋，無論在論斷民國88年9月4日國民大會表決的程序重大瑕疵，還是在指摘該次修憲延任內容的違憲性時，都使用了類似憲法價值秩序的概念，但是在用法上卻有所不同。在過去的大法官會議解釋中，憲法價值體系大多被當作是導出憲法或基本權利進一步內容的規範性基礎，然而在本號解釋中，憲法價值體系的功用則在於標示制憲時的基本決定——「自由民主憲政秩序」，本號解釋結合了憲法價值體系與制憲權所做的基本決定，所以憲法的價值體系就成了憲法修改不得逾越的界限。這樣做的優點在於，一方面憲法價值體系並非憑空出現，而是由制憲者在制憲當時所設立，因此可以說明憲法價值體系的

起源；另一方面，抽象的「憲章」（Verfassung），即制憲者的基本決定，也因為憲法價值體系理論的提出，而不再只是個形式架構，有了進一步的內容。

大法官在論斷國大修憲的程序瑕疵時，曾經在解釋理由書中提到：「蓋通過憲法修改案之讀會，其踐行不僅應嚴格遵守憲法之規定，其適用之程序規範尤應符合自由民主憲政秩序之意旨」「至於僅作大體討論即交付審查之一讀會其開議出席人數究採上開條款所定人數抑國民大會組織法第八條代表總額三分之一或參照一般會議規範所定出席人數為之，由國民大會依議事自律原則自行處理，但其處理仍應符合自由民主憲政秩序之原則，並非毫無限制」。

在推論修憲不可逾越的界限時，大法官也在解釋文中提及：「惟憲法中具有本質之重要性而為規範秩序存立之基礎者，如聽任修改條文予以變更，則憲法整體規範秩序將形同破毀，該修改之條文即失其應有之正當性。憲法條文中，諸如：第一條所樹立之民主共和原則、第二條國民主權原則、第二章保障人民權利，以及有關權力分立與制衡之原則，具有本質之重要性，亦為憲法整體基本原則之所在。基於前述規定所形成之自由民主憲政秩序，乃現行憲法賴以存立之基礎，凡憲法設置之機關均有遵守之義務。」[5]「本件關於國民大會代表及立法委員任期之調整，並無憲政上不能依法改選之正當理由，逕以修改上開增修條文方式延長其任期，與首開原則不符。而國

---

5 對此憲法價值體系內容的闡釋嘗試，請參考李惠宗，〈談憲法的價值體系─評釋字第四九九號解釋及第六次憲法增修條文〉，刊載於《月旦法學雜誌》，第61期，頁142以下。該文雖然列了許多作為憲法價值體系的原則，並提及憲法的價值體系是先「決定」後「發現」，亦即由人類的共同經驗所決定，然後才是制憲者在制憲時予以「錨定」，但是這種描述方式對於「價值體系」／「價值秩序」作為憲法概念所涉及的問題卻沒有進一步的說明。

民大會代表之自行延長任期部分，於利益迴避原則亦屬有違，俱與自由民主憲政秩序不合。」

　　在本號解釋中，大法官一方面認定憲法增修條文在法效力位階的定位上亦屬於憲法層次，但是另一方面卻又將憲法規範區分成兩類，並區別其效力的高低，認為憲法規範當中「具有本質之重要性而為規範秩序存立之基礎者」效力較高，憲法修改時不可以將其變更，否則就會造成「破毀」憲法的情形，並同時主張此種「破毀」憲法的修憲條文不具正當性。雖然大法官沒有在解釋文或是解釋理由書當中，明白表示採取「制憲權」高於「修憲權」的理論，或是「憲章」高於「憲律」的理論，但是可以推論的是，本號解釋的相關部分似乎以此為其理論基礎；換言之，本號解釋採取了「修憲有界限論」的立場，並將「修憲有界限論」與憲法價值體系理論相結合，認定修憲的界限──傳統所說的「憲章」──就是憲法價值體系，並稱之為「自由民主的憲政秩序」。

（四）小結

　　綜上所述，大法官的釋憲見解中，有三種將我國憲法定性為價值體系的方式：其一是將基本權利視為價值體系，其二是以價值體系來詮釋特定的憲法條文，其三是將憲法的整體解釋為價值體系。將憲法「價值體系化」之後，則有兩種進一步的做法，首先是，以價值體系／價值秩序作為繼續論證的基礎與出發點。雖然在使用的脈絡中，這兩個概念的意義與用法大略相同，但是我國憲法實務偏愛使用「價值體系」的概念；其次是，將憲法價值體系詮釋為「自由民主憲政秩序」，並定性為憲法秩序的基礎，亦即其最核心的內涵，具有「本質

的重要性」，即令同是憲法位階的修憲條文，如果與其牴觸即失去正
當性，雖然大法官沒有明白的宣告該等條文「違憲無效」，但是在論
證脈絡中可做如此解釋；此外，關於「自由民主憲政秩序」，大法官
亦有進一步的說明，認定其內容為「憲法整體基本原則」，例如民主
共和國原則、國民主權原則、保障人民權利、權力分立與制衡之原
則。

　　到底像憲法的「價值秩序」或是「價值體系」這樣的概念應該如
何理解？「價值秩序」的「導出」或是使用，有無進一步正當化的可
能或是局限？這些問題，在過去的大法官解釋裡，並不能得到多少啟
示，因為這些概念常常只是用來正當化憲法解釋中的論證，被視為理
所當然，作為論證的前提而非闡釋的對象。就發展與精緻化本土憲法
學而言，「價值秩序」概念的這種使用方式，未嘗不是一個值得深思
的課題。由於「價值秩序」或是類似的憲法概念，發展自德國憲法實
務與憲法學理，因此本文將循著「價值秩序」概念在德國憲法實務的
發展軌跡，與價值秩序理論在德國憲法學界所遭遇的質疑與批評，嘗
試對這些問題作初步的釐清。

三、價值秩序理論在德國的發展

（一）「價值秩序」概念的出現

　　「價值秩序」概念或是其同位語，並非憲法學上的新概念，尤
其是「價值」（Wert）這個概念，在德國新康德學派哲學的影響之
下，早就屬於十九世紀末與二十世紀初德國法哲學的關鍵字眼，「價
值體系」概念在威瑪時代也是憲法學「整合理論」（Integration-

slehre）的重要概念[6]，但是這些概念，到了第二次世界大戰後，隨著
聯邦憲法法院的建立，才開始在德國憲法實務上扮演重要的角色，尤
其是在「基本權利客觀面向」（objektive Dimension der Grundre-
chte）[7]──「基本權利的第三人效力」、「基本權利作為組織與程
序的保障」與「基本權利的保護義務」──的展開過程中，更是具有
關鍵性的意義。

（二）「價值秩序」概念與類似用語

「價值秩序」概念的同位語，尤其是與基本權利相關的術語，常
用的大概有十幾個：「客觀價值秩序」（objektive Wertordnung）、
「價值體系」、「憲法的基本決定」（verfassungsrechtliche Grund-
entscheidung）、「基本權作為客觀規範」（Grundrechte als ob-
jektive Normen）、「方針」（Richtlinien）、「推動」（Im-
pulse）、「價值決定的基本規範」（wertentscheidende Grund-

---

[6] 憲法學整合理論的代表人Rudolf Smend將基本權利視為一個「價值體系」（Wertsystem）與
「文化體系」（Kultursystem），請參考*Rudolf Smend*, Verfassung und Verfassungsrecht, in: Sta-
atsrechtliche Abhandlungen und andere Aufsätze, 3. A. 1994, S. 264.

[7] 德國學界對此概念的使用並未統一，亦有稱為「基本權利作為原則規範」（Grundrechte als
Grundsatznormen）（例如*E.-W. Böckenförde*, Grundrechte als Grundsatznormen, in: ders., Staat,
Verfassung, Demokratie, 1991, S. 159 ff.）「基本權利作為客觀規範」（Grundrechte als objec-
tive Normen）（例如*Robert Alexy*, Grundrechte als subjektive Rechte und als objektive Normen,
in: ders., Recht, Vernunft, Diskurs. Studien zur Rechtsphilosophie, 1995, S. 262 ff.）、「基本權利
的客觀法內容」（objektiv-rechtliche Grundrechtsgehalte）（例如Dimensionen der Grundrechte.
Von der Wertordnungsjudikatur zu den objektiv-rechtlichen Grundrechtsgehalten, 1993）或是「基
本權利作為客觀法原則」（例如*H. D. Jarass*, Grundrechte als Wertentscheidungen bzw. objek-
tivrechtliche Prinzipien in der Rechtsprechung des Bundesverfassungsgerichts, in: AöR 1985, S. 363
ff.）。此外，就此概念所指涉的對象亦有差異，有學者將「基本權利客觀面向」的「再主觀
化」亦包含在此概念之中，例如*K. Stern*, Das Staatsrecht der Bundesrepublik Deutschland, Bd.
III/1, 1988, S. 922; 978 ff.

satznorm）、「客觀法的價值決定」（objektivrechtliche Wertent-scheideung）、「結構原則」（Strukturprinzipien）、「基本原則」（Grundprinzipien）、「主導規範」（Leitnorm）、「準則規範」（Masstabnorm）、「設定」（Postulat）[8]。涉及基本權利時，這些概念的用法還可區分成兩類：有時候將基本權利的整體視為一個「價值秩序」，有時候只涉及個別基本權利的「價值秩序」，作為導出（ableiten）該基本權利進一步內容──「客觀法內容」或「客觀法功能」──的推論基礎[9]。

（三）「受價值拘束的秩序」與政黨禁止

　　雖然價值秩序跟德國戰後基本權利客觀面向的發展關係十分密切，但是「價值秩序」與其相關概念在德國聯邦憲法法院判決中的出現，並不是始自作為基本權利第三人效力（Drittwirkung der Grundrechte）開端的Lüth判決，而是首度出現在跟政黨禁止有關的判決。在聯邦憲法法院1952年與1956年所做的兩個政黨禁止判決中，德國基本法秩序被解釋為一個「受價值拘束的秩序」（wertge-bundene Ordnung），並由此建立「自由民主的基本秩序」（frei-heitlich-demokratische Grundordnung）理論與「防衛性民主」（streitbare Demokratie）理論[10]。在這兩個判決中，「受價值拘束

---

[8]　可參考Robert Alexy在Grundrechte als subjektive Rechte und als objektive Normen, in: ders., Recht, Vernunft, Diskurs, 1995, S. 264 f.中對於類似概念的整理。

[9]　對於德國憲法實務「基本權利客觀法內容」（objektiv-rechtliche Grundrechtsinhalte）的導出與「價值秩序」關係的簡要分析，請參考 *Chia-Yin Chang*, Zur Begründung und Problematik der objektiven Dimension der Grundrechte, 2000, 2. Kapitel.

[10]　或譯為「戰鬥性民主」，意指憲法秩序下的民主不是價值中立的，也不採取價值相對主義，而是受到一些基本價值所拘束，而且對於對抗此民主秩序的行為並不採取寬容的態度，反而會採取特定措施，例如政黨禁止或是基本權剝奪，來作自我防衛。關於「防衛性民主」的概

的秩序」是用來詮釋作為一個整體的憲法秩序，而非特別指涉由基本權利所構成的整體秩序。

（四）價值秩序與「基本權利客觀面向」的導出

德國聯邦憲法法院將基本權利定性為「客觀價值秩序」，對於「基本權利的客觀面向」與「基本權利的客觀法內容」（objektiv-rechtliche Grundrechtsgehalte）的導出，有決定性的影響。由於本文重點不在討論「基本權利的客觀面向」以及個別「基本權利的客觀法內容」，而著重作為其論證中介的「價值秩序」概念，因此僅能對這些個別論題作簡略的探討[11]。

1. 基本權利的間接第三人效力

Lüth判決則是由價值秩序導出「基本權利客觀面向」的典範性判決，也是往後聯邦憲法法院導出其他「基本權利客觀法內容」的判

念，請參考 *Erhard Denninger*, "Streitbare Demokratie" und Schutz der Verfassung, in: Ernst Benda/ Werner Maihofer/ Hans-Jochen Vogel(Hrsg.), Handbuch des Verfassungsrechts, 2. Aufl. 1994, S. 690 ff.

[11] 關於德國「基本權利的客觀法內容」（亦有翻譯為「基本權利作為客觀法規範」），國內已經有相關文獻引介，例如陳新民，〈憲法基本權利及「對第三者效力」之理論〉，收錄於《憲法基本權利的基本理論》（下冊），1990年，頁57以下；李建良譯（Christian Starck原著），〈基本權利之保護義務〉，收錄於《憲法理論與實踐》，1999年，頁105以下；陳愛娥，〈基本權利作為客觀法規範—以「組織與程序保障功能」為例，檢討其衍生的問題〉，1999年三月二十日發表於中央研究院中山人文社會科學研究舉辦第二屆「憲法解釋之理論與實務」學術研討會；李建良，〈基本權利與國家保護義務〉，發表於前揭學術研討會。另外我國學者亦有據此對大法官會議解釋中的基本權利作功能分類，請參考許宗力，〈基本權功能與司法審查〉，刊載於《人文及社會科學》，六卷一期，頁24-34（1996年1月）；〈基本權程序保障功能的最新發展—評司法院釋字第四八八號解釋〉，刊載於《月旦法學雜誌》，第54期，頁153以下（1990年11月）。然而國內學界對於隱藏在這些「基本權利客觀面向」背後的問題：「如何從基本權利規定當中導出這些新功能？」，更精確的說是：「這樣的基本權利解釋如何被正當化？」仍未作有系統的探討。

決先例。在本判決中，基本權利除了具有主要的功能──人民對抗國家的防禦權（Abwehrrechte）──之外，還被定性為客觀的價值秩序（objektive Wertordnung）。聯邦憲法法院認為，這種由基本權利規定[12]所體現的客觀價值秩序是憲法的基本決定，對所有的法律領域都具有規範效力，而且對於所有的國家權力，無論是行政權、立法權抑或司法權，都具有綱要性的拘束力。此外，可以從本案的判決理由中看出，基本權利的新定性與基本權利內容擴張的理由在於，要原則性地加強其效力[13]。本案中，聯邦憲法法院採取「基本權利的間接第三人效力」（mittelbare Drittwirkung der Grundrechte）理論，認為基於基本權利的客觀價值秩序，基本權利雖然沒有水平的、直接的在人民與人民的私法交往當中起作用，原則上人民無法對其他人民直接主張基本權利，但是基本權利卻是法官在解釋民法「概括條款」（Generalklauseln）與「不確定法律概念」（unbestimmte Rechtsbegriffe）時，必須尊重的準則。法官在審判中解釋與具體化「概括條款」與「不確定法律概念」時，必須依據相關基本權利的精神為之，因此基本權利就可以透過這些橋樑，「間接的」在人民與人民的交往當中發生效力[14]。如果法官在解釋「概括條款」與「不確定

---

[12] 「基本權利規定」（Grundrechtsbestimmung）的概念是指憲法之中保護基本權利的條文本身，與此概念應予區別的是基本權利的「意義」（Bedeutung）或是「內容」（Inhalt），意指「基本權利規定」的意義與內容，概念與其意義在此是可以區分的兩個層次。這個區別建立在規範語句的語意學概念上，區分規範語句（Normsatz）與規範（Norm），規範即是規範語句的意義，「基本權利規定」只是句子（規範語句），而「基本權利的主觀防禦權面向」、「基本權利的客觀法內容」皆是基本權利規範，亦即其意義，關於語意學的規範概念（der semantische Normbegriff）請參考 *Robert Alexy*, Theorie der Grundrechte, 1986, S.42 ff.

[13] BVerfGE 7, 198 (205).

[14] 其他與「間接的基本權利第三人效力」有關的聯邦憲法法院判決，例如BVerfGE 49, 89; 66, 166; 73, 261; 81, 242。

法律概念」時，沒有尊重相關基本權利的客觀價值秩序，則不但在客觀上違背憲法規定，在主觀上，法官作為公權力的行使者也違背應遵守基本權利的憲法義務，所作出之判決就有可能因此而違憲。在Lüth案當中，由於普通法院在解釋德國民法第826條「公序良俗」（die guten Sitten）時，未能尊重作為基本法第5條第1項「意見自由」（Meinungsfreiheit）權的客觀價值秩序，因此其判決就被宣告違憲。

　　這種基本權利的作用模式稱為「基本權利的放射效力」（Ausstrahlunswirkung der Grundrechte）比較妥當，因為基本權利影響的是法律的解釋與適用，並且不局限於民法領域，而是對所有法律領域都發生效力，只有作用在民法領域時才稱為「基本權利的間接第三人效力」。

2. 基本權利作為組織與程序的保障

　　第二個從客觀價值秩序導出的「基本權利客觀法內容」是「透過組織與程序來實現與保障基本權利」（Grundrechtsverwirklichung und-sicherung durch Organisation und Verfahren），一般都簡稱為「作為組織與程序保障的基本權利」（Grundrechte als Organisations-und Verfahrensgarantie）。於此應釐清的是，這種基本權利的客觀法內容不應與「程序性的基本權利」（Verfahrens-und Prozessgrundrechte）相混淆，是為了保障「實質性的基本權利」（materielle Grundrechte）而導出來的程序與組織面向[15]。基本權利作為組織與程序保障不但意味著，解釋與適用國家程序法規與組織法規時，應

---

[15] 關於此基本權利客觀法內容在德國憲法實務中的發展可參考*Helmut Goerlich*, Grundrechte als Verfahrensgarantien, 1981一書。

尊重相關基本權利的價值秩序，還意味著，有時要本於此價值秩序課予國家制定程序與組織法規的義務。在當代的社會條件之下，人民想要實現其基本權利，有時候必須仰賴法律先行形塑實現基本權利的前提，尤其是去制定與實現基本權利有密切關係的組織法規與程序法規。由於基本權利的組織與程序保障發展到此階段，已經與基本權利的保護義務（grundrechtliche Schutzpflichten）在內容上有所重疊，因此有學者主張，基本權利的組織與程序保障功能，並不是一項獨立的「基本權功能」（Grundrechtsfunktion），而是一個與其他「基本權功能」交叉的面向[16]。

3. 基本權利的保護義務

　　「基本權利保護義務」（grundrechtliche Schutzpflichten）[17]的想法出現在二十世紀70年代的德國，到了80年代以後就逐漸成為最受矚目的基本權利客觀法內容，但是就近代憲法發展史而言，國家對人民具有「保護義務」的思想觀念無論在憲法學還是在國家理論中都不陌生，無論是1776年的「維吉尼亞人權法案」（Virginia bill of rights）或是在1789年的「法國人權宣言」裡，都可以看到將「安全」（Sicherheit）視為國家任務或是共同體目標的想法[18]。這種國家對於人民的保護任務，到了十九與二十世紀幾乎已經成為不言而喻之理，所以在這個時期的憲法當中，要不是根本沒有出現在憲法條文

---

[16] *H. D. Jarass*, Baustein einer umfassenden Grundrechtsdogmatik, in: AöR 1995, S. 353.

[17] 也有學者將之稱為「國家的保護義務」（staatliche Schutzpflichten），其實兩種講法都有道理，主要是看從什麼角度觀察，認為保護義務是基本權利的作用模式之一則稱之為「基本權利的」保護義務，但是從國家作為義務主體的角度觀察，則可稱之為「國家的」保護義務。

[18] 請參考*Klaus Stern*, Das Staatsrecht der Bundesrepublik Deutschland, Bd. III/1, 1988, S. 932 ff.; *Josef Isensee*, Das Grundrecht als Abwehrrecht und als staatliche Schutzpflicht, in: Josef Isensee/Paul Kirchhof (Hrsg.), Handbuch des Staatsrechts der Bundesrepublik Deutschland Bd. V, 1992, S. 156 ff.

上，就是只有在憲法前言才會被提到；但是隨著社會結構的變遷，尤其是新科技發展所造成的影響，到了二十世紀中期以後，對於基本權利的危害常常不僅來自於國家這端，還常常是出自同屬基本權利主體的第三人的行為，於是「保護義務」的觀念再度興起，只是這次卻是化身為基本權利的內在要求，成為第三個由客觀價值秩序導出來的「基本權利客觀法內容」。然而由於「價值秩序」的概念常常引起不必要的誤解與批評，所以在「基本權利保護義務」判例往後的發展裡，有時候聯邦憲法法院會直接使用「基本權利客觀法內容」的概念，直接從基本權利規定——尤其是德國基本法第2條第2項——的「客觀法內容」，導出國家的保護義務[19]；有時在判決中完全不提及「基本權利的客觀法面向」，而直接從基本權利規定導出保護義務[20]。

　　「基本權利的保護義務」意味著，人民可以根據基本權利規定，向國家請求保護其基本權利所保障的法益（grundrechtlich ge-schützte Rechtsgüter），以免受到其他人民的侵害[21]。在德國，「基本權利的保護義務」由於一方面與基本權利防禦權面向的強烈對比，另一方面又與「基本權利的第三人效力」相似，具有「人民－國家－人民」三角組合，而且與基本權利組織與程序保障具有交叉關係，所以從80年代起就成為基本權釋義學（Grundrechtsdogmatik）所探討的焦點問題之一[22]。

---

[19] 如BVerfGE 53, 30 (57)-Mülheim-Kärlich-Beschluß，BVerfGE 56, 54 (78 f.)-Fluglärmentscheidung。

[20] BVerfGE 88, 203 (604)-Schwangerschaftsabbruch-Urteil II.

[21] 請參考 *H. H. Klein*, Die grundrechtliche Schutzpflicht, in: DVBl 1994, S. 490.

[22] 關於「基本權利的保護義務」在德國的發展，中文文獻可參考前揭李建良譯（Christian Starck 原著）〈基本權利之保護義務〉一文。

4. 小結

　　在早期聯邦憲法法院的判決裡，「基本權利的客觀法內容」大都是藉由基本權利的客觀價秩序導出，然而由於價值秩序理論的價值概念帶有許多容易遭到誤解的色彩，而且各種類型的「基本權利客觀法內容」也逐漸成為判決先例的一部分，所以聯邦憲法法院後來就比較少引用價值秩序理論，有時會直接提及「基本權利的客觀面向」或是「基本權利的客觀法內容」；這個憲法實務的發展在憲法學界也可以看到共鳴，在1996年新出版的一本基本法注釋書裡，「基本權利的客觀面向」已經與防禦權面向並列，成為該注釋書討論個別基本權利的固定章節[23]。實則「價值秩序」並不必然如同批評者所言，是帶有許多恣意與主觀色彩的概念，從基本權利的規定抽離出基本權利所要保障的價值秩序，然後以此價值秩序為基礎，導出「基本權利的客觀法內容」，只是整體論證過程中的部分邏輯步驟。這種推論模式與在此之前的做法有一個最大的差異，亦即對於基本權利的基本看法並不相同，傳統看法認為基本權利就是「主觀防禦權」（subjective Abwehrrechte），採取價值秩序理論者則認為，「主觀防禦權」只是基本權利作用模式或「基本權功能」中的一種，如果想要比較完整的保障人民的基本權利，還需要其他的作用模式，這就表現在基本權利的諸種客觀法內容以及其「再主觀化」（Re-subjektivierung）的結果上[24]。

---

[23] Horst Dreier (Hrsg.), Grundgesetz Kommentar Bd. 1, 1996.

[24] 「再主觀化」是指將「基本權利的客觀法內容」從國家的義務面向脫離出來，承認人民有相應於此國家義務的的主觀權利。這個問題涉及一個重要的爭論，亦即是否原則上只要能從基本權利規定導出其「客觀法內容」，即必須承認有相應於此內容的主觀權利？Robert Alexy 即基於，對此採取肯定的看法，請參考 *Robert Alexy*, Grundrechte als subjektive Rechte und als objektive Normen, S. 262 ff.

四、對於價值秩序理論的批評與反省

(一)「價值秩序」概念的使用不屬於「法學方法」?

德國最早嚴厲批評價值秩序理論的是著名的行政法學者Ernst Forsthoff,他認為將基本權利定性為價值秩序,然後從價值秩序導出超出防禦權性質的基本權利內容,是建立在「人文科學方法」(geistwissenschaftliche Methode)上,如果法院採取此法來解釋憲法將無法避免解釋的恣意性,因為憲法的概念明確性將因「價值秩序」概念的引入而失其作用;換言之,使用「價值秩序」概念將使得憲法解釋過度彈性化,憲法原有的概念形式將因而喪失限制恣意解釋的作用,因此Forsthoff主張應該回歸「法學方法」(juristische Methode),方可保障憲法解釋的「合理性」,然而這種主張提出之後卻受到許多批評,因為「法學方法」很可能並不與「人文科學方法」相對立,而僅是其中之一種[25]。而且在法學方法上主張單純地回歸「法學方法」即可保障憲法解釋的「合理性」或「客觀性」,在當時已經達到的學術水平上也遭到強烈的懷疑[26]。

雖然Forsthoff在法學方法上的主張有許多缺點,然而他卻很有眼光的發現,聯邦憲法法院的論證雖然在推論上十分依賴價值秩序理論,但是卻同時隱含著一種要讓基本權解釋適合時代條件的「結果考

---

[25] 這在法學方法論後來的發展當中更受到確認,例如傳統法學方法論的代表人物之一Karl Larenz就認為法學方法僅能是精神科學方法的一種,請參考*Karl Larenz*, Methodenlehre der Rechtswissenschaft, 5. Aufl., 1983, S. 346.

[26] 五零年代在德國法學界興起了「問題探討法」(Topik),緊接著法律解釋學研究又受到Hans-Georg Gadamer哲學詮釋學(philosophische Hermeneutik)的影響,因此對於傳統的法學方法能否保障法律解釋的客觀性,大多抱持懷疑的態度。相關問題請參考張嘉尹,前揭論文,第七章以後。

量」（Folgenorientierung），因此他在批評「人文科學方法」會造成憲法法院的擴權之餘，並沒有完全反對「基本權利的間接第三人效力」，他只是主張法院應該將論證的重點放在真正的理由──結果考量──之上，法院應該論證，由於社會結構的改變，個人相對於有組織的社會權力的保護需求也提昇了，鑒於這種已經改變的社會事實來重新解釋基本權利，以達成充分保障個人自由的目的，是符合憲法意旨的[27]。這項看法是值得贊同的，本文認為，在當今實現自由的社會條件改變下，建立在傳統「侵害防禦」（Eingriffsabwehr）思想上的基本權釋義學體系，已經無法再充分的保障個人的自由與權利，因此不可以再以法學方法的穩定性為唯一的理由，阻止法院由現有的基本權利規定解釋（論證）出新的基本權功能。

（二）「價值秩序」概念導致價值衡量恣意性？

價值秩序理論常被批評者詬病的是，「價值秩序」概念的引入會使得法官在解釋憲法時，不是藉此概念偷渡自己偏好的價值，就是容易受到判決當時社會流行的價值所影響[28]，因此就背離了憲法的原意或是憲法原先蘊含的價值判斷，因為「價值秩序」是一個空洞的概念，就像黑箱一般，誰都可以從中取出他所要的答案，這樣就會使憲法解釋充滿恣意性。此種批評看來銳利，卻無助於解決憲法解釋的問題，因為問題的根源之一是憲法規定的語句結構。許多憲法的規定，尤其是基本權利規定，都是很簡要的，甚至是不完整的規範語句，而

---

[27] *Ernst Forsthoff*, die Umbildung des Verfassungsgesetzes, in: Dreier, R/Schwegmann, Fr.(Hg.), Probleme der Verfassungsinterpretation, 1976, S. 62.

[28] *Ernst-Wolfgang Böckenförde*, Grundrechtstheorie und Grundrechtsinterpretation, in: ders., Staat, Verfassung, Demokratie, 1991, S. 130.

且也使用許多「開放性概念」（offene Begriffe），而且如上所述，為了要保障人民的基本權利，必須考慮隨著社會結構變遷而改變的實現自由的社會條件，因此基本權利的解釋必須具有或多或少的動態性質（Dynamik），凡此種種都造成基本權解釋具有一定程度的開放性，也顯示評價性因素的重要性。如果批評者認為，基本權利所要保障的價值／法益，亦即基本權利的價值秩序，無法成為論證與解釋基本權利的依據，因為會造成解釋的恣意性，同樣的解釋恣意性也會發生在相當空洞的「法學方法」上，因為這是基本權利規定的語句特質所造成，所以「法學方法」也無法成為解釋「合理性」或是「客觀性」的準據，例如論及藝術自由時，「藝術」概念的意義就很難透過所謂的「法學方法」得到釐清。此外，為了擴大基本權利保障的範圍，達成基本權利保障自由的目的，某種程度的基本權解釋不確定性，難道不也是應該詳加考慮以及忍受的後果？片面的強調憲法解釋的穩定性，並依此來批評「價值秩序」的概念，其實已經是循環論證，因為將推論的結果置於推論的前提上，憲法解釋的穩定性只是諸多考慮中的一環，而不是判別憲法解釋「合理性」的唯一準則。

（三）「價值秩序」概念預設固定的價值位階秩序？

有一種對於「價值秩序」概念的批評，是質疑價值秩序理論預設了一種「實質價值倫理學」（materiale Wertethik），由於根本找不到一個合理可接受的「價值位階秩序」（Wertrangordnung）來保障價值判斷的「客觀性」，所以採用「價值秩序」概念會造成憲法解釋的恣意性與不合理性。這樣的批評固然有其部分道理，但是其成立的前提是價值秩序理論必須預設一個固定不變的「價值位階秩序」，然

而可以思考的是，為了保障「價值秩序」使用的合理性，必然要接受
如此的預設嗎？Robert Alexy就建議，要避免上述的質疑，價值秩序
理論只需要使用「柔性的（weiche）價值秩序」概念取代「剛性的
（harte）價值秩序」概念即可。

1. 「柔性的」的價值秩序取代「剛性的」價值秩序

「剛性的價值秩序」是指，在此秩序中牽涉到基本權利的所有決
定，其所有結果都必須已經互為主體的（intersubjektiv）確立了，
然而如同批評者所主張，這樣的價值秩序顯然不可能存在。但這只是
「價值秩序」概念的一種詮釋，其難以成立並不能導出「價值秩序」
概念的使用一定不合理，而且也無法排除其他詮釋的可能性。Alexy
提出一種可以與理性價值衡量（Abwägung）相配合的「柔性價值秩
序」概念，他認為此種價值秩序可以透過兩種方式來發展，第一種是
透過對於特定的價值或是原則的初步選擇而來，亦即先認定一些特定
的價值或是原則比其他價值或是原則的位階高，但是這種認定是初步
的（prima facie），而不是最終的。第二種方式是建立一個具體的偏
好決定網絡，來處理價值位階的問題[29]。

Alexy的「柔性價值秩序」概念跟他使用的「衡量」（Abwä-
gung）以及「理性證成」（rationale Begründung）概念緊密相連，
他認為面對價值衡量可以有兩種態度，第一種可稱為「決斷模型」
（Dezisionsmodell），主張價值衡量是非理性的過程，沒有方法可
以對此加以理性的控制，衡量完全是由衡量者依其恣意做成[30]；第
二種是「說理證成模型」（Begründungsmodell），區分做出偏好

---

[29] *Robert Alexy*, Theorie der Grundrechte, S. 142 f.
[30] *Robert Alexy*,（見註29），S. 143 f.

的心理過程與對於已經做出的偏好選擇為說理證成，並將價值衡量
的合理性建立於說理證成的合理性之上[31]。要去辯護「柔性價值秩
序」概念，除了要接受Alexy自己所建立的作為理性法律論述理論的
法律論證理論之外[32]，更要接受兩個特殊的前提，第一個是將法律
原則（Rechtsprinzipien）視為「極佳化誡命」（Optimierungsge-
bot）[33]，第二個是主張「原則模型」（Prinzipienmodell）可以成功
的轉換成「價值模型」（Wertemodell）[34]。然而這兩個前提是否能
成立，在德國學界卻不無爭議，限於篇幅，本文對此僅能在以下兩節
做簡單的探討。Alexy透過柔性化「價值秩序」概念來為價值秩序理
論奠立更深入的理論基礎，雖然是迄今為止對於價值秩序理論的最佳
辯護，然而這個辯護卻也引起一些理論上的爭議，例如關於法律論證
理論、原則理論的爭議。因此如果Alexy的辯護難以成立，價值秩序
理論就必須重新面對這些猛烈的批評，不過要駁倒Alexy亦非易事，
因為他為價值秩序理論的辯護建立在環環相扣的幾個理論上，而且這
些理論又具有和諧性，要批評必須「多面作戰」。

2. 法律原則作為「極佳化誡命」

　　Alexy藉由Dworkin對於原則與規則（rule; Regel）的區分展開

---

[31] *Robert Alexy*,（見註29），S. 144 ff.

[32] 請參考Robert Alexy成名作亦是其博士論文的：Theorie der juristischen Argumentation. Die
Theorie des rationalen Diskurses als Theorie der juristischen Begründung, 2. A., Frankfurt am Main
1991；關於Alexy的法律論證理論，中文文獻請參考顏厥安，〈法、理性與論證〉，收錄於
《法與實踐理性》，1998年，頁97以下。

[33] *Robert Alexy*, Jürgen Habermas' Theorie des juristischen Diskurses, in: ders., Recht, Vernunft, Dis-
kurs, 1985, S. 167 ff.

[34] *Robert Alexy*,（見註29），S. 133.

他的原則理論[35]，他認為原則與規則的最大差別在於規範衝突的解決方式。兩個規則衝突時，只能透過建立一個例外條款或是宣告規則之一失效才能解決；但是兩個原則衝突時，只要原則之一在此具體案例中退讓即可，無須建立例外條款或是宣告其中之一失效，換言之，雖然原則之一在此案例中獲勝，但是在另一個案例卻不一定獲勝，所以要適用相衝突的兩個原則中的那一個，端視具體個案決定。

Alexy對於原則的定義不同於傳統[36]，法律原則不只是法律秩序的中心原則或是其深層結構，而具有某種規範邏輯上的意義，「原則」是法律規範的一種結構特徵，所以稱一個法律規範具有原則的性質，即是將此規範定性為「極佳化誡命」（Optimierungsgebot）。原則是一種「理想的應然」（ideales Sollen），要求自身之儘可能的實現，然而原則的實現有賴於事實的可能性與法律的可能性[37]，所以原則作為規範，即要求鑒於事實可能性與法律可能性，儘可能的實現其自身的內容[38]。

有學者批評，Alexy對於原則的新定義，將一個額外的後設誡命──「極佳化誡命：要求儘可能去實現規範的內容」──加在被定位為原則的規範身上，卻沒有說明這個新加上的後設誡命是從哪裡來的？由於這種原則的新定義在各方面都具有重大的影響，因此對於此

---

[35] 但是Alexy沒有像Dworkin一樣將原則與基本權利做概念的連結，而承認其他規範也有可能是原則，請參考 *Robert Alexy*, Theorie der Grundrechte, S. 99；關於Dworkin與Alexy對於原則與規則的區分，中文文獻請參考顏厥安，〈法與道德──由一個法哲學的核心問題檢討德國戰後法思想的發展〉，收錄於《法與實踐理性》，1998年，頁63以下。

[36] 例如Josef Esser在Grundsatz und Norm in der richterlichen Fortbildung des Privatrechts. Rechtsvergleichende Beiträge zur Rechtsquellen-und interpretationslehre, 4. Aufl., 1990一書當中的界定。

[37] *Robert Alexy*, Zum Begriff des Rechtsprinzips, in: ders., Recht, Vernunft, Diskurs, 1995, S. 203 f.

[38] *Robert Alexy*,（見註29）, S. 75.

後設誡命應該透過說理加以證成，而不是僅僅在定義時加上去[39]。

另一類批評則針對「極佳化誡命」本身而發，論者認為「極佳化誡命」的意義不清楚，具有多義性，因為什麼叫做規範的實現並不很清楚，因此極有可能把「極佳化」當作是「最大化」（Maximierung）來了解。因此會有學者認為，將原則定義為「極佳化誡命」將產生一個危險，那就是將憲法的具體化（Verfassungskonkretisierung）固著於一個唯一的點上[40]，亦即在解釋憲法時，只要求一個被定性為原則的規範在社會現實中做最大的實現。在憲法解釋上將原則片面地絕對化的可能性，正是導因於「極佳化」的語意不清，要避免對原則做出這種解釋，就必須避免將「極佳化」當作「最大化」，而同時考慮到原則的實現亦有賴法律上的可能性，一個原則規範在具體個案中取得優勢，並不基於該規範被定性為原則，而是基於對兩個原則做價值衡量的結果。

3. 價值秩序與原則理論不具相容性？

Alexy所提出「柔性價值秩序」概念的第二個重要支柱，建立在從「原則模型」轉換到「價值模型」的可能性。雖然因為原則具有「義務論的」（deontologische）性格，價值具有「價值論的」（axiologische）性格，使得原則與價值兩者有所區別，但是Alexy主張兩者在許多方面具有很多相似性[41]，而且兩者之間也具

---

[39] 關於此批評，可參考 *Peter Lerche*, Die Verfassung als Ouelle von Optimierungsgeboten?, in: Joachim Burmeister u. a. (Hrsg.), Verfassungsstaatlichkeit. Festschrift für Klaus Stern zum 65. Geburtstag, 1997, S. 204 ff.；ders., Facetten der Konkretisierung von Verfassungsrecht, in: Ingo Koller u.a. (Hrsg.), Einheit und Folgeichtigkeit im Juristischen Denken. Symposion zu Ehren von Herrn Professor Dr. Dr. h.c. multi. Claus-Wilhelm Canaris, München 1998, S. 7 ff.

[40] *Peter Lerche*, Facetten der Konkretisierung von Verfassungsrecht, S. 21.

[41] *Robert Alexy*, （見註29）, S. 125.

有廣泛的結構一致性[42]，因為在語言使用上，我們會論及原則衝突
（Prinzipienkollision）以及在兩個原則之間衡量，也會論及價值衝
突（Wertekollision）以及在兩個價值之間衡量，在法律的解釋與適
用上，兩者的用法幾乎一樣，如果我們將德國聯邦憲法法院判決中的
「原則」概念與「價值」概念互換，意義也不會改變[43]；此外，不管
是原則的實現還是價值的實現都是程度的問題。因此Alexy就推論，
在法律論證當中也可以不由「原則模型」出發，而由「價值模型」
出發，所有價值理論的問題可以在原則理論的框架中討論，反之亦
然[44]。

（四）從價值秩序到「義務秩序」？

　　有論者批評，原本客觀價值秩序的使用，是為了導出「基本權
利的客觀法內容」，如同在Lüth案中由基本權利的秩序論證「基本
權利的間接第三人效力」，其背後真正的理由原是在於原則性的加強
基本權利的效力，但是價值秩序理論的發展，造成越來越多的「基本
權利客觀法內容」的出現，尤其是「基本權利的保護義務」的出現，
有時卻反轉了原先所欲達成的目的──對基本權利效力的強化，反而
會弱化或是威脅基本權利，因為從客觀價值決定竟然會導出立法者制
定刑罰規範的義務[45]，使得「自由秩序」經由價值秩序的中介轉換為

---

[42] *Robert Alexy*, Rechtssystem und praktische Vernunft, in: ders., Recht, Vernunft, Diskurs, 1995, S. 218.

[43] *Robert Alexy*,（見註29），S. 125.

[44] *Robert Alexy*,（見註29），S. 133.；Jürgen Habermas對此轉換可能性表示強烈懷疑，並且在其法哲學大作當中予以嚴厲批評，請參考Habermas, Faktizität und Geltung, Beiträge zur Diskurstheorie des Rechts und des demokratischen Rechtsstaats, 4. Aufl., 1994, S. 309 f.

[45] 這是出現在「墮胎案判決I」的不同意見書當中，請參考BVerfGE 39, 1 (73)。

「義務秩序」[46]。例如在第一次墮胎案判決裡，聯邦憲法法院從基本法第2條第2項生命權的保障導出保護義務，認為刑法第218a條規定由於過於草率，對於胎兒生命的保護考慮不周，因此違背了國家對於生命權的保護義務，所以違憲無效。這意味著，從基本法第2條第2項可以推論出，國家應該制定更嚴格的刑法來規範人工流產的阻卻違法或是阻卻構成要件的條件。批評者因此認為，原本基本權利是用來保障人民的自由權利，將基本權利定性為客觀價值秩序之後，導出基本權利的保護義務竟要求國家對人民施加刑罰，因此就造成基本權功能的反轉。

　　上述的質疑看似有理，卻經不起進一步的考查。首先是，「基本權利的保護義務」只是從客觀價值秩序導出來的一種「基本權利客觀法內容」，但是客觀價值秩序卻不必然會導出這種被認為是「限制」基本權利的客觀法內容，換言之，這可能只是「基本權利客觀面向」的特殊問題，而不是「價值秩序」概念的使用所造成的一般性問題，所以即使論者對保護義務的批評有可能成立，也不能據此論斷價值秩序會變成「義務秩序」，或是論斷價值秩序造成基本權功能的反轉。

　　其次是，即使基於「基本權利的保護義務」要求國家制定比原先更嚴格的刑法，也不意味著基本權利保障自由功能的反轉，因為這預設了基本權利只有一種功能──基本權利就是「主觀防禦權」，這樣的預設不一定有道理；而且事實上，也不應將基本權利作為「主觀防禦權」與「基本權利的客觀面向」混為一談，因為兩者涉及的事態組合並不相同，前者僅涉及「人民－國家」的兩面關係，後者所涉及

---

[46] 關於此發展的分析與批評，請參考*Erhard Denninger*, Freiheitsordnung-Wertordnung-Pflichtordnung. Zur Entwicklung der Grundrechtsjudikatur des Bundesverfassungsgerichts, in: JZ, 1975, S. 545 ff.

的是「人民－國家－人民」的三角關係。在「人民－國家」的兩面關係裡，基本權利的意義固然在於保障人民對抗國家的不法侵害，用以防禦人民的自由。在「人民－國家－人民」的三角關係裡，卻不能做這種片面的觀察，而必須在此一人民與彼一人民的基本權利之間作價值衡量，不能事先就設定其中之一的基本權利具有優先性，並以其為判斷的準則。因此在涉及「基本權利客觀面向」的問題時，並不會產生基本權利保障自由功能的反轉問題，而是產生「多面向基本權問題」（mehrdimensionale Grundrechtsprobleme）[47]如何妥善解決的問題。

（五）價值秩序理論影響憲法權力分立結構？

有論者認為，聯邦憲法法院對於價值秩序理論的採用，會導致整個權力分立架構的扭曲，甚至造成司法權獨大的後果。此類批評其實建立在對「價值秩序」概念的法學方法批評上，認為一旦法院在憲法的解釋適用上採取此概念，則會使得違憲審查的基準過於模糊或是太過有彈性，間接的就造成憲法法院權限的擴張，權力分立的憲法架構會因此扭曲變形。而且由於聯邦憲法法院對於憲法問題有「最終發言權」，所以最後會造成國家形式的改變，憲法原定的「立法國」會轉型為「司法國」[48]。

---

[47] 關於「多面向基本權問題」的意義請參考 *G. F. Schuppert*, Funktionell-rechtliche Grenzen der Verfassungsinterpretation, 1980, S. 26, 40 f., 48 f., 但是「多面向基本權問題」是否要如Schuppert所建議，要透過「功能－法的觀點」來決定誰才有權限處理，卻令人懷疑，這個問題就涉及聯邦憲法法院權限的討論。

[48] 相關批評請參考 *Ernst Forsthoff*, （見註4），S. 51 ff.; *Ernst-Wolfgang Böckenförde*, Grundrechte als Grundsatznormen. Zur gegenwärtigen Lage der Grundrechtsdogmatik, in: ders., Staat, Verfassung, Demokratie. Studien zur Verfassungstheorie und zum Verfassungsrecht, 1991, S. 159; *Wolfgang Knies*, Auf dem Weg in den "verfassungsgerichtlichen Jurisdiktionsstaat"? in: Joachim Bur-

　　這個批評有倒果為因的嫌疑，因為在憲法裡設立一個專司違憲審查的憲法法院，對於傳統權力分立架構而言，就是一項革命性的改變[49]，根據傳統權力分立原則加以批評，在推論的前提上即站不住腳。傳統的司法權固須服從立法者所制定的法律，然而一旦憲法設置了可以審查立法者決定是否違憲的憲法法院，司法權的角色就不再只是依據法律裁判，其權限還擴張到必須基於憲法審查法律有無違憲，司法權從此就必須間接地參與立法決策，司法的政治化也成為不可避免的命運[50]，因此可以推論某個意義的「司法國」若非憲法所意欲，亦非憲法所排斥，所以將本於憲法而來的對於權力分立架構的轉型歸咎於價值秩序理論，並非令人信服的批評，充其量只反映出批評者對於憲法法院的設置持有疑慮，但是這是另一個值得討論的論題，而非「價值秩序」概念所導致的結果。

　　憲法法院採用價值秩序理論，藉此導出「基本權利的客觀法內容」，因而解釋出更多的違憲審查的基準，並提高了違憲審查的可能性，但是能否據此主張此即違憲審查基準的「擴張」以及聯邦憲法法院的「擴權」？乃是一個應予深思的問題。認為從基本權利的規定導出「基本權利的客觀法內容」就是「擴張」違憲審查基準的見解，僅

meister u. a. (Hrsg.), Verfassungsstaatlichkeit. Festschrift für Klaus Stern zum 65. Geburtstag, 1997, S. 1174 ff.

[49] 請參考 *Erhard Blankenburg*, Mobilisierung des Rechts. Eine Einführung in die Rechtssoziologie, 1995, S. 107; *Wolfgang Knies*, （見註48）, S. 1159.

[50] 關於聯邦憲法法院的政治性格，請參考 *Josef Isensee*, Die Verfassungsgerichtsbarkeit zwischen Recht und Politik, in: Michael Piazolo (Hrsg.), Das Bundesverfassungsgericht. Ein Gericht im Schnittpunkt von Recht und Politik, 1995, S. 58; *Gerd Roellecke*, Aufgaben und Stellung des Bundesverfassungsgerichts im Verfassungsgefüge, in: Josef Isensee/Paul Kirchhof (Hg.), Handbuch des Staatsrechts der Bundesrepublik Deutschland, Band III, S. 669 f.; ders., Aufgabe und Stellung des Bundesverfassungsgerichts in der Gerichtsbarkeit, in: Josef Isensee/Paul Kirchhof (Hg.), ebd., S. 686.

能建立在基本權利只具有一個功能的假設上，並認定基本權利的意義
僅是人民對抗國家的「主觀防禦權」，此種見解固然比較接近一般人
熟悉的傳統看法，卻非不證自明，無論從基本權利的發展史來看，或
是著眼於基本權利保障自由的功用，此種見解都欠缺說服力，而且在
現今的社會條件下，主張基本權利具有多功能性與多面向性，對於基
本權利所要保護的價值與法益而言，都是比較合理的看法，因此從
「基本權利的客觀法內容」的導出，就難以論斷違憲審查基準的「擴
張」。即令是採取傳統見解，主張基本權利即是人民的「主觀防禦
權」，因而承認違憲審查基準的「擴張」，也無法論斷此即憲法法院
不正當的「擴權」，因為人民基本權利的保障是極其重要的國家任
務[51]，就結果考量而言，必須衡量憲法法院的「擴權」所帶來的負面
後果與保障人民自由權利的正面效應，方能斷定此種「擴權」是否正
當。如果權力分立架構的轉型以及某種程度「司法國」的出現，是憲
法設置憲法法院時可以預見的制度性後果，有無採納價值秩序理論以
及導出「基本權利的客觀法內容」，對此的影響至多僅有加成的效
果，就後果衡量而言，應該無法與基本權利的保障相提並論。因此憲
法法院即使因此而有或多或少的「擴權」，亦難以稱之為不正當的
「擴權」。

---

[51] 請參考 *Dieter Grimm* 為基本權利保護範圍的「擴張」所為的辯護：Rückkehr zum liberalen Grundrechtsverständnis, in: ders., Die Zukunft der Verfassung, 1991, S. 227 ff.

五、價值秩序與憲法解釋

（一）價值秩序在憲法解釋中的作用

　　無論是在我國或是德國的憲法實務，為憲法解釋使用「價值秩序」或是類似概念時，主要有兩種使用方式，第一種是將基本權利的客觀價值秩序當作導出新類型基本權功能——尤其是「基本權利的客觀法內容」——的中間階段。在論證步驟上是先將基本權利的意義從「主觀防禦權」的面向抽離開來，使成為一個經由三層抽象而得的純粹誡命——「基本原則」（Grundprinzip），通常單一基本權利的客觀價值秩序就是指這個「基本原則」，例如言論自由權的防禦權內涵是「人民有抵抗國家侵害的言論自由」，如果將此基本權利規定的意義抽離行為主體、行為內容以及義務主體，就可以得到一個類似「言論自由應予保障」規範性命題的「基本原則」，此「基本原則」即可稱為言論自由權的客觀價值秩序。此「基本原則」可以作為進一步推論的邏輯基礎，使得基本權利的保障是可以擺脫防禦權模式，面對不同的基本權利侵害可能性，即可導出不同的保障模式，「基本權利的客觀法內容」即建立在此基礎上。在此意義上，基本權利的客觀價值秩序即是內涵於個別基本權利的「基本原則」，而非全體基本權利所構成的價值體系。

　　第二種「價值秩序」的用法是將其當作一個由制憲權所決定的整體價值體系，抽象的談可稱為「憲法的客觀價值秩序」，具體言明就稱為「自由民主的基本秩序」，此時價值秩序不再只是推論進一步基本權利內容的邏輯基礎，而具有實質的、豐富的內涵，即使這些內涵仍然是相對抽象的，「自由民主的基本秩序」的內容就是憲法的基

本原則，例如法治國原則、民主國原則、權力分立原則、國民主權原則、保障基本權利原則等等。這些原則如果結合「憲法修改的有界限論」，就可以讓制憲權行使的內容明確化，換言之，制憲權的行使設立了憲法的價值秩序，其內涵為上述的憲法基本原則，這些原則又界定了修憲的界限，有權審查修憲是否違背修憲界限的機關在進行違憲審查時，即可將憲法的價值秩序當作違憲審查的基準，此亦大法官釋字第499號解釋在論證國代與立委延任條款不具正當性時，所依據的思考邏輯。不過該號解釋並沒有就實質修憲界限的問題為清楚的表達，反而很弔詭的認為，一方面修憲條文亦具有憲法位階，另一方面又在諸多同具憲法位階的條文當中，強調某些原則具有本質重要性，並論及倘若兩者處於衝突情況，與之牴觸的修憲條文即失其正當性。實則要達成此結論，必須預設：同樣屬於憲法位階的規定，在法效力上仍有高下之別，如此則無異承認傳統「憲法修改有界限論」的主張，區別「制憲權」（die verfassunggebende Gewalt; pouvoir constituant）與「修憲權」（die verfassungsändernde Gewalt; pouvoir constitues），區別「憲章」（Verfassung）與「憲律」（Verfassungsgesetz），基於「修憲權」源自「制憲權」的法理，所以體現「制憲權」的「憲章」在效力上高於體現「修憲權」的「憲律」[52]。

---

[52] 關於修憲到底有無界限的理論爭議，請參考黃昭元，〈修憲界限理論之檢討〉，收錄於《國家與憲法，李鴻禧教授六秩華誕祝賀論文集》，頁一七九以下。本文認為，如果憲法沒有明文規定修憲界限條款，則有界限論與無界限論最大的爭執即在於「可否基於國民主權原則否定修憲界限？」，這個問題的釐清首先在於澄清憲法中的國民主權原則並非先於憲法的原則，而是制憲當時所設定，因此如果援引該原則來否定修憲界限，則是將論辯的層次提高到憲法之上或之前，亦可稱為自然法的層次，然而在此層次上討論時，該原則的使用即不再居於優勢，因為有界限論可以引用與其相互競爭的其他觀點，例如「實質正義」，亦可以引用歷史論證，由憲法史的觀點出發指出在憲法國當中主張國民主權原則的危險性，關於此歷史經驗的反省請參考 *Martin Kriele*, Einführung in die Staatslehre, 4. Aufl. Opladen 1990,

（二）價值秩序與「結果考量」

　　「價值秩序」概念在憲法的解釋適用上與「結果取向」的憲法解釋有所關聯，在基本權利的領域，為了導出「基本權利的客觀法內容」，將整體或是個別的基本權利定性為價值秩序（或是「基本原則」），然後由此論證基本權利規定具有超出防禦權的「客觀面向」，其內容則視具體情況分別為「基本權利的間接第三人效力」、「基本權利作為組織與程序的保障」或是「基本權利的保護義務」。此種推論方式之背後其實蘊含著「結果考量」的思考模式，亦即認為在當今社會條件下，不能再將基本權利侷限於防禦權的面向，否則即無法實現基本權利所欲保障的法益（grundrechtlich geschützte Rechtsgüter）。以「基本權利的間接第三人效力」的導出為例，乃鑒於當代社會中，孤立的個人與諾大的社會團體之間，常會有巨大的權力落差，此種落差有時甚至可以人民與國家之間的關係相類比，如果基本權利的意義只能是針對國家的防禦權，將會使得基本權利所保障的個人自由，在面臨個人與社會團體的競爭中失去意義，這種思想的極致在傳統上雖然是「基本權利也保障實質自由」的「社會基本權」主張，若是另闢蹊徑的話，亦可承認基本權利具有「間接的對第三人效力」，因此法院在適用民法處理人民之間私權紛爭時，尤其是解釋與具體化「概括條款」或是「不確定法律概念」時，必須尊重相關的基本權利，以其價值秩序的內涵為解釋適用的準繩。以「基本權利作為組織與程序的保障」為例，則慮及當今社會中，許多基本權利的實現並不以國家的不作為為前提，反而是必須仰賴國家制定組織性與程

---

　　259 ff.：中文文獻請參考顏厥安，國民主權與憲政國家，司法院大法官會議審查會審查報告（1999.11.25）。

序性的法規，就此類問題而言，「主觀防禦權」並無用武之地；尤其是如果基本權利所要保障的內涵並非「自然的」，而是「人為的」之時，倘若缺乏相關的組織法規或是程序法規，個人即無從行使其基本權利。若將此類「結果考量」推而廣之，就會發現為了達成保障基本權利的目的，必須將基本權利體系予以「動態化」，將基本權利的解釋與基本權利在不同社會條件下實現的可能性連結起來，將基本權利予以價值秩序化，將其抽象為「基本原則」，剛好在法律論證上為此提供了推論上的中介，然而論證中介僅僅是論證中介，如果憲法解釋者想要獲得合理的解決，則必須加強實質性的論證，尤其要在解釋結果的預測以及利益（價值）的衡量方面，提供更細緻的論據。

　　至於「結果考量本身是否正當的法律解釋方法？」以及「怎樣的結果考量才是正當的？」等等問題，乃是法學方法論上的重要論題[53]，然限於篇幅，對此本文僅提出以下的觀點，本文基本上贊成採取「結果考量」的憲法解釋，原因如下，首先是進行憲法解釋時，如果作為論證大前提的法規範有兩種以上的解釋可能性，「結果考量」就有可能成為解釋結果的決定性因素，與其將其隱藏起來，還不如納入正式的法律論證當中，以增加法律解釋的檢驗可能性。原因之二在於只要「結果考量」可以與法規範的目的相連結[54]，論證該結果是法規範所欲追求者，即可保障其適用的正當性，因為此時「結果考量」

---

[53] 關於結果考量在法律適用過程中所扮演的角色，請參考*Martina Renate Deckert*, Folgenorientierung in der Rechtsanwendung, München 1995.：中文文獻請參考蘇永欽，〈結果取向的憲法解釋－從德國法學方法論的理論、實務淺析我國大法官會議實務〉，收錄於《合憲性控制的理論與實際》，1994年，頁249以下；許宗力，〈憲法與政治〉，頁25以下。

[54] 請參考*Dieter Grimm*, Entscheidungsfolgen als Rechtsgründe,: Zur Argumentationspraxis des deutschen Bundesverfassungsgerichts, in: Gunther Teubner (Hrsg.), Entscheidungsfolgen als Rechtsgründe. Folgenorientiertes Argumentieren in rechtsvergleichender Sicht, 1995, S. 156.

乃廣義的目的論解釋，並未脫離法律解釋的範圍。

六、結　論

　　德國憲法實務在憲法解釋時引進「價值秩序」或是相近概念，已經近半世紀了，該等概念的採用固然以現實的考慮[55]以及學理的傳統為其緣由，但是究其實還是為了解決當時憲法實務所遭遇到的具體問題，因此憲法的「價值秩序化」，乃是為了解決憲法論證的問題所選擇的方法，「價值秩序」概念的適用並非自為目的而具有濃厚的工具性，因此不可將此概念本身絕對化，認定憲法秩序必須從價值秩序的角度來理解才正確，由於「價值秩序」概念所內涵的色彩容易遭致誤解與批評，而且過去為解決新型基本權利問題所做的判決也經形成判例，因此近年來德國聯邦憲法法院已經很少使用「價值秩序」的概念，當然這是基於現實考量而來的做法，就憲法學理而言，基於本文第四節的檢討可以指出，在憲法解釋時採用「價值秩序」的概念，並沒有批評者主張的種種重大缺點，反而是既有的批評如果不是基於或多或少的誤解，就是建立在一些有爭議的前提上，因此欠缺說服力。不過，如果能夠對於這些前提作進一步的探討，應該有助於深化憲法學理的研究，例如價值秩序理論與當代權力分立原則的關係，以及涉及違憲審查權「功能」的重新思考，又如Alexy與Habermas關於「原則模型」能否與「價值模型」相互轉換的爭議[56]，皆是值得專文探討

---

[55] 例如為了將基本法定位為一個非價值中立的憲法秩序，來支持「戰鬥性民主」的憲法思想，以對付當時的極左派或是極右派政黨，請參考 *Erhard Denninger*, "Streitbare Demokratie" und Schutz der Verfassung, in: Ernst Benda/Werner Maihofer/Hans-Jochen Vogel (Hrsg.), Handbuch des Verfassungsrechts, 2. Aufl., 1994, S. 694 ff.

[56] 關於Habermas對此的批評請參考 *Jürgen Habermas*, Faktizität und Geltung, S. 309 f.; ders., Replik

的課題，本文限於篇幅，只能暫時割愛。

　　我國憲法實務目前對於「價值秩序」或類似概念的使用，根據本文第二節的分析，除了釋字第499號解釋之外，還處於蜻蜓點水的階段，然而該號解釋有關類似「憲法價值體系」概念的用法卻與之前大不相同，因此在憲法解釋時有無使用的必要，應是今後可以思考的問題，倘使該等概念的使用不但對於闡明憲法意涵無功用，反而因為所帶有的附加色彩容易造成誤解，則應謹慎考慮使用的場合，尤其是不應將「價值秩序」概念當作萬靈丹，用以取代實質的憲法論證，若涉及「人民－國家－人民」三角關係的基本權利領域，則更應釐清價值秩序理論所能扮演的角色，並在符合基本權利保障以及清楚判斷解釋結果的前提下，審慎的衡量雙方利益以為決定。

auf Beiträge zu einem Symposion der Cardozo Law School, in: ders., Die Einbeziehung des Anderen. Studien zur politischen Theorie, 1996, S. 368；Alexy對於Habermas的回應請參考*Robert Alexy*, Jürgen Habermas' Theorie des juristischen Diskurses, in: ders., Recht, Vernunft, Diskurs, 1995, S. 167 ff.

2 基本權理論、基本權功能與基本權客觀面向
——對於德國憲法實務與學說的批判性考察

摘要 SUMMARY

　　目前無論是德國還是我國憲法學界，對於基本權功能體系並無一致的看法，尤其對於何者屬於「基本權主觀面向」，以及何者屬於「基本權客觀面向」，更是眾說紛紜。雖然想要建立基本權功能體系，除須解決概念性問題之外，還須處理正當化的問題——「基本權的非防禦權功能應如何說理證成（begründen）？」，然而面對基本權功能體系的複雜問題叢結，本文選擇以解決概念性問題為首要任務，除了限於篇幅之外，主要基於以下的看法：概念的釐清雖然不能完全保證基本權解釋與論證的合理性（Rationalität），卻是達到此目標的必要前提。本文將分析並反思德國基本權功能體系的相關憲法論述，從闡述基本權理論的發展、基本權功能目錄的提出，到「基本權客觀面向」概念與「基本權客觀面向」之「主觀化」（Subjektivierung）問題——從基本權規定所導出之「基本權客觀面向」是否有相應的主觀權利？——的釐清，嘗試建立一個基本權功能體系的綱要。最後，

再以德國憲法學者暨前聯邦憲法法院法官E.-W. Böckenförde的質疑為線索，勾勒「基本權客觀法面向」正當化的問題，並從Dieter Grimm的實質基本權理論—動態的基本權理解，討論其可能的解決方向，從基本權功能體系的建立再回到基本權理論的必要性。

關鍵詞

- 基本權解釋
- 基本權理論
- 基本權功能
- 基本權客觀面向
- 價值秩序
- 自由權
- 防禦權
- 制度性保障
- 基本權作為組織與程序保障
- 基本權保護義務
- 德國聯邦憲法法院

一、基本權的理解與社會變遷

　　基本權保障乃現代民主憲法的核心，目的即在保障政治共同體之成員—國民—的自由，然而不但自由是一個多義的（mehrdeutig）概念，自由的保障與自由的實現，與自由的阻礙以及實現自由的社會條件皆息息相關，並非一成不變的僵固架構，因此只有在自由與自由實現條件的關聯中，方能正確的掌握憲法基本權的意義與性質。某些憲法學說，將基本權僅僅視為國民藉以抵抗國家公權力侵害的「防禦權」（Abwehrrecht），或是主張「古典基本權功能」（klassische Grundrechtsfunktion）僅是消極（negativ）防禦權功能，將歷史上特定地區與特定時代的主流見解絕對化，當作放諸四海而皆準的基本權理解，不但忽略基本權的時代反應性，也無視於制定基本權規定（Grundrechtsbestimmung）的目的，過度化約基本權對於自由保障所能發揮的功能。

　　二十世紀初，德國公法學家Georg Jellinek曾經在其舉世聞名的著作《主觀公權利的體系》（*System der subjektiven öffentlichen Rechte*）一書中，將個人與國家的關係做了四種區分：「被動地位」（der passive Status）、「消極地位」（der negative Status）、「積極地位」（der positive Status）、「主動地位」（der aktive Status），後三者常被用來作為基本權分類的標準，例如將「消極地位」相應於自由權（Freiheitsrecht）或是防禦權（Abwehrrechte），「積極地位」相應於受益權（包含原始給付請求權、派生給付請求權與程序參與權），「主動地位」則與公民權（staatsbürgerliche Rechte）── 主要是參政權── 相應[1]，如此分類有時又被視為基本權功能（Grundrechtsfunktion）的分類[2]。在此種法學體系性分類的背後，也隱藏著現代社會以及現代民主憲法發展的軌跡，英國社會學者T. H. Marshall在其著名的《階級，公民資格與社會發展》（*Class, Citizenship and Social Development*）一書中，以英國社會為例探討公民資格／公民權的擴張，他將公民的權利分成市民權（civil rights）、政治權（political rights）以及社會權（social rights）三種，市民權的內容與「防禦權」類似，政治權則相對於參政權，社會權則與受益權相近，他認為在現代西方社會的發展過程中，公民地位依照市民權、政治權、社會權的順序逐步擴張[3]，他的說法為憲法學者主張的基本權發展趨勢，提供了一個社會學經驗研究的支持。然而Marshall的理論並非只是用來描述基本權的發展趨勢，而是將其當作社會演化的結果來說明。Marshall的理論雖然片面的凸顯資本主義現代化的脈絡而有其侷限性，卻能透過經驗性研究凸顯出基本權的擴張與社會變遷之間的關係[4]。

---

[1] 這種對應的嘗試雖然很普遍，但是並不是沒有問題，例如學說上常常將「消極地位」相應於「防禦權」，但是根據Jellinek的看法，請求國家不要阻礙自由的權利卻屬於「積極地位」，參閱*Robert Alexy*, Theorie der Grundrechte, 1986, S. 234.。又Jellinek的地位理論（Statustheorie）關於四種地位的區分並不是十分精確，Robert Alexy在前揭書中曾藉助規範邏輯（Deontische Logik）予以批評（ebd., S. 243 ff.）。

[2] 例如*B. Pieroth/B. Schlink, Grundrechte*. Staatsrecht II, 14. A. 1998, S. 16 ff.，然而將自由權、受益權、參政權當作是基本權功能的分類，在用語上並不適當，詳見第二章的說明。

[3] *Jürgen Habermas, Faktizität und Geltung*. Beiträge zur Diskurstheorie des Rechts und des demokratischen Rechtsstaats, 4. A., 1994, S. 103.

[4] 近年來以「風險社會」（Risikogesellschaft）聞名於世的德國社會學家Ulrich Beck也提出類似的觀點，他強調政治自由與政治自由權對於現代社會（Die Moderne）的重要性，在他的「第二個現代」（Die zweite Moderne）／「反思的現代化」（Reflexive Modernisierung）理論中，政治自由有著無比重要的地位：政治自由不但是現代的意義泉源，也是一個獨立的現代發展動力。在第二個現代這個正在到來的社會中，在這個全球化（Globalisierung）與個人化

　　台灣在過去的50年間，對於基本權的理解亦不再侷限於「防禦權功能」，而開始發堀基本權的其他面向與功能，例如「給付請求權」（Leistungsrecht）、基本權的「制度性保障」（Einrichtungsgarantien）、「基本權客觀面向」（objektive Dimension der Grundrechte）──「基本權第三人效力」（Drittwirkung der Grundrechte）或「放射效力」（Ausstrahlungswirkung）、「基本權作為組織與程序保障」（Grundrechte als Organisations- und Verfahrensgarantien）、「基本權保護義務」（die grundrechtlichen Schutzpflichten）；對此，憲法學界有所討論並累積了不少文獻，其中最先介紹「基本權第三人效力」者，乃是翁岳生教授在民國57年即翻譯出來的〈基本人權之保障在私人間的法律關係〉[5]；在憲法實務方面，

（Individualisierung）並行不墜的時代中，宗教、經濟或職業工作與大眾消費，都已經無法在繼續作為社會整合的機制了，他大膽的推測，此時唯有政治自由與公民地位才能維繫社會不致分崩離析。透過他的理論，可以讓我們再度意識到，基本權與現代社會之間存在某種內在的關連，在面對基本權發展的現象時，如果只是基於狹隘的法律觀點，容易流於太過技術性的考量，而見樹不見林之憾。參閱 *Ulrich Beck*, Ursprung als Utopie: Politische Freiheit als Sinnquelle der Moderne, in: ders. (Hrsg.), Kinder der Freiheit, 1997, S. 383 ff.

[5] 翁岳生譯，〈基本人權之保障在私人間的法律關係〉，《憲政思潮》，第4期，頁56以下（1968年10月）。其他國內相關文獻如下：蔡欽源，《憲法上基本權利之規定在私法關係中之效力》，台大法研所碩士論文（1983年）；陳新民，〈憲法基本權利及「對第三者效力」之理論〉，《憲法基本權利的基本理論》（下冊），頁57以下（1990年第一版）；蘇永欽，〈憲法權力的民法效力〉，《合憲性控制的理論與實際》，頁15以下（1994年）；許宗力譯（Christian Starck著），〈基本權利的解釋與影響作用〉，《法與國家權力》，頁479以下；吳庚，〈基本權的三重性質－兼論大法官關於基本權解釋的理論體系〉，《司法院大法官釋憲五十週年紀念論文集》，頁1以下（1998年）；王澤鑑，〈憲法基本權利與私法－合憲性控制在法學方法上的分析〉，《司法院大法官釋憲五十週年紀念論文集》，頁53以下（1998年）；李建良，〈基本權利理論體系之構成及其思考層次〉，《憲法理論與實踐》，頁68以下（1999年）；李建良譯（Christian Starck原著），〈基本權利之保護義務〉，《憲法理論與實踐》，頁105以下；李建良，〈基本權利與國家保護義務〉，李建良、簡資修主編，《憲法解釋之理論與實務》，第二輯，頁325以下（2000年）；李惠宗，〈憲法基本權與私法的關係－德國聯邦憲法法院判決解析〉，《權力分立與基本權保障》，頁273以下（1999年）；陳愛娥，〈基本權利作為客觀法規範－以「組織與程序保障功能」為例，檢討其衍生的問

不少「防禦權」以外的基本權功能，亦經司法院大法官解釋而得到肯認[6]。然而迄今為止，國內憲法學界對於基本權功能的分類與其所構成的體系，尚未有共識存在，對於隱藏在這些新型態基本權功能背後的問題：「如何從基本權規定導出（解釋出）這些功能？」或「此類基本權解釋如何被正當化？」亦未作有系統的探討。在比較憲法學上，上述基本權的非防禦權功能，尤其是「基本權客觀面向」，乃是第二次世界大戰之後，德國聯邦憲法法院在基本法秩序之下，透過一系列判決所為的發展，經由德國憲法學界長期的批評與檢討，方才在二十世紀末逐漸為德國憲法學界多數學者所肯定，我國憲法實務與憲法學界對於「基本權客觀面向」的研究與採納，正是對於德國憲法思潮的繼受，透過對德國基本權功能與「基本權客觀面向」的檢討，當能提供我國憲法學反省與檢討的基礎，尤其是在加強保障基本權法益（grundrechtlich geschützte Güter）方面，亦可藉此獲取新的可能性，此外，在相關憲法概念的運用上也具有釐清的功用，甚至可以依此探討大法官解釋對此等概念的「創造性誤用」[7]，檢討其利弊得失。

題），李建良、簡資修主編，《憲法解釋之理論與實務》，第二輯，頁235以下（2000年）；張嘉尹，〈論「價值秩序」作為憲法學的基本概念〉，《台大法學論叢》，第30卷第5期，頁1以下（2001年9月）。

6 許宗力教授曾經將其分門別類，探討大法官解釋中基本權功能的發展，參閱許宗力，〈基本權功能與司法審查〉，原刊載於《人文及社會科學》，第6卷第1期，頁24-34（1996年1月），現收錄於氏著，《憲法與法治國行政》，1999年，頁153以下；氏著，〈基本權程序保障功能的最新發展－評司法院釋字第488號解釋〉，《月旦法學雜誌》，第54期，頁153以下（1999年11月）。

7 大法官解釋中出現過幾次「制度性保障」的字眼，例如針對學術自由的釋字第380號、第450號解釋，將某些程序保障要求當作「制度性保障」的釋字第384號、第386號解釋，其「制度性保障」的用法，與德國憲法學中原始的「制度性保障」概念大相逕庭，參閱陳愛娥，前揭（註5）文，頁255以下。

目前無論是德國還是我國憲法學界，對於基本權功能體系並無一致的看法，尤其對於何者屬於「基本權主觀面向」，以及何者屬於「基本權客觀面向」，更是眾說紛紜。雖然想要建立基本權功能體系，除須解決概念性問題之外，還須處理正當化的問題——「基本權的非防禦權功能應如何說理證成（begründen）？」，然而面對基本權功能體系的複雜問題叢結，本文選擇以解決概念性問題為首要任務，除了限於篇幅之外，主要基於以下的看法：概念的釐清雖然不能完全保證基本權解釋與論證的合理性（Rationalität），卻是達到此目標的必要前提。本文將分析並反思德國基本權功能體系的相關憲法論述，從闡述基本權理論的發展、基本權功能目錄的提出，到「基本權客觀面向」概念與「基本權客觀面向」之「主觀化」（Subjektivierung）問題——從基本權規定所導出之「基本權客觀面向」是否有相應的主觀權利？——的釐清，嘗試建立一個基本權功能體系的綱要。最後，再以德國憲法學者暨前聯邦憲法法院法官E.-W. Böckenforde的質疑為線索，勾勒「基本權客觀面向」正當化的問題，並從Dieter Grimm的實質基本權理論——動態的基本權理解，討論其可能的解決方向，從基本權功能體系的建立再回到基本權理論的必要性。

二、基本權傳統分類的問題

要檢討「基本權客觀面向」的概念與其分類，必須先釐清基本權功能（Grundrechtsfunktion）的意義及其體系。本文認為，「基本權功能」的概念是對傳統基本權分類的一個顛覆，傳統的憲法學將憲法所保障的基本權區分為自由權、平等權、受益權、參政權，許多實

證憲法也採取此分類，例如依照通常的看法，中華民國憲法第7條是平等權的規定，第8條到第14條是自由權（人身自由權、不受軍事審判的自由權、居住遷徙自由權、表現意見自由權、秘密通訊自由權、信仰宗教自由權、集會結社自由權）的規定，第15條是自由權（生存權、職業自由權、財產權）或是兼具受益權（生存權、工作權）的規定，第16條與第18條是受益權（請願權、訴願權、訴訟權、應考試權、服公職權）的規定，第17條是參政權（選舉權、罷免權、創制權、複決權）的規定。此種傳統的分類方式固然有其一目了然的優點，然其缺點卻在於將各種權利的性質予以絕對化，尤其是對於自由權的性質，幾乎都採取「防禦權」的解釋方式，忽略了其他的定性可能性。「基本權功能」概念的提出，則使得基本權解釋具有彈性，而不再拘泥於傳統的理解，尤其是自由權的解釋上，「防禦權功能」固然是自由權的主要內容（主觀法內容之一），但是自由權還可能做其他的解釋──防禦權以外的基本權功能，例如學術自由權、新聞自由權皆可作為「制度性保障」（Einrichtungsgarantie）來理解，生存權除了「防禦權」功能之外，還可能包含請求國家提供最低生活所需的物質基礎的「給付請求權」功能[8]，以及請求國家必須立法予以保障的「基本權保護義務」（grundrechtliche Schutzpflichten）功能。質言之，基本權的傳統分類方式固有其一目了然的優點，但是基本權功能的提出與分類，卻可以提供更清楚與明確的基本權理解，更重要的是，在基本權的保障方式上可以提供更完整的架構。

---

[8]　亦有稱其為「受益權」或是「社會權」。

三、從基本權理論到基本權功能體系

在探討基本權功能體系之前，應該先介紹「基本權理論」的概念，因為在基本權理解的變遷過程中，基本權理論的提出與基本權功能體系的發展，具有理論上的關聯。

（一）基本權理論

1. **實質基本權理論**

在憲法學中「基本權理論」主要有兩種概念：實質的與形式的基本權理論。「基本權理論」在二十世紀70年代的德國憲法學界是一個時髦的用語，在此領域最常被引用的是德國憲法學者暨前聯邦憲法法院法官E.-W. Böckenförde在當時所撰寫的論文〈基本權理論與基本權解釋〉[9]，他對基本權理論的定義堪稱為實質基本權理論的代表。Böckenförde在基本權解釋的脈絡下探討基本權理論，由於基本權規定具有簡短的形式，而且率皆基本原則，因此無法藉由一般法律解釋方法來解釋，而有賴於補充性的解釋（ausfüllende Interpretation），而需要採取闡明或是具體化（Konkretisierung）的形式，此類解釋又無法在字義、文義或是規則的關聯中得到充分的支柱，因此就需要使用基本權理論；他將基本權理論定義為「一個關於基本權的一般性格、規範目標以及內容範圍的體系性觀念，原則上以特定國家觀或憲法理論為其參考點（體系性的導引）」[10]；他認為基本權理論

---

[9] *E.-W. Böckenförde*, Grundrechtstheorie und Grundrechtsinterpretation, in: ders., Staat, Verfassung, Demokratie. Studien zur Verfassungstheorie und zum Verfassungsrecht, 1991, S. 115 ff.; zuerst in: NJW 1974, S. 1529 ff.

[10] *E.-W. Böckenförde*, （見註9），S. 116.

使得個別基本權解釋具有一個國家觀或憲法理論的總體關聯，不致迷失於法律規則的技術性叢林當中。

　　Böckenförde從學說與聯邦憲法法院的基本權案例中，整理出五種基本權理論，而形成一個由五種基本權理論所構成的分類：「自由（市民—法治國）的基本權理論」（die liberale Grundrechtstheorie; die bürgerlich-rechtsstaatliche Grundrechtstheorie）、「制度性的基本權理論」（die institutionelle Grundrechtstheorie）、「基本權的價值理論」（die Werttheorie der Grundrechte）、「民主—功能的基本權理論」（die demokratisch-funktionelle Grundrechtstheorie）、「社會國的基本權理論」（die sozialstaatliche Grundrechtstheorie）。然而Böckenförde提出此種分類的目的，並不在於形成基本權理論的體系，並以此體系指導基本權解釋，而是批判性的指出其缺點。首先，這些基本權理論之中的任一個與德國基本法都不具一致性，然而無論是聯邦憲法法院的判決還是學說，好像都假設在個案中，所選擇的基本權理論乃是基本法所預設的，或是至少與其相一致[11]。其次是，就像Josef Esser所指出的解釋方法選擇的恣意性一般[12]，個別基本權理論與基本權解釋之間，似乎也存在恣意選擇的關聯，換言之，基本權理論的選擇在方法上也是無以控制的[13]，如此一來，為何選擇各該基本權理論就有待說明了。Böckenförde的企圖並不窮盡於批判現有實務與學說，他還想進一步建構一個所謂的「合憲的基本權理論」（die verfassungsgemäße Grundrechtstheorie），他

---

[11] *E.-W. Böckenförde*,（見註9），S. 118.

[12] *Josef Esser*, Vorverständnis und Methodenwahl in der Rechtsfindung. Rationalitätsgrundlagen richterlicher Entscheidungspraxis, 2. A. 1972, S. 125.

[13] *E.-W. Böckenförde*,（見註9），S. 118.

認為在基本法的憲法秩序下，基本權理論並非解釋者可以自由選擇的解釋出發點，因為基本法對此早已做出決定。Böckenförde反對通行的「類觀點方法」（topische Methode）[14]，認為基本權理論並非只是解釋觀點或是解決問題的建議，而是「特定國家觀暨對於人民與國家關係之基本看法的表達」，所以基本權理論預設了「憲法的特定理念」，此理念展現了「人民暨社會與國家之間基本法律關係的秩序」，因此將某些基本權理論運用於基本權解釋，可能造成憲法變遷（Verfassungswandlung）[15]。所以隨個案而選擇性的使用基本權理論，即是否定此現行有效而且具體的憲法由特定基本關係的理念出發。

對於他自己所提出的「合憲的基本權理論」，亦即德國基本法所預設的基本權理論，Böckenförde並未深入探討，只利用大約3頁的篇幅勾勒其梗概，首先，他認為該基本權理論仍是以古典自由權的保障暨自由法治國的自由原則——「自由的基本權理論」——為主，他引用德國古典憲法學在十七世紀所發展的「分配原則」（Verteilungs-prinzip）來說明其意義，認為「自由原則上先於國家的指染，而且在法的層面上，自由的保障自為目的，自由並非特定的、用以標定範圍的價值，亦非客觀化的制度或達到民主目的的手段[16]。」其次，他認為「合憲的基本權理論」也認識到「自由的基本權理論」的盲點，知道該理論忽視了實現基本權自由的社會條件，因此將「社會國的委

---

[14] 亦可譯為「問題探討法」，亦即主張在法律解釋時，應該考慮所有相關的觀點，將其皆視為解決問題的可能方法。關於此方法的概述，參閱張嘉尹，《憲法解釋理論之研究》，台大法研所碩士論文，頁103以下（1992年）。

[15] *E.-W. Böckenförde*,（見註9），S. 141.

[16] *E.-W. Böckenförde*,（見註9），S. 143.

託」（Sozialstaatsauftrag）設立為具有拘束性的憲法原則，以謀求解決，國家因此擔負責任，要創設暨保障基本權自由的必要社會前提。國家除了必須介入社會的自我調控過程，以緩和持續發生的社會不平等之外，也應該為了建立自由的社會基礎，進而對社會發展與社會福利做全面性的調控[17]。最後，他主張民主原則與法治國原則構成了「自由民主的基本秩序」，兩者並不彼此相互部分揚棄，而是相互補充，於此他僅指出，民主原則乃自由行動與自由之擴張的內在界限[18]。

　　本文認為，即令不去質疑「合憲基本權理論」的導出在方法上是否屬於循環論證？Böckenförde的論點亦會遭受底下的一些質疑：「合憲基本權理論」是否如其所言，是以社會國思想所修正的自由基本權理論？此抽象理論到底可以為基本權解釋帶來何種作用？換言之，作為基本權解釋的主導觀點，此抽象理論在什麼範圍內有助於解決實際發生的具體基本權案件？此外，「合憲基本權理論」是否只有此種版本？針對不同的具體案件，有無可能存在一種以上的「合憲的基本權理論」？此外，Böckenförde對於基本權理論所為的類型化，如同Robert Alexy所指出的，也有層次混淆的問題，他將不同範疇者置於同一層面上，因此缺乏體系性[19]。「自由（市民─法治國）的基本權理論」、「民主─功能的基本權理論」與「社會國的基本權理論」皆屬於一般目的理論（allgemeine Zwecktheorie）[20]；「基本權的價值理論」則是一種結構理論，經過精煉後可以視為原則理論

---

[17] *E.-W. Böckenförde*,（見註9），S. 144.

[18] *E.-W. Böckenförde*,（見註9），S. 145.

[19] *Robert Alexy*,（見註1），S. 510.

[20] *Robert Alexy*,（見註1），S. 510.

（Prinzipientheorie），此外，上述的目的理論都是具有特定方向與特定內容的原則理論[21]。「制度性的基本權理論」則是有關基本權規範之目的、結構與內容的組合，從其要求制度的存續性與穩定性看來，此理論亦是一種形式目的理論，就其規範性內容而言，則屬於原則理論[22]。嚴格言之，只有前三者屬於實質基本權理論，後兩者則是形式或結構理論。

　　雖然實質基本權理論的提出與其分類有上述的弱點，但是卻也提供我們幾個重要的洞見。首先是，基本權的解釋並非傳統法學方法所足以勝任，而且又涉及憲法秩序下人民與國家關係的定位──基本權理論與憲法理論的反省，因此解釋時，基本權理論的選擇，例如在「自由的基本權理論」與「社會國的基本權理論」之間，或是「自由的基本權理論」與「民主─功能的基本權理論」之間的選擇，皆與解釋者的國家觀甚至政治意識型態息息相關，因此也有進一步正當化的必要，尤其是倘使兩個實質基本權理論相衝突時，應該選擇何者就成為解釋者的棘手問題，「合憲基本權理論」的提出即是一種解決的嘗試，然而任一個實質基本權理論皆會聲稱自己立基於實證憲法，因此也都是合憲的。所以「合憲基本權理論」作為憲法解釋的規制性理想（regulative Idee）雖有其必要性，但是所涉及者係一整套憲法理論論述，尤其是憲法的規範性與實現憲法之社會條件之間的辯證關係，在合理的建構該憲法理論時應扮演了重要角色，此部分遠非E.-W. Böckenförde所憑恃的古典憲法學說──「法治國的分配原則」，以及其所藉助之德國基本法制憲史的簡要闡釋所能完成的[23]。最後，對

---

[21] *Robert Alexy*, （見註1），S. 511 f.
[22] *Robert Alexy*, （見註1），S. 513 f.
[23] 有關「憲法理論」概念的簡要說明，可參閱張嘉尹，〈憲法解釋，憲法理論與「結果考量」

同一個基本權規定的解釋可能同時存在不同的取向與層面，為了保障基本權所要保護的法益，可以從不同的取向來解釋基本權，如此一來，尤其是針對自由權的解釋，就與侷限於傳統「防禦權」的想法有極大的差異，基本權功能體系的構想因此也取得發展的契機。

2. 形式基本權理論

　　形式基本權理論由Robert Alexy在80年代中所提出，他將所欲建立的基本權理論限定為一個基本法秩序下基本權的普遍法律理論（eine allgemeine juristische Theorie der Grundrechte des Grundgesetzes）[24]，所以專門針對基本法這個有效的實證法秩序[25]。此基本權理論亦是一個釋義學理論（dogmatische Theorie），Alexy循著其老師Ralf Dreier所提出的觀點，亦主張一個釋義學理論（法釋義學）具有分析的、經驗的與規範的三個面向，他認為法學作為一門實踐科學，應該是一體性的，因此所要建構的是一個整合的多面向學科（integrative mehrdimensionale Disziplin）[26]。至於稱其為普遍的理論，乃是因為所欲處理的是共通於所有的基本權的問題，或是至少是特定種類的所有基本權的問題[27]。基於以上幾個特色，根據法學上的一般用法，其實Alexy的基本權理論亦可稱為基本權總論（allgemeine Grundrechtslehre）。此外，Alexy亦稱其所提出者為基本權的「結構理論」（Strukturtheorie），以作為整合理論的一部分，基

　　—憲法解釋方法論的問題〉，劉孔中、陳新民主編，《憲法解釋之理論與實務》，第3輯，頁1以下（2002年）。

[24] *Robert Alexy*，（見註1），S. 21.
[25] *Robert Alexy*，（見註1），S. 22.
[26] *Robert Alexy*，（見註1），S. 23 ff.
[27] *Robert Alexy*，（見註1），S. 28.

本權的「結構理論」主要是分析性的理論（eine primär analytische Theorie），但非純粹的分析性理論，因為該理論雖然研究基本權概念的結構、該結構對於法律體系的影響以及基本權論證的結構，然而卻是著眼於整合理論的實踐任務而發，由於以聯邦憲法法院的判決為研究題材，所以也具有經驗─分析的性格，而且又重視如何正確的作出基本權判決暨其合理的論證，因此亦具有規範─分析的特質。Alexy雖然贊成基本權釋義學的最終任務在於合理的證成具體的基本權應然判斷，然而受到分析法哲學的影響，他認為首要任務仍是建立「結構理論」，以保障基本權規範的結構與所有與基本權論證相關的概念清晰性[28]。形式基本權理論探討基本權規範的概念、結構（規範邏輯性質：規則與原則）[29]與基本權作為主觀權利的結構、各種權利（自由權、平等權、給付請求權／受益權）的結構、基本權與法律體系的關係等論題[30]，除此之外，亦探究基本權作為主觀權利與作為客觀規範的問題[31]。

　　形式基本權理論與上述Böckenförde所提出的實質基本權理論差異極大，不在提供引導基本權解釋的觀點，而是格外重視概念與結構的分析，因此對於基本權解釋的幫助，主要在於釐清其論證工具與結構。由於釐清了各種基本權（作用）的結構，因此對於基本權功能體系的建立，具有前導作用。此外，透過規則與原則規範邏輯性質的區分，來探討基本權規範的雙重性質，尤其是在原則層面分析基本權

---

[28] *Robert Alexy*,（見註1），S. 32.

[29] 關於Alexy的法律原則理論以及立基其上的法律體系模型，參閱本書第六章〈法律原則、法律體系與法概念論〉。

[30] 此亦Robert Alexy基本權理論一書的主要內容。

[31] *Robert Alexy*, Grundrechte als subjektive Rechte und als objektive Normen, in: ders., Recht, Vernunft, Diskurs. Studien zur Rechtsphilosophie, 1995, S. 262 ff.

衝突的結構，以「柔性價值秩序」（weiche Ordnung der Werte）的觀點來為聯邦憲法法院的「客觀價值秩序理論」（Lehre der objek-tiven Wertordnung）辯護，因此也為「基本權客觀面向」的說理證成，提供一個規範邏輯上的基礎[32]。至於基本權主觀面向與客觀面向方面，Alexy除了從拘束性／不具拘束性、主觀／客觀、確定義務／初顯義務三個角度，來釐清基本權客觀（法）面向的概念之外[33]，並提出理由支持基本權客觀面向主觀權利化的推定[34]，此部分詳見下面的討論。

3. 從基本權理論到基本權釋義學的回歸？

如果二十世紀70年代是「基本權理論」流行的時代，90年代的流行趨勢似乎轉變為「基本權釋義學」（Grundrechtsdogmatik），這種轉變也可以從Alexy將其基本權理論定義為「釋義學理論」窺其端倪。如此轉變的原因，根據學者的觀點，雖然部分可以歸諸實質基本權理論的弱點[35]，但是卻不應該過度強調，因為概念的使用有時候也是一個流行的問題。Böckenförde在1974年寫作的〈基本權理論與基本權解釋〉，探討的是基本權理論層面的問題，他在1990年所寫成的〈基本權作為原則規範──論當今的基本權釋義學〉，雖然採用的概念是「基本權釋義學」，究其內容，探討的問題層次仍是基本權理論[36]。

---

[32] 關於「客觀價值秩序」在導出基本權客觀面向的作用，參閱張嘉尹，〈論「價值秩序」作為憲法學的基本概念〉，頁26以下。

[33] *Robert Alexy*,（見註31），S. 271 ff.

[34] *Robert Alexy*,（見註31），S. 277 f.

[35] *Klaus Stern*, Idee und Elemente eines Systems der Grundrechte, in: Handbuch des Staatsrechts der Bundesrepublik Deutschland Bd. V, 1992, § 109, S.

[36] 亦有德國法學者採取類似看法，參閱*Walter Schmidt*, Grundrechte – Theorie und Dogmatik seit

　　其實基本權理論與基本權釋義學各有其面對的問題，因此不應是二選一的問題。本文認為，實質基本權理論可與另一個憲法學的概念「基本權釋義學」相區分，基本權釋義學是對於文本（Text）——基本權規定——所為闡釋的體系性整理，可以說是直接服務於基本權解釋，幫助解釋者確定條文文義，使其不必在面對抽象空洞的憲法概念與語句時，難以找到具體化的途徑，所以基本權釋義學主要在解決「如何（解釋適用）」（Wie）的問題；相對的，實質基本權理論則是針對「為何與何時（如此解釋適用）」（Warum; Wann）的問題[37]，為如此的解釋提供理由與正當化（Rechtfertigung）的依據，換言之，實質基本權理論研究憲法釋義學的各項實質主張的前提及其（解釋的）後果，作為基本權釋義學的體系性反省，當基本權釋義學無法解決基本權個案問題時，往往必須求諸比較抽象的討論，像是針對「何謂正確的基本權理解？」「何為基本權的任務或是功能？」等問題做討論的基本權理論[38]，此外，對於「基本權客觀面向」的發展趨勢及其正當化，也只有從基本權理論的層面才能有適當的掌握。

　　唯有基本權理論與基本權釋義學攜手合作，基本權解釋與論證才能得到較高的融貫性，過於強調基本權釋義學，容或在具體案件的解決上，可以獲得較高的穩定性，而符合法安定性的要求，但是欠缺對於論證前提的理論反省，卻易有見樹不見林之憾，也可能忽略基本權理論與基本權功能之間的論證關聯，試想，倘使基本權的雙重性質並非簡單的定義問題，如何正當化多面向的基本權概念，亦需從基本

1946 in Westdeutschland, in: Dieter Simon (Hrsg.), Rechtswissenschaft in der Bonner Republik. Studien zur Wissenschaftsgeschichte der Jurisprudenz, 1994, S. 210.

[37] *Walter Schmidt*,（見註36），S. 211 f.

[38] 參閱張嘉尹，前揭（註23）文，有關憲法理論與憲法釋義學的討論。

權理論著手，方不致成為武斷的技術性的問題，例如，「這樣的解釋結果，其推論依據是憲法第幾條」、「從憲法第幾條與第幾條可以導出這個原則」，這不意謂此類問題不重要或僅是純粹技術性的問題，因為在實證法秩序中，要解決法律問題原則上都必須訴諸具體的法律條文，這也是「依法行政」與「依法審判」的要求，何況在論證脈絡中，作為判決的大前提的法律規定亦是「內部正當化」所不可或缺的[39]，然而同樣重要的是去闡明，為何要適用此條文而非彼條文，為何如此解釋此條文，並有體系的反省其理由。

　　此外，如同德國的情況所顯示，80年代之後的二十幾年間，基本權釋義學文獻產生了過度膨脹，而且憲法學界高度依賴聯邦憲法法院的判決，逐漸喪失其獨立性與批判性，因而產生被稱為「判決實證主義」（Rechtsprechungspositivismus）[40]或是「聯邦憲法法院實證主義」（Bundesverfassungsgerichtspositivismus）的現象，而有國家法學被摘除桂冠之譏[41]。以我國目前情況而言，大法官解釋受到憲法學界重視並成為研究對象，也是近十幾年來才有的現象，因此是否會產生類似德國的「判決實證主義」，尚待觀察，然而以史為鑑，仍然可以強調，在基本權理論與基本權釋義學之間應該取得一個平衡的

---

[39] 法律論證理論強調涵攝（Subsumtion）對於法律決斷正當化的作用，並區分「內部正當化」（interne Rechtfertigung）與「外部正當化」（externe Rechtfertigung）。前者指的是稱為涵攝的邏輯推論架構（也可稱為演繹（Deduktion）），簡言之，即是由大前提（法律規定）與小前提（案例事實）推論出結論（法律效果）；後者則是指對於演繹所使用的前提為論證性的正當化（argumentative Rechtfertigung），參閱*Robert Alexy*, Theorie der juristischen Argumentation. Die Theorie des rationalen Diskurses als Theorie der juristischen Begründung, 2. Aufl., 1991, S. 273 ff.

[40] *Walter Schmidt*,（見註36），S. 196.

[41] *B. Schlink*, Die Entthronung der Staatsrechtswissenschaft durch die Verfassungsgerichtsbarkeit, Der Staat 1989, S. 163 ff.

發展。基本權功能體系的建立，剛好是基本權理論與基本權釋義學的橋樑，因為基本權功能體系，在概念體系建立的層面，屬於基本權總論（allgemeine Lehre der Grundrechte）──基本權釋義學的總論部分，在正當化問題的解決上，則屬於基本權理論的層面。

（二）基本權功能的分類

德國憲法學者Albert Bleckmann曾經舉出12種基本權功能：防禦權、分享權（派生給付請求權）、制度性保障、程序保障、價值秩序、客觀規範、行動授權與憲法委託、社會行為規範、國家的保護義務（Schutzpflichten des Staates）、消極基本權與基本義務、正當化功能、和平與正義功能[42]。Bleckmann自己承認，如此的列舉反映了對基本權功能的不同觀察方式，他也認為有必要建立一個具有一致性的模型來闡釋基本權功能，但是他終究沒能完成此任務。

本文認為，Bleckmann提出的基本權功能之所以無法體系化，主要的問題在於他所使用的「功能」概念過於歧異，除了基本權釋義學討論基本權功能時所使用的意義──基本權的作用方式──之外，亦納入其他層面的意義，例如主張基本權功能之一是社會行為規範，比較接近法社會學對於法律的定義，其他如基本權的正當化功能、和平與正義的功能，則是法哲學在討論法律的正當化時常採取的觀點。其次，基本權作為「價值秩序」與作為「客觀規範」，無論是在聯邦憲法法院的判決中，還是在憲法學的討論裡，常常都被當作同義辭來使用，因此並非兩個不同的基本權功能；又涉及給付請求權時只論及分享權這種派生給付請求權，而忽略原始給付請求權（社會權），似有

---

[42] *Albert Bleckman*, Staatsrecht II – Die Grundrechte, 4. Aufl. 1997, S. 247 ff.

所遺漏。再者，基本權作為憲法委託，亦即基本權義務人在憲法上的義務，乃共通於某些其他的基本權功能，例如制度性保障、程序保障與保護義務，因此是否有必要獨立成立一項功能，亦有進一步探討的空間。最後，使用「程序保障」而非常用的「組織與程序保障」，似乎漏掉了基本權於組織面向上的保障功能。此外，一般討論基本權功能時，著重其對於自由的保障方式，因此不宜納入基本義務（國民義務）。而且整個目錄亦漏掉一個常常出現的基本權功能：「基本權第三人效力」（Drittwirkung der Grundrechte）與「放射效力」（Ausstrahlungswirkung）。因此本文認為，可將Bleckmann所列舉的基本權功能的項目限縮為下列7種：防禦權、給付請求權、制度性保障、價值秩序、第三人效力與放射效力、組織與程序保障、國家的保護義務[43]。

（三）基本權主觀與客觀面向

1. 基本權主觀與客觀面向的區分

　　德國憲法學在為基本權功能做分類時，比較常見的是以主觀／客觀（法）面向作為第一層次的分類標準，然後將上述的各項基本權功能歸類其下，一般而言，會將「防禦權」與「給付請求權」歸類為「基本權主觀面向」（subjektive Dimension der Grundrechte）

---

[43] 與上述分類比較接近的是H. D. Jarass所提出的，根據基本權功能所欲追求之目的（Zweck）來將其類型化為五種：防禦功能、不歧視功能（Nichtdiskriminierungsfunktion）、給付功能、保護免受第三者侵害的功能（Funktion des Schutzes vor Dritten）與放射功能、作為組織、程序與形構的交叉式基本權功能（Organisation, Verfahren und Ausgestaltung als querliegende Grundrechtsfunktion），參閱*H. D. Jarass*, Bausteine einer umfassenden Grundrechtsdogmatik, in: AöR 1995, S. 347 ff.

或「基本權主觀法內涵」（subjektiv-rechtliche Grundrechtsge-
halte），而將「基本權第三人效力與放射效力」、「基本權作為組
織與程序保障」（Grundrechtsverwirklichung und -sicherung durch
Organisation und Verfahren）、「基本權保護義務」歸類為「基本
權客觀面向」（objektiv-rechtliche Dimension der Grundrechte）。
「基本權客觀面向」有時又被稱為「基本權客觀法面向」、「基
本權客觀法功能」[44]、「基本權客觀法原則」（objektivrechtliche
Prinzipien）、「基本權客觀法內涵」（objektiv-rechtliche Grund-
rechtsgehalte）[45]或「客觀基本權內涵」（objektive Grundrechtsge-
halte）[46]。當然如此分類亦非所有學者都接受的看法，而且也還有一
些歸類上的問題尚待探討，例如「給付請求權」、「制度性保障」、
「國家權限的消極規範」是否應歸類為「基本權客觀法內涵」？又由
於「基本權作為組織與程序保障」與其他兩個「基本權客觀法內涵」
具有交疊性，該如何定位也是個問題[47]。此外，在德國聯邦憲法法院
的判決中，「基本權客觀法內涵」導出，主要建立在將基本權詮釋為
「客觀價值秩序」的見解上，因此在基本權功能的體系中要如何安置
基本權的「客觀價值秩序」，亦值得研究。

---

[44] 例如*Christian Starck*著，許宗力譯，〈基本權利的解釋與影響作用〉，頁490。

[45] 例如*Horst Dreier*, Dimensionen der Grundrechte. Von der Wertordnungsjudikatur zu den objektiv-rechtlichen Grundrechtsgehalten, 1993, S. 21.

[46] *Michael Sachs* (Hrsg.), Grundgesetz Kommentar, 2 Aufl. 1999, Vor Art. Rn. 29, S. 87.

[47] 例如Böckenförde就只列出「第三人效力與放射效力」與「保護義務與行動委託」兩個基本權功能，參閱*E.-W. Böckenförde*, Grundrechte als Grundsatznormen, in: ders., Staat, Verfassung, Demokratie, 1991, 168 ff.；我國學者李建良教授亦未將「基本權作為組織與程序保障」置於「基本權客觀規範之功能」之列，參閱李建良，〈基本權利理論體系之構成及其思考層次〉，頁73的基本權功能體系圖。

2. 基本權的雙重性質

　　基本權具有雙重性質（Doppelqualifizierung der Grundrechte; doppelte Charakterisierung der Grundrechte）[48]，亦即基本權具有主觀與客觀（法）面向，是德國憲法學界目前的通說[49]，例如Konrad Hesse就主張，基本法的基本權結合了多重的意義層面，基本權既是主觀權利又是政治共同體客觀秩序的基本元素（Grundelemente objektiver Ordnung des Gemeinwesens）[50]，後者作為客觀原則（objektive Prinzipien），乃是延伸基本權效力的出發點，並將實現基本權的義務加諸國家，因此Hesse認為可以直接由其導出國家的保護義務，此外，客觀原則亦可透過不確定法律概念與概括條款間接發揮其效力[51]。其實Hesse於此的推論過於輕率，因為單是主張基本權具有雙重性質或是多重功能（Multifunktionalität）[52]，仍不足以正當化「基本權客觀法內涵」的導出，至多只是一種對於法院判決所為經驗觀察的歸納，不然就是一種新的定義嘗試。其後，Hesse曾經在別的論文裡處理此問題，他認為在日益複雜的世界裡，光是標界個人自由領域以免於國家侵害，仍不足以以符合人性尊嚴的方式保障自由與生

---

[48] 亦可稱為「雙重功能」（Doppelfunktion）、「雙重形構」（Doppelgestalt）或「雙重角色」（Doppelrolle），參閱*Horst Dreier*,（見註45），S. 41.

[49] 例如在1996年新出版的一本基本法註釋書裡，「基本權利的客觀面向」已經與防禦權面向並列，成為該注釋書討論個別基本權利的固定章節，參閱*Horst Dreier* (Hrsg.), Grundgesetz Kommentar Bd. 1, 1996.

[50] *Konrad Hesse*, Grundzüge des Verfassungsrechts der Bundesrepublik Deutschland, 20. A., 1995, S. 127.; ders., Bedeutung der Grundrechte, in: Ernst Benda/Werner Maihofer/Hans-Jochen Vogel (Hrsg.), Handbuch des Verfassungsrechts, 2. A., 1994, S. 134; ders., Art. Grundrechte, in: Staatslexikon der Görres-Gesellschaft, Sonderausgabe, 7. A., Bd. 2, 1995, Sp. 1113.

[51] *Konrad Hesse*,（見註50），S. 155 f.

[52] *Klaus Stern*, Das Staatsrecht des Bundesrepublik Deutschland. Allgemeine Lehren der Grundrechte, Band III/2, 1994, 1729 ff.

命，因此需要透過國家的計劃、調控與照料來維持與創造其前提，所以有必要在基本權舊的意義層面上加上新的意義層面，以擴張基本權的效力[53]。

　　國內學者暨前大法官吳庚教授認為，在主觀與客觀面向之外，尚有基於「身分理論」（Statustheorie）（本文譯為「地位理論」）所生的法律關係，由於國家與人民之間的身分關係是主觀權利存在的前提，因此先確認身分關係，才能決定權利是否存在與其實現途徑，所以他主張應以「基本權的三重性質」取代目前的基本權雙重性質[54]。本文認為，討論「地位理論」固然有利於澄清一些基本權總論的問題，尤其是傳統上為基本權分類時，常以G. Jellinek「地位理論」為其基礎，並將結構相符的基本權歸類其中[55]，此種傳統分類方式亦可稱為主觀權利的「結構性範疇」（strukturelle Kategorien）[56]，然而基本權的雙重性質，卻是針對基本權規範之法律性質而來的觀點，主觀面向相應於各個類型的主觀權利，客觀（法）面向則除了傳統「客觀法」的意義之外，還有其特定的指涉對象——各種「基本權客觀法內涵」，因此在此論述脈絡中，以身分關係作為基本權規範的第三個意義層面並不妥當，何況基本權功能是一個穿越「結構性範疇」的概念，同一個基本權可以同時具有多個基本權功能。因此在涉及基本權功能的分類時，身分關係的加入，恐怕更不利於體系建構。

---

[53] *Konrad Hesse*, Die verfassungsgerichtliche Kontrolle der Wahrnehmung grundrechtlicher Schutzpflichten des Gesetzgebers, in: Herta Däubler-Gmelin u. a. (Hrsg.), Gegenrede. Aufklärung – Kritik – Öffentlichkeit. Festschrift für Ernst Gottfried Mahrenholz, 1994, S. 544.

[54] 參閱吳庚，前揭（註5）文，頁15以下。

[55] 例如Bodo Pieroth/Bernhard Schlink, Grundrechte, S. 16 ff.所提及的「古典的基本權功能」，便以G. Jellinek「地位理論」中Status negativus、Status positivus與Status activus來為基本權分類。

[56] *Michael Sachs* (Hrsg.),（見註46），Vor Art. Rn. 24, S. 86.

3. 基本權客觀面向與客觀規範

　　「基本權客觀面向」的概念，雖然與「基本權客觀價值秩序」的概念相較之下，獲得較多學者的肯定，但是亦被認為容易滋生誤解。

　　Böckenförde曾經批評Klaus Stern，認為其見解：「基本權客觀法內涵」以客觀規範為其基礎，乃是一個誤解，因為「基本權客觀法內涵」並非傳統意義上的客觀規範，相較於「防禦權」面向乃是新的內容[57]，他本人使用的概念是基本權作為「原則規範」（Grundsatznorm）。其實兩人都沒錯，只是其看法並無交集，因為無論是「基本權客觀法內涵」還是其傳統的「防禦權」功能，皆以客觀的基本權規範為基礎，而且相對於「防禦權」功能，「基本權客觀面向」所指涉者的確是基本權的新內容[58]，但是也不能說因為是新內容，所以就逾越基本權解釋的範圍，而是基本權的「法律續造」（Rechtsfortbildung）或是「修改憲法的新基本權解釋」（verfassungsändernde Neuinterpretation der Grundrechte）[59]，因為基本權規定的文法特質，例如簡潔性、片段性、抽象性等等，容許對基本權作出很具彈性的解釋，要主張「基本權客觀面向」已逾越解釋界限，必須先證明根據基本權規定只能解釋出「防禦權」功能。

　　Michael Sachs也認為，將新發展出來的基本權功能稱為「客觀」法內涵，作為專門術語，在兩方面有所不妥，首先是，「基本權

---

[57] *E.-W. Böckenförde*, （見註47），Fn. 12, S. 164.

[58] Böckenförde比較擔心的並非概念問題，而是將基本權定為「原則規範」的後果，此問題已經超出基本權功能體系化的範圍，而涉及此種基本權解釋在憲法理論層次如何正當化的問題，參閱*E.-W. Böckenförde*, （見註47），S. 185 ff.; 191 ff.

[59] *E.-W. Böckenförde*, Anmerkungen zum Begriff Verfassungswandel, in: Peter Badura/Rupert Scholz (Hrsg.), Weg und Verfahren des Verfassungslebens. Festschrift für Peter Lerche zum 65. Geburtstag, 1993, S. 11.

客觀法內涵」並不與基本權作為主觀權利相對立，後者亦得自客觀規範（objektive normative Anordnungen），亦即基本權規定；其次，即使是涉及「基本權客觀法內涵」本身，亦不排除可以導出相應的主觀權利，尤其是於在德國威瑪時代將基本權理解為「方針規定」（Programmsätze），所以在基本權內涵前加上「客觀」，容易引生誤解，讓人產生「基本權客觀法內涵」是客觀「方針規定」的看法。即令如此，Sachs卻承認，由於此種概念用法十分普遍，所以在行文時也應該採用[60]；本文贊成此看法，既然憲法判決與憲法學說皆已習慣此種概念用法，如果沒有很強的理由，並無必要更動此慣用的表達形式，從語言哲學的觀點看來，概念並無其一成不變的意義，亦不具有所謂的「本質」，概念的意義即其用法[61]，在相同的語境中使用新的概念有時反而容易造成誤解。然而本文亦認為，德國基本法第1條第3項既已明定，基本權拘束行政、立法與司法等國家權力，為直接有效的法（unmittelbar geltendes Recht），任何認真對待此項規定者，皆不應產生誤解才對，比較重要的反而是下列問題：在何種條件下，所導出之「基本權客觀法內涵」具有與其相應的主觀權利？

4. 基本權客觀法內涵

在學說上比較沒有爭議的「基本權客觀法內涵」有三項：「基本權（間接）第三人效力與放射效力」、「基本權作為組織與程序保障」、「基本權保護義務」。

「基本權（間接）第三人效力」意謂，基於基本權客觀價值秩序，基本權雖然沒有水平的、直接的在人民與人民的私法交往當中起

---

[60] *Michael Sachs* (Hrsg.),（見註46）, Vor Art. Rn. 28 f., S. 87.

[61] *Ludwig Wittgenstein*, Philosophische Untersuchungen, Werkausgabe Band 1, 10. A., 1995, S. 262.

作用，原則上人民亦無法對其他人民直接主張基本權，但是基本權卻是法官在解釋民法「概括條款」（Generalklauseln）與「不確定法律概念」（unbestimmte Rechtsbegriffe）時，必須尊重的準則。法官在審判中解釋與具體化「概括條款」與「不確定法律概念」時，必須依據相關基本權的精神為之，因此基本權可透過這些橋樑「間接的」在人民與人民的交往當中發生效力。如果法官解釋「概括條款」與「不確定法律概念」時，並未尊重相關的基本權的客觀價值秩序，則不但在客觀上違背憲法規定，在主觀上，法官作為公權力的行使者也違背應遵守基本權的憲法義務，其所為之判決有可能因此違憲，例如在Lüth案，普通法院在解釋德國民法第826條「公序良俗」（die guten Sitten）時，未能尊重作為基本法第5條第1項「意見自由」（Meinungsfreiheit）權的客觀價值秩序，其判決被聯邦憲法法院宣告違憲。惟此種基本權功能稱為「基本權放射效力」（Ausstrah-lungswirkung der Grundrechte）[62]較佳，因為受到基本權影響的法律解釋與適用，並不侷限於民法領域，基本權客觀價值秩序對所有法律領域皆發生效力，僅當作用於民法領域時才稱為「第三人效力」。

　　「基本權作為組織與程序保障」亦稱為「透過組織與程序來實現與保障基本權利」，此種「基本權的客觀法內涵」並非「程序基本權」（Verfahrens-und Prozeßgrundrechte），而是為了保障實質基本權而導出來的程序與組織面向。「基本權作為組織與程序保障」意謂，解釋與適用國家程序法規與組織法規時，應尊重相關基本權客觀價值秩序，而且應本於此價值秩序課予國家制定程序與組織法規的義務。在當代的社會條件之下，人民想要實現其基本權，常須仰賴法律

---

[62] 亦有學者譯為「擴散作用」，參閱陳愛娥，前揭（註5）文，頁245。

先行形塑實現基本權的前提，尤其是制定與實現基本權利有密切關係的組織法規與程序法規。由於基本權的組織與程序保障發展到此階段，已經與基本權利的保護義務在內容上有所重疊，因此有學者主張，基本權利的組織與程序保障功能，並非獨立的基本權功能，而是與其他基本權功能交疊的面向[63]。

　　「基本權保護義務」意謂，人民可以根據基本權向國家請求保護其基本權利所保障的法益（grundrechtlich geschützte Rechtsgüter），以免受到其他人民的侵害[64]。在德國，「基本權保護義務」由於與基本權利防禦權面向的強烈對比，又與「基本權第三人效力」相似，具有「人民—國家—人民」三角組合，而且又與基本權的組織與程序保障有交疊關係，所以從80年代起就成為基本權釋義學所探討的焦點問題之一。

5. 基本權客觀價值秩序與基本權客觀法內涵

　　德國聯邦憲法法院將基本權定性為「客觀價值秩序」[65]，對於「基本權客觀法內涵」的導出，具有決定性的影響，尤其是在具有先驅地位的Lüth判決中，聯邦憲法法院認為，基本權除了其主要功能

---

[63] *H. D. Jarass*,（見註43），S. 353.

[64] *H. H. Klein*, Die grundrechtliche Schutzpflicht, in: DVBl 1994, S. 490.

[65] 有關德國憲法學「客觀價值秩序」的概念與理論，可參閱張嘉尹，〈論「價值秩序」作為憲法學的基本概念〉，頁8以下。德國聯邦憲法法院的判決使用了許多「客觀價值秩序」的同義字：「客觀價值秩序」（objektive Wertordnung）、「價值體系」、「憲法的基本決定」（verfassungsrechtliche Grundentscheidung）、「基本權作為客觀規範」（Grundrechte als objektive Normen）、「方針」（Richtlinien）、「推動」（Impulse）、「價值決定的基本規範」（wertentscheidende Grundsatznorm）、「客觀法的價值決定」（objektivrechtliche Wertentscheideung）、「結構原則」（Strukturprinzipien）、「基本原則」（Grundprinzipien）、「主導規範」（Leitnorm）、「準則規範」（Maßstabnorm）、「設定」（Postulat），參閱 *Robert Alexy*,（見註31），S. 264 f.

人民對抗國家的防禦權之外，還體現一個「客觀價值秩序」，此種由基本權規定（Grundrechtsbestimmung）[66]所體現的「客觀價值秩序」是憲法的基本決定，對所有的法律領域都有規範效力，而且對於所有的國家權力，無論是行政權、立法權抑或司法權，都具有綱要性的拘束力。

　　不少德國學者將基本權的「客觀價值秩序」視為同屬「基本權客觀法內涵」的基本權功能，國內學者李建良教授亦將「價值決定」歸類為「基本權客觀規範的功能面向」[67]。本文認為，雖然在相關論證脈絡中，基本權的「客觀價值秩序」與「基本權客觀法內涵」具有緊密關聯，將基本權詮釋為「客觀價值秩序」可作為導出「基本權客觀法內涵」在推論上的邏輯基礎[68]，「基本權客觀法內涵」亦可視為基本權「客觀價值秩序」或基本權「原則規範」（Grundsatznorm）之法律效力的開展或是其法律後果[69]。雖然德國聯邦憲法法院在一系列「基本權客觀法內涵」的判決確立之後，在導出具體的基本權功能時，不一定每一次都會使用基本權「客觀價值秩序」的概念，有時會直接訴諸「基本權客觀法內涵」，例如在Mülheim-Kärlich判決中，即直接從基本法第2條第2項的「客觀法內涵」導出國家機關的保護

---

[66] 「基本權規定」（Grundrechtsbestimmung）的概念是指憲法之中保護基本權的條文本身，與此概念應予區別的是基本權的「意義」（Bedeutung）或是「內容」（Inhalt），意指「基本權規定」的意義與內容，概念與其意義在此是可以區分的兩個層次。這個區別建立在規範語句的語意學概念上，區分規範語句（Normsatz）與規範（Norm），規範即是規範語句的意義，「基本權規定」只是句子（規範語句），而「基本權主觀防禦權面向」、「基本權客觀法內涵」皆是基本權規範（Grundrechtsnorm），亦即其意義，參閱Robert Alexy，（見註1），S.42 ff.

[67] 參閱李建良，前揭〈基本權利理論體系之構成及其思考層次〉，頁68。

[68] *Robert Alexy*，（見註31），S. 273 f.; *Kiaus Stern*, Das Staatsrecht der Bundesrepublik Deutschland III/1, 1988, S. 908 ff.

[69] *E.-W. Böckenförde*，（見註47），S. 161.

義務[70]，但是這不意謂「基本權客觀法內涵」不由「客觀價值秩序」導出，而是法院在論證過程中直接引用過去的判決先例，省略中間步驟[71]。然而問題是，在邏輯關聯上，基本權作為「客觀價值秩序」，不必然只能作為「基本權客觀法內涵」的推論基礎，而是同時可以作為「基本權主觀法內涵」的推論基礎。

根據Alexy的見解，在「價值秩序」或同義概念之前加上「客觀」並不妥當，因為在論證步驟上是先將基本權的意義從「主觀防禦權」的面向抽離開來，使之成為一個經由三層抽象而得的純粹誡命──「基本原則」（Grundprinzip），例如言論自由權的防禦權內涵是「人民有抵抗國家侵害的言論自由」，如果將此基本權規定的意義抽離行為主體、行為內容以及義務主體，就可以得到一個類似「言論自由應予保障」規範性命題的「基本原則」，此「基本原則」即一般所謂的言論自由權的「客觀價值秩序」[72]，倘使先忽略論證步驟上原先存在的具體基本權規定以及三層抽象的過程，而著眼於基本權功能體系的建立，則「基本原則」應先於基本權的主觀法或是客觀法內涵，換言之，無論「基本權主觀法內涵」或是「基本權客觀法內涵」，皆以此基本權的「基本原則」為其基礎，在此體系意義[73]上，即使是被視為基本權古典功能的防禦權功能，亦是由基本權的「基本原則」導出，因此不宜將基本權「客觀價值秩序」歸屬於「基本權客

---

[70] BVerfGE 53, 30 (57)。

[71] 這樣的方式有其優點，主要是可以暫時迴避對於「客觀價值秩序理論」的批評，參閱*Klaus Stern*，（見註35），S. 75.

[72] *Robert Alexy*，（見註31），S. 272.

[73] 若是用Karl Larenz法學方法論的術語，此時所涉及的是個以價值為導向的「內在體系」（das innere System）。參閱*Karl Larenz*, Methodenlehre der Rechtswissenschaft, 6. Aufl. 1991, S. 473 ff.

觀面向」。在基本權論證中，基本權「客觀價值秩序」是一個推論的基礎，要推論出具體的「基本權客觀法內涵」則需要加上其他前提，所以光是主張基本權具有雙重性質或是體現了「客觀價值秩序」，仍不足以論理證成具體的「基本權客觀法內涵」，因為相對於過去的基本權理解，客觀法內涵在內容上是新的。綜言之，基本權「客觀價值秩序」與「客觀法內涵」同處於「基本權客觀面向」的推論脈絡，因為「基本權客觀法內涵」的導出，在說理過程中主要以「客觀價值秩序」的提出為其前提。

6. 給付請求權屬於基本權客觀面向？

「給付請求權」（受益權）的概念包含至少兩種類型的權利：「原始給付請求權」與「派生給付請求權」，「原始給付請求權」（originäre Teilhaberechte）一般又稱為「社會權」（Sozialrechte），主要是針對實現基本權的物質條件而發，認為基本權的保障應該延伸到實現基本權的前提，乃是在社會國原則的精神之下對於基本權的「擴張解釋」。「派生給付請求權」（derivative Teilhaberechte），則是從平等權保障衍生而來，認為一旦國家創設了制度或是獎勵的體系，用來幫助人民實現其基本權，則基於平等權的保障，每個人民原則上應該都可以請求分享其內容。「給付請求權」應該屬於主觀或是客觀面向在分類上學者亦有歧見，Horst Dreier曾將「給付請求權」歸類為「基本權客觀法內涵」，將其與「組織與程序保障」相提並論[74]，但是其後又修正為歸屬於「基本權主觀法內涵」[75]。國內學者陳愛娥教授將「原始的─基本權的給付請求權」歸類為「基本

---

[74] *Horst Dreier*,（見註45），S. 42.

[75] *Horst Dreier*, Subjektiv-rechtliche und objektiv-rechtliche Grundrechtsgehalte, S.505 ff.

權客觀法規範」，但是亦注意到如此一來在用語上會產生混淆[76]。本文認為，將「給付請求權」歸屬於「基本權客觀法內涵」在概念上易造成混淆，因為「給付請求權」的概念意謂全然的主觀權利，因此將其列為「基本權客觀法內涵」，將造成基本權釋義學概念體系的混亂。至於其他的「基本權客觀法內涵」，尤其是「基本權作為組織與程序的保障」以及「基本權保護義務」，是否有相應的主觀權利——請求國家給付與保障基本權有關的程序、組織或實體法律規範——存在，則是另一個問題，不能因為其可能相應的權利具有請求權的規範結構，就必須將所有具有給付請求權規範結構者皆列為「基本權客觀法內涵」。

7. 國家權限的消極規範屬於基本權客觀面向？

為了表彰基本權同時構成國家行動與決策範圍的界限，也有學者亦將「國家權限的消極規範」視為「基本權客觀法功能」，例如 Bodo Pieroth 與 Bernhard Schlink 就認為只有當基本權允許時，國家才能行使其立法、行政與司法等權限，因此基本權構成了國家權限的界限或是否定，而具有客觀法功能，無論人民是否行使其基本權，在客觀上，一旦基本權授與人民行動與決斷的餘地，國家的權限即終止於此[77]；李建良教授亦採此說，將「國家權限的消極規範」納入「基本權客觀規範之功能」[78]。然而 Pieroth 與 Schlink 卻又承認，這只是觀點的變換而已，基本權作為個人主觀權利的性質並未消失，本文認為，如此歸類在體系上易造成混淆，因為凡是歸類為「基本權主觀面

---

[76] 參閱陳愛娥，前揭（註5）文，頁244。

[77] Bodo Pieroth/Bernhard Schlink, Grundrechte, S. 20.

[78] 參閱李建良，前揭〈基本權利理論體系之構成及其思考層次〉，頁72以下。

向」者，不宜再列入「基本權客觀面向」，「國家權限的消極規範」既然是基本權作為主觀權利在客觀上對國家權限所形成的後果，即不應再將此後果視為「基本權客觀法內涵」。

8. 制度性保障的定位

「制度性保障」（Einrichtungsgaratien）首先由德國法學家Carl Schmitt在威瑪時代所提出，由於當時憲法學通說認為基本權並不拘束立法權，只拘束行政權，所以Carl Schmitt特別提出「制度性保障」的概念以對抗立法者對於特定制度的任意處置，他將「制度性保障」區分成兩種類型──保障私法制度的制度性保障（Institutsgarantien）與保障公法制度的制度性保障（institutionelle Garantien）。

在學說上，「制度性保障」有時被歸類為「基本權客觀法內涵」，有時候則獨立成項，例如Klaus Stern雖將「制度性保障」當作「基本權客觀法內涵」最古老的形式[79]，但是在基本權體系編排上，並未將其與其他三者相提並論，而是獨立成章來探討[80]，他認為「基本權（間接）第三人效力與放射效力」、「基本權作為組織與程序保障」、「基本權保護義務」與其主觀法的意涵皆屬於客觀法內涵的法律後果[81]。

「制度性保障」雖然是最早的客觀法內涵形式，但是在目前的發展下究竟有無獨立成項的必要，應先探究其意義的轉變。在其提出之初，「制度性保障」乃作為具有基本權重要性之既存制度的延續保

---

[79] *Klaus Stern*,（見註35），S. 75.

[80] *Klaus Stern*, Das Staatsrecht der Bundesrepublik Deutschland III/1, § 66, § 67, § 68, § 69.

[81] *Klaus Stern*,（見註35），S 79.

障，屬於對於過去的保存，但是在德國聯邦憲法法院的判決中，「制度性保障」的方向越來越往未來移動，而著重於立法者應以合乎基本權的方式來形塑該制度，在用法上與「基本權作為組織與程序保障」越來越接近，因此將其歸類為「基本權客觀法內涵」亦是適當做法，但是如此一來，該概念是否還有保存必要就成為問題。如果採取過去的用法，著重於既存制度的保障，以防止立法者侵害其核心，則仍有保存價值，可將其與其他三者並列，成為第四種「基本權客觀法內涵」的類型。

（四）基本權客觀法內涵的主觀化

1. 主觀化的概念問題

　　「基本權客觀法內涵」的「主觀化」（Subjektivierung）指的是，「基本權客觀法內涵」除了課予國家行為義務之外，也賦予人民可以請求國家履行該義務的主觀權利，亦即相應於該客觀法內涵的主觀權利，然而「主觀化」是否為適當的用語，值得探究。其實從基本權之主觀面向與客觀面向的區別，以及客觀面向強調的基本權非防禦權功能，並不能推論「基本權客觀法內涵」應侷限於國家的客觀義務面，即使在用語上「客觀」似乎有如此的暗示。因為從「基本權客觀價值秩序」導出「基本權客觀法內涵」，實際上只是從「基本原則」導出基本權相應於案件類型的保障方式（功能），而且聯邦憲法法院的判決對此問題，亦隨不同案件而有不同的見解，有時並未討論[82]，

---

[82] 例如BVerfGE 39, 316（326）、BVerfGE 39, 1ff.（Abtreibungsurteil I）、BVerfGE 88, 203 ff.（Abtreibungsurteil II）。有時並未討論是因為所涉及的程序並非「憲法訴願」，而是其他程序，例如在「抽象法規審查」（abstrakte Normenkontrolle）程序，毋須討論此問題。參閱 *Peter Unruh*, Zur Dogmatik der grundrechtlichen Schutzpflichten, 1996, S. 58, Fn. 151.

有時則予以肯定[83]，因此一開始即將「基本權客觀法內涵」侷限於客觀義務面的做法，是定義上先行做決定，所以「主觀化」是一個有陷阱的概念，暗示「基本權客觀法內涵」原本就是客觀法義務[84]，然後再來討論其「主觀化」的條件。

　　「基本權客觀法內涵」的「主觀化」在概念上還有一個問題：在基本權功能體系中如何安排其位置？Klaus Stern將其置於三項「基本權客觀法內涵」之後，並與其相提並論成為第四項，本文認為此乃畫蛇添足的做法，因為「基本權客觀法內涵」不僅僅意謂客觀法義務，可能還包含相應的主觀權利，因此將其當作客觀法內涵的第四項並無必要。

2. 有利於主觀化的推定

　　關於基本權主觀面向與客觀面向的關係，Alexy曾經提出「主觀化命題」（Subjektivierungsthese），以「基本權個人主義」（Grundrechtsindividualismus）與「基本權極佳化」（Grundrechtsoptimierung）為理由，主張「基本權客觀法內涵」有利於主觀面向的推定（Vermutumg zugunsten der subjektiven Dimension），任何人只要主張基本權規範具有純客觀性質，即負擔論證義務[85]。換言之，任何對國家具有拘束性的基本權義務，無論其具有確定（definitiv）或是初顯（prima facie）性質，原則上皆有與其符應的主觀

---

[83] 例如BVerfGE 53, 30 ff. (Mülheim-Kärlich-Beschluß)、BVerfGE 56, 54 ff. (Fluglärm-Entscheidung)、BVerfGE 76, 170 ff. (C-Waffen-Entscheidung)。

[84] Christian Starck根據「客觀面向」的字義，質疑從客觀面向導出主觀權利的做法，就是一例，參閱*Christian Starck*, Grundrechtliche Schutzpflichten, in: ders., Praxis der Verfassungsauslegung, 1994, S. 72.

[85] *Robert Alexy*,（見註31），S. 277.

基本權[86]。「基本權個人主義」意謂，基本權的目的暨其理由在於保護個人，而非保障客觀秩序或集體利益。但並不主張不存在基本權的集體利益，然而該利益並非獨立的保障目的，而具有保障個人的工具性質[87]。「基本權極佳化」則意謂，基本權基於其原則性質，要求鑑於事實可能性暨法律可能性盡可能的實現其自身的內容，一般而言，承認相應的主觀權利與僅設定內容相同的純客觀義務相較之下，意謂其較高程度的實現，一個純客觀的保護義務在實現其內容方面，亦少於內容相同的保護權利，因此所有基本權規範的「主觀化」乃是個初顯誡命[88]。

李建良教授質疑，邏輯上從「極佳化」（他譯為「最適化」）的要求必然可導出具有程序意義的（保護義務）「主觀化」，他認為有待進一步的論證[89]。然而「基本權極佳化」論證所支持的「主觀化」僅是一個初顯誡命，亦即有利於「主觀化」的推定，而非「主觀化」的確定誡命，「極佳化」僅意謂反對「主觀化」者應負擔論證義務，而非必然可導出「主觀化」。

陳愛娥教授認為，由於Alexy提出這項主張的積極論點——「基本權個人主義」與「基本權極佳化」——並不成立，因此可以不論其對於反對論點所提的辯護論據[90]。然而Alexy的主張卻是，光是這兩個理由本身還看不出其力量，其力量要在與相反論點對照之下才能顯現[91]。而且Alexy的兩個理由本身是否不成立，本文認為仍有討論餘

[86] *Robert Alexy*,（見註31），S. 277.
[87] *Robert Alexy*,（見註31），S. 277 f.
[88] *Robert Alexy*,（見註31），S. 278.
[89] 參閱李建良，前揭〈基本權利與國家保護義務〉，頁343。
[90] 參閱陳愛娥，前揭（註5）文，頁261。
[91] *Robert Alexy*,（見註31），S. 278.

地，首先，基本權的目的乃在保護個人的看法，並不侷限於其「防禦權」功能，即令是由基本權客觀價值秩序所導出的「基本權客觀法內涵」，最終仍是服務於個人的自由。根據德國聯邦憲法法院的看法，「基本權客觀法面向」的存在理由乃是原則性的加強基本權的效力（Geltungskraft）[92]，而非僅服務於集體的利益（kollektives Gut）。以德國廣電自由權（Rechte der Rundfunkfreiheit）為例，學者意見不一，陳愛娥教授認為，廣電自由權的目標在於保障社會上意見形成程序的自由與多元化，而非個人自由，據此反對「基本權個人主義」[93]。Alexy認為，「基本權個人主義」與「基本權極佳化」兩個論證支持「主觀化」，然而應審視的是，是否此基本權之對象的獨特結構會排除「主觀化」？具體言之，廣電自由權的直接對象是廣播電視的狀態，廣電自由權要求建立並維持其均衡的多樣性，這是個客觀的義務，問題在於是否有一個相應於此（客觀）基本權誡命的人民主觀權利，總體性論證即認為，基本權要求的廣電組織雖然也服務於個人，但是將其當作總體的一份子來服務，因而認為當所有的人都受牽連時，就不能主張是個人受牽連[94]。Alexy則認為，此僅意謂單獨的個人與所有的人共同受到牽連，卻不能否定個人的基本權有可能受侵害，當一個人為自己而主張，要在均衡多樣的廣電系統中形成意見時，他是主張自己的權利，而非為了整個社群主張集體利益，即使僅當他人權利也實現時，他的權利才能實現，亦不能否定他在行使他的權利。在一個認真對待個人的憲法中，不可能因為要實現一個人權利所要求的國家行為，也有利於其他人與所有的人，就否認他有此權

---

[92] 例如BVerfGE 7, 198 (205).
[93] 參閱陳愛娥，前揭（註5）文，頁261。
[94] 這是F. Ossenbühl所主張的，轉引自 *Robert Alexy*,（見註31），S. 283.

利[95]。

　　其次，陳愛娥教授主張，「基本權客觀法內涵」有時致力於協調多方的基本權主體的利益，若賦予其主觀權利以增益一方貫徹其主張的實力，將使他方有時遭到不利益，因此反對Alexy概括承認「主觀化」可達到「基本權極佳化」的看法[96]。本文認為，即使「基本權客觀法內涵」有時致力於協調多方的基本權主體的利益，然而真正使他方遭到不利益的，並非是賦予一方相應於「基本權客觀法內涵」的主觀權利，因為「基本權客觀法內涵」的導出即意謂對於他方的不利益，此種狀態並非始自賦予相應的主觀權利。如前所述，「基本權極佳化」論證僅主張，基於基本權的原則性質，一旦導出「基本權客觀法內涵」，其「主觀化」乃是個初顯誡命。至於「基本權客觀法內涵」的導出是否能正當化，則是另一個問題了。

　　反對「主觀化」的觀點還有兩項，其一認為，廣泛的「主觀化」意謂憲法法院審判權限的不當擴張，此看法的弱點在於沒有區分「基本權客觀法內涵」與其「主觀化」，真正的問題應該是「基本權客觀法內涵」的導出與否，而不是其「主觀化」，「主觀化」並不會在內容上強化憲法法院審判權限，所增加的僅是程序──憲法訴願（Verfassungsbeschwerde）[97]。另一個反對論點認為，廣泛的「主觀化」既然增加憲法訴願的程序，將造成聯邦憲法法院的過度負擔而危及其正常運作，因為不但人民提起的憲法訴願增加，而且受理待審的案件也會增加。Alexy認為此問題並無表面上的嚴重，首先，隨著判例的累積，提起與待審的案件會達到平衡；而且政治上重要的憲法問

---

[95] *Robert Alexy*,（見註31），S. 284.
[96] 參閱陳愛娥，前揭（註5）文，頁262。
[97] *Robert Alexy*,（見註31），S. 280.

題會出現在其他程序，所以真正新增的是既侵害主觀權利又缺乏政治勢力為其出面的案件，任何認真將基本權利當作個人權利者，此時都會希望可以進行憲法訴願；再者，聯邦憲法法院亦可根據聯邦憲法法案法第93條b第1項第2款「顯無勝算」與第3款「將不受理」的規定，來大幅度降低受理的案件數[98]。因此這個維持正常運作的觀點，亦不是很有說服力。

3. 主觀化的界限

　　Alexy雖然主張有利於主觀面向的推定，但是這並非毫無限制的，他認為「主觀化」有其界限──「主觀化」應止於主觀基本權理由（subjektive grundrechtiche Grunde）終止之處。有時主觀基本權論理亦可透過客觀理由──關係到憲法所欲保障之集體利益者──而加強，有時亦可透過非基本權性質的主觀理由而加強，但是當客觀理由與非基本權性質的主觀理由所要求者比個人的基本權還要多時，就不能再主張存在一個相應的主觀權利[99]。

　　關於「基本權客觀面向」的「主觀化」，有學者認為應該採取「類型化」的方式，根據案件所涉各種因素來解決，然而「類型化」也需要標準，否則即是將「類型化」的任務交給憲法實務先行決定，然後再予以歸納，如此做法雖然看似有理，但是卻以一定量憲法案件判決的存在為其前提，倘若此前提不存在，則意謂放棄「類型化」一般標準的提出，就此而言，Alxey「主觀化界限」論點的提出，似乎可以補其不足。

---

[98] *Robert Alexy*,（見註31），S. 285 f.
[99] *Robert Alexy*,（見註31），S. 287.

四、從基本權功能體系到基本權理論

（一）基本權客觀面向可否正當化的問題

建立一個在概念性與體系性上稍具清晰性的基本權功能體系，乃是基本權（釋義學）總論不可或缺的部分，在實踐上至少亦有助於釐清一些基本權解釋的前提問題，但是基本權功能體系的建立亦有其前提問題必須解決，尤其是在正當性的面向，從基本權規定「解釋出」或「論證出」基本權的雙重性質，以及導出「基本權客觀面向」與「基本權客觀法內涵」，並非自明之理，至少從擁護傳統基本權之「防禦權」功能的學者眼中，無論在法學方法上，或是基本權解釋對於憲法本身所造成的後果上，都是疑慮重重。曾經提出實質基本權理論的德國憲法學者E.-W. Böckenförde，就強烈質疑將基本權定性為「客觀價值秩序」或「原則規範」之後，對於法律釋義學、國家定性暨憲法性質，以及憲法權力分立架構所產生的種種後果是否可接受[100]？

（二）法律釋義學層面的批評

在法律釋義學方面，Böckenförde認為，基本權效力的擴張在幅度上並不受既存標準的拘束，而是或多或少的自行製造其標準。基本權作為「原則規範」的作用具有普遍性，具有侵入所有法律領域的潛能，但此作用在範圍與強度方面皆具開放性[101]，其特色是不確定性、

---

[100] *E.-W. Böckenförde*,（見註47），S. 185 ff.

[101] Böckenförde認為此性質符合Alexy所說的「原則－規範」（Prinzipien-Normen），*E.-W. Böck-enförde*,（見註47），S. 185，但是他忽略了Alexy對於「原則」與「規則」（Regeln）區分的適用對象，並不限於「基本權客觀面向」，而是及於所有的基本權規範，即使是基本權的

可變性與動態性。如此一來，基本權的適用方式會從「解釋」變成
「具體化」（Konkretisierung），Böckenförde認為兩者之間具有實
質的差異，「具體化」超出單純基本權規定的闡釋，而具有創造法律
的（rechtsschöpferisch）意義，是針對個案的「憲法立法」（Ver-
fassungsgesetzgebung）[102]。

　　本文認為，Böckenförde基於法學方法論的質疑是否站的住腳，
其關鍵在於「解釋」與「具體化」的區分在基本權解釋上能否成立。
基於基本權規定的文法特質，例如簡要性（Lapidarformigkeit）、
原則性[103]、開放性[104]與內容的不確定性[105]等等特質，基本權解釋與一
般的法律解釋有很大差異，很難僅僅透過傳統的解釋規則來完成，
反而基本權解釋的適當方式是「填補性解釋」或「具體化」，此亦為
Böckenförde曾有之主張[106]，因此某種程度的創造性是不可避免的。
此種基本權解釋的創造性，還來自其對象領域較強的變遷能力，基本
權規定作為目標規定要求其目的的實現──自由的保障，但是自由能
否獲得保障又繫諸於實現自由的社會條件，因此社會關係的變遷就會
影響基本權解釋，此外，如果借用Friedrich Müller的術語，從「規
範領域」（Normbereich）與「規範綱領」（Normprogramm）之間

「防禦權」功能亦可具有原則性質，Alexy自己亦曾指出，「原則」／「規則」的區分，相
　　對於「主觀」／「客觀」面向的區分是中性的，參閱*Robert Alexy*,（見註31），S. 270.

[102] *E.-W. Böckenförde*,（見註47），S. 186 f.

[103] *E.-W. Böckenförde*,（見註9），S. 115.

[104] *Konrad Hesse*, Grundzüge des Verfassungsrechts der Bundesrepublik Deutschland, 20. A., 1995, S.
　　20.

[105] *E.-W. Böckenförde*, die Methode der Verfassungsinterpretation – Bestandsaufnahme und Kritik, in:
　　ders., Staat, Verfassung, Demokratie, 1991, S. 81.

[106] *E.-W. Böckenförde*,（見註9），S. 115 f.

的詮釋學循環[107]，亦可得到類似的觀察結果。因此能否主張「基本權解釋」與「基本權具體化」是涇渭分明的兩種基本權適用型態，著實令人懷疑。

（三）國家理論層面的批評

在國家理論方面，Böckenförde認為，作為「原則規範」的基本權會成為國家權力的任務規範（Aufgabennormen），如此被納入憲法的國家目標與國家任務，將成為可依主觀權利的方式來請求履行的規範，為了實現基本權，此等國家任務的履行作為「行動委託」（Handlungsaufträge）是可以起訴請求的，具有放射效力的「基本權客觀面向」也因此得以成為法秩序的最高原則[108]，憲法也會從「國家的基本秩序」變成「社會共同體的基本秩序」（Grundordnung des Gemeinwesens），於是國家（尤其是政治立法者）建構法律秩序的任務，似乎早就安置於作為「原則規範」的基本權當中[109]。

本文認為，Böckenförde的質疑建立在一對有關憲法特質的概念區分上——「框架秩序」（Rahmenordnung）／「指令性憲法」（dirigierende Verfassung），他認為德國基本法作為實證憲法，乃是政治決策過程的「框架秩序」，主要是規範立法權行使的「框架秩序」，與其相對的「指令性憲法」則是政治共同體的基本秩序，其原則可以貫穿到所有的法律領域，而立法權的行使就好像是憲法的具體化，其實這兩種憲法性質的描述皆可在基本法上找到依據，前者可以

---

[107] *Friedrich Müller*, Juristische Methodik, 6. Aufl., 1995, S. 141 ff.。關於其法學方法論，中文文獻可參閱張嘉尹，前揭（註14）文，頁194以下。

[108] *E.-W. Böckenförde*,（見註47），S. 188.

[109] *E.-W. Böckenförde*,（見註47），S. 189.

「法治國的分配性原則」（rechtsstaatliches Verteilungsprinzip）為依據，此原則相應於市民法治國的國家理念與其對基本權的定位，意謂人民的自由領域雖非先於社會（vor-sozial），但卻先於國家（vor-staatlich），因此相對於自由領域，國家的權限原則上是有限的，只有為了完成自由的保障任務、規制任務以及安全任務，國家才有其權限。所以自由並非是由國家所建構，反而是國家存在的前提[110]。後者則可論證基本法包含具有實質目標性質的「社會國原則」（Sozialstaatsprinzip），對立法權而言此乃「行動委託」，因此基本法具有指令性。本文認為，應該揚棄此種概念對立，承認憲法同時包含此二種要素[111]，否則不但無法完整說明憲法的各式各樣規定的性質，更難以掌握憲法穩定性（Stabilität）與彈性（Flexibilität）之間的辯證關係[112]。既然Böckenförde第二項的預設難以成立，他的推論也就站不住腳。

（四）憲法理論層面的批評

在憲法結構方面，所造成的後果是立法權與憲法審判權之間關係的改變，基本權作為「原則規範」造成了國會與憲法法院在「造法」（Rechtsbildung）功能上的接近與並駕齊驅，因為立法權的行使從原始的制定法律降格為憲法的具體化，而憲法審判權的作用卻從解釋性的適用升格為創造法律的具體化[113]。Böckenförde認為，如此一來

---

[110] *E.-W. Böckenförde*，（見註9），S. 119。

[111] *Peter Lerche, Nachwort*, in: *E.-W. Böckenförde*, Zur gegenwärtigen Lage der Grundrechtsdogmatik, 1989, S. 77。

[112] *G. F. Schuppert*, Rigidität und Flexibilität von Verfassungsrecht. Überlegungen zur Steuerungsfunktion von Verfassungsrecht in normalen wie in „schwierigen Zeiten", in: AöR 120 (1995), S. 50 ff.

[113] *E.-W. Böckenförde*，（見註47），S. 189.

立法與司法在性質上的差異會因而弭平，因為兩者都以具體化的形式在「造法」，而且相互競爭，雖然前者有先手，但是後者卻享有優位，結果就是權力之間排序的改變與重點的轉移，隨著基本權的「原則規範」的開展，憲法法院會成為權力越來越大的國家機關，對歐洲憲法國家至關緊要的權力分立概念以及其組織制度的安排也會倒退，「議會立法國」（der parlamentarische Gesetzgebungsstaat）就逐漸過渡為「憲法法院司法國」（der verfassungsgerichtliche Juris-diktionsstaat）[114]。Böckenförde的三項質疑，都是贊成基本權雙重性質以及「基本權客觀面向」的見解必須面對的挑戰，除了第一項屬於法學方法論的爭議之外，第二項與第三項其實都屬於憲法理論層次的批判，而且都與「基本權客觀面向」開展之後果有關。此亦表示，基本權功能體系的建立仍須處理基本權理論的問題。

　　本文認為，Böckenförde的質疑似有倒果為因之嫌，其實在憲法中設立專司違憲審查的憲法法院，對於傳統權力分立架構即是革命性的改變。傳統司法權雖係依法審判，然而憲法法院卻可審查法律是否違憲，因此也間接地參與立法決策，司法的政治化即不可避免，因此某種意義的「司法國」若非憲法所欲，亦非其所斥，因此將本於憲法而來權力分立架構的轉型歸咎於「基本權客觀面向」的開展，在推論上乃是循環論證。此外，「基本權客觀法內涵」的導出雖然增加了違憲審查的機會，但能否據此主張聯邦憲法法院的「擴權」，仍有疑問。認為從基本權規定導出「基本權客觀法內涵」是「擴張」違憲審查基準的見解，預設了基本權功能的單一性──「防禦權功能」，此預設並非不證自明，無論從基本權發展史或是基本權保障自由的目的

---

[114] *E.-W. Böckenförde*,（見註47），S. 190 f.

而論，皆欠缺說服力。反而是在當今社會條件下，主張基本權具有多功能與多面向，較有利於基本權所要保護的法益。退一步言，即使接受基本權原本只是人民的「主觀防禦權」，並承認違憲審查基準的「擴張」，憲法法院的「擴權」亦不一定欠缺正當性，由於基本權的保障是主要的國家任務，根據「結果考量」的方法，必須在憲法法院「擴權」的負面後果與保障人民自由的正面後果之間做衡量，方能判斷其是否正當，本文認為，權力分立架構的轉型以及某種「司法國」的出現，是設置憲法法院時即可預見的制度性後果，「基本權客觀面向」的開展，對此僅有加成效果，由於在「結果考量」上基本權的保障較優先，即便導致憲法法院的些許「擴權」亦非不正當[115]。

（五）基本權理論的必要性

從Böckenförde對於「基本權客觀面向」發展趨勢暨後果的質疑，以及本文對其論點的簡短批評，至少可以得到一個基本權理論必要性的推論，因為Böckenförde所提出的三項質疑，皆非基本權釋義學層面的研究所能應付，除了第一項可以在法學方法論的層面予以回應之外，其他兩項則須在基本權理論（憲法理論）層面予以處理，因為無論是憲法的定性之爭，還是權力分立與國家類型變遷暨其正當性的可能，皆是實質地針對整體憲法理解與基本權理解而發的疑問，必須在具體的社會條件之下，透過對憲法與基本權任務的反思才能回答，此亦呼應前所提及基本權釋義學與基本權理論的任務分工與關聯。本文認為，「基本權客觀面向」的正當化，除了消極的回應質疑之外，還必須積極的闡述其理由，兩者相輔相成方能達成其說理證成

---

[115] 參閱張嘉尹，前揭（註5）文，頁24以下。

（Begründung）。

在「基本權客觀面向」的成立理由方面，存在不同方向的探討，例如Dieter Grimm的「動態基本權理解」、H.-K. Ladeur的「後現代基本權理論」[116]以及Robert Alexy對於基本權「價值秩序理論」的重建[117]，以下將以Dieter Grimm的學說為例，說明Böckenförde基本權理論之外，另一種實質基本權理論的建構型態。

首先，Grimm考察憲法基本權的沿革史與比較法史，認為所謂「基本權古典功能」並非像Bernhard Schlink很武斷主張[118]的「防禦權」功能，因為在幾個主要的立憲主義國家中，基本權原初被期待的功能並不一致，基本權在美國原初被視為「防禦權」應無疑義，但是在法國大革命前後卻被當作改造社會的最高指導原則，在德國則基本權一開始是開明專制君主所制頒，在等級封建秩序轉型為市民自由秩序的過渡期間，一方面用以保障既達之標準，另一方面卻用來阻止改革的續行，其後在「三月革命」之前，基本權的目標與委託性格亦先於其「防禦權」性格，而被強調為普通法律應與之配合的客觀原則[119]。因此至少可以先確定，基本權功能隨著歷史與社會條件而有不同的詮釋，本是憲法史常見的現象，並沒有必須侷限於「防禦權」功

---

[116] *Karl-Heinz Ladeur*, Postmoderne Rechtstheorie. Selbstreferenz - Selbstorganisation - Prozeduralisierung, 2. A. 1995; ders., Postmoderne Verfassungstheorie, in: Ulrich K. Preuß (Hrsg.), Zum Begriff der Verfassung, 1994, S. 304 ff.

[117] *Robert Alexy*, Rechtssystem und praktische Vernunft, in: ders., Recht, Vernunft, Diskurs, 1995, S. 220 ff.

[118] *Bernhard Schlink*, Freiheit durch Eingriffsabwehr - Rekonstruktion der klassischen Grundrechtsfunktion, EuGRZ 1984, S. 457.

[119] *Dieter Grimm*, Rückkehr zum liberalen Grundrechtsverständnis, in: ders., Die Zukunft der Verfassung, 1991, S. 223; ders., Die Grundrechte im Entstehungszusammenhang der bürgerlichen Gesellschaft, in: ebd., S. 94; ders., Deutsche Verfassungsgeschichte 1776-1866, 1988, S. 129 ff, 132 ff.

能的必要。

　　其次，透過歷史考察雖然能得出基本權功能的多重可能，卻無法揭示社會條件與基本權功能之間的關係，因此必須分析基本權功能定位的社會條件。基本權的「防禦權」功能建立在「自由主義的邏輯」（Logik des Lebralismus）上：只要在形式上保障自由與平等，幸福與正義即可經由市場機制而自動達成，對此，國家的干涉不僅無所幫助，反而是有害的，基本權功能因此建立在防止來自國家的侵擾。質言之，「防禦權」功能的基本前提是只要社會能夠保持正常運作，國家即應放棄其介入的行為，因此，基本權功能的特定與其事實預設——所預設的社會模型——息息相關[120]。由於「基本權」功能的特定是有條件性的，倘使隨著社會進展，其原先的前提已然消失，則並無必要固守原先基本權功能的解釋。

　　Grimm在此區分兩個問題層面，其一是事實上亦可觀察到，社會權（原始給付請求權）的提倡，正是與自由主義的前提喪失有關，因為市場機制已經無法再保障幸福與正義的自動到來，實質的社會不平等正是其後果，形式的自由與平等在不平等的社會物質條件之下，保障的是經濟強者的自由與平等，經濟弱者則難以使用其基本權，如此一來，則人民的自由無法僅僅再依賴於國家的不作為，反而是國家的作為才有可能保障其自由[121]。「基本權第三人效力」的導出，亦可以視為此項思想的延伸，倘使社會團體與個人間的權力落差甚大，因而影響個人基本權的行使時，基本權作用於私人法律關係亦是保障其自由的可能方式[122]。當然Grimm在此的推論並不嚴格，因為要保障人

---

[120] *Dieter Grimm*, Rückkehr zum liberalen Grundrechtsverständnis, S. 226 ff.
[121] *Dieter Grimm*,（見註120），S. 228.
[122] *Dieter Grimm*,（見註120），S. 230.

民行使自由的物質前提，不必然要透過賦予其原始給付請求權，以國家客觀義務的方式亦可達成類似效果，尤其是社會權的落實又涉及國家的財政狀況以及具體的社會給付條件規定，此皆有賴立法作用方能達成[123]。

第二個問題層面則來自科技的進步與生活的人工化，科技進步帶來新的對生命與健康的危害，由於危害並非來自國家一方，而是出自於同樣受基本權保護的人民（第三人），因此並非「防禦權」功能所能處理，而有賴於國家各項積極保護措施的給與──「基本權保護義務」[124]。此外，社會的高度制度化與生活領域高度的人工化，對於自由的實現亦產生嚴重後果，因為許多自由的行使皆有賴於國家或是社會的制度方能實現，此類「被構成的自由」（konstituierte Freiheit）就有別於「自然的自由」（natürliche Freiheit），不能透過排除國家的干涉而實現，而仰賴國家對於相關生活領域的制度性建構，於此，基本權是建構組織與程序的主導原則──「基本權作為組織與程序保障」[125]。

基於上述考察，Grimm就提出了「動態基本權理解」，認為基本權保護範圍的擴張，乃是伴隨著實現自由之社會條件的改變而來的必然反應[126]。所以為基本權解釋時，應注意基本權對於自由的保障與其相應社會條件的依賴關係，因此基本權功能無異於針對社會情狀而

[123] 相關問題可參閱Dietrich Murswiek, Grundrechte als Leistungsrechte, soziale Grundrechte, in: Josef Isensee/ Paul Kirchhof (Hrsg.), Handbuch des Staatsrechts der Bundesrepublik Deutschland V, 1992, S.278 ff.; auch Peter Häberle, Grundrechte im Leistungsstaat, VVDStRL 30 (1972), S. 44 ff.; W. Martens, Grundrechte im Leistungsstaat, VVDStRL 30 (1972), S. 7 ff.
[124] Dieter Grimm, （見註120），S. 231.
[125] *Dieter Grimm,* （見註120），S. 232.
[126] *Dieter Grimm,* （見註120），S. 234.

變化的解決方案，針對因社會變遷而產生之自由危害情狀的改變，基本權功能的擴張就為基本權釋義學提供對此反應的可能。Grimm認為，「基本權客觀法內涵」乃是法秩序的獨特動態要素，法秩序可透過此要素來適應社會變遷，來跨越實際的自由危害與法律的自由保護之間的鴻溝[127]。

　　Grimm的「動態基本權理解」與「蘊含的基本權理論」（Theorie der implizierten Grundrechte）[128]有緊密關聯，將憲法基本權規範所保護的範圍，延伸至行使明文保障之基本權的必要前提。然而問題是，在什麼程度內應該要將保護範圍延伸至此前提？以及哪些前提是「必要」的，並因而是應予保護的？這些問題不但在解釋實證憲法條文（基本權條文）時會遇到，也是建構基本權理論時應嚴肅面對的難題。

---

[127] *Dieter Grimm,*（見註120），S. 234.
[128] 比較A. Bleckmann, Das Staatsrecht II, S. 120.的看法。

3 憲法解釋、憲法理論與「結果考量」
——憲法解釋方法論的問題

■摘要 MMARY

　　憲法理論作為憲法釋義學的後設理論，並不直接得出憲法解釋的結果，而是作為憲法解釋的引導性觀點與其正當化的理據，欠缺憲法理論的思維，憲法解釋則必須面對高度抽象又片段的憲法條文，常常無法得到比較確定的結果，憲法理論兼具規範性與事實導向性，因此與「結果考量」的思維也緊密相關。一方面，憲法理論的建構常須納入「結果考量」，以保有其實用性；另一方面，「結果考量」也需要憲法理論作為其參考架構，以免漫無邊際的缺乏事實——「社會模型」——導向以及規範導向，然而「結果考量」的論證，卻另有其法學方法論上問題待釐清。本文將法學方法論的觀察角度區分為二，亦即「尋法的脈絡」與「正當化的脈絡」，以後者為探討「結果考量」的脈絡，區分憲法解釋論證的正當化為「內部正當化」與「外部正當化」，將「結果考量」論證歸屬於「外部正當化」中的「一般實踐論證」，並兼顧「結果考量」的規範性與認知性面向。對於「結果考量」有來

自事實層面以及法律層面的批評，前者以「結果考量」的可行性與其社會功能作為立論基礎，後者由法拘束性與權力分立的角度質疑「結果考量」作為解釋方法的妥當性，然而各項批評皆有其缺點，無法作為否定「結果考量」論證的有力論點，「結果考量」有其合理的根據，應以與憲法規範目的的關聯為其適用的界限，在缺乏具體憲法規範時，則應與憲法的原則與價值建立關聯。

關鍵詞

- 憲法解釋
- 憲法理論
- 法學方法論
- 結果考量

- 尋法的脈絡
- 正當化的脈絡
- 內部正當化
- 外部正當化

- 法拘束性
- 權力分立
- 規範目的
- 一般實踐論證

一、前　言

「憲法解釋」（Verfassungsinterpretation; constitutional interpretation）雖然是個憲法學上常見的概念，但是憲法爭論卻常來自於對此概念的不同界定，究其原因則是出自於語言使用的脈絡不同，有時候處於法學方法論的脈絡，有時則處於違憲審查正當性的脈絡，尤其是針對有權解釋為批評時，兩個脈絡又常相互關聯。

例如大法官釋字第499號解釋出爐之前，學界以及政界就有少數批評的聲音認為，如果大法官以國民大會通過的憲法增修條文為其解釋的對象，則將逾越大法官的憲法解釋權，並違反權力分立的憲法原則，也有意見認為，由於我國憲法並未明文規定修憲界限，如果大法官解釋我國憲法具有修憲界限，亦超出憲法解釋的範圍，並非「釋憲」而是「制憲」或「修憲」。綜言之，兩者都被認為是超過憲法解釋的界限，而屬於「憲法的法續造」（Fortbildung der Verfassung）（簡稱「憲法續造」）或是「實質的憲法立法」（Verfassungsgesetzgebung），亦即實質意義的修憲。以上的疑慮來自於憲法解釋概念所預設的，有關違憲審查權的界定，也是在憲法解釋作為有權解釋的意義上所產生的問題。因此引起爭議的，並不僅止於法學方法論的技術性或是邏輯性問題，而同時是實質的，針對憲法權力分立原則之制度性安排的不同理解與詮釋。因此，在爭論大法官解釋是否超出憲法解釋界限時，事實上也同時在爭論憲法解釋權與違憲審查權的範圍界定，於此所牽涉的問題是複雜糾結的，例如違憲審查機關[1]的憲法

---

[1] 在我國是司法院大法官會議，在德國是聯邦憲法法院，在美國是聯邦最高法院，當然此處還有一個更微細的問題，亦即三者可以相提並論嗎？前二者的屬性比較類似，似乎問題不大，但是美國聯邦最高法院，就其組織與權限觀之，卻是個名符其實的法院，可以和前二者相互比較嗎？本文認為至少就違憲審查權的部分領域是可比較的。

解釋權是屬於真正的司法權嗎？如果是的話，司法權的本質真的如同傳統見解所認為的，是單純的法律適用嗎？憲法解釋權如果全然是司法權，根據「法院不得拒絕訴訟」的原理，當大法官找不到明顯相關的憲法條文可資適用時，可否進行憲法層次的「司法造法」（richterliche Rechtsfortbildung）？如果在法律層次的「司法造法」必須受到憲法的控制，那麼憲法層次的「司法造法」應該受到什麼限制呢？如果憲法解釋不全然是屬於司法權的行使，還同時是「憲法守護者」（Hüter der Verfassung）的任務，在憲法架構下，此種權力的性質又應如何解釋？釋憲機關如果不只是司法機關，那麼還同時是政治機關嗎[2]？釋憲機關如果同時是政治機關，則與其他的政治機關，例如立法機關、行政機關有何不同呢？對上述實質問題的所持的不同看法與立場，就會影響有關憲法解釋界限何在的看法[3]。因此在法學方法論的爭論背後，尤其是涉及高度爭議性或高度政治性的案件時，常常隱藏的是對於職司憲法解釋機關所為的違憲審查是否具有正當性（Legitimität）的質疑，於此即踏入憲法理論（Verfassungstheorie）的領域[4]。

　　回到憲法解釋的方法論層面，何種憲法解釋的方法才正確，一向是憲法學爭論的問題，因為一方面，關於憲法解釋的對象應該如何

---

[2] 違憲審查權的行使將決定一個有違憲疑義法律的命運，而立法是政治程序的產物也是政治權力的行使，在此脈絡，違憲審查權有點類似「消極」立法權。

[3] 由於這些問題不但是棘手的憲法問題，也都是棘手的憲法解釋問題，所以在有關的爭論上，可以發現問題的特質往往具有反身性（Reflexivität）或循環性（Zirkularität），因為要探求此憲法解釋是否超出界限，必須求諸彼憲法解釋，要得知彼憲法解釋是否妥當，又必須求諸另一憲法解釋，所以問題會一直回到憲法解釋的層面來。

[4] 論者所持之憲法理論─此時指「違憲審查理論」─常常會影響其對於法律是否違憲的看法及其理由，運用此觀點檢視大法官解釋的研究，參閱湯德宗，〈立法裁量之司法審查的憲法依據--違憲審查正當性理論初探〉，《憲政時代》，26卷2期，頁3以下（2000年10月）。

界定，就是一個爭議問題，到底是只有狹義的憲法——憲法條文？還是也廣義的包括不成文的憲法，例如某些憲法原則與憲法習慣法（或稱為「憲政慣例」）？另一方面，即使只是憲法條文的解釋，由於憲法條文的文法特性，例如概念的抽象性或是開放性、條文的簡潔性或是片段性，都常使得傳統的法律解釋規則——所謂的文義（grammatisch）、體系（systematisch）、歷史（historisch）與目的論（teleologisch）解釋[5]——的適用不易，遑論其原先即具有的內在問題，例如解釋規則之間的優先順位迄今尚無定論，倘若解釋規則的運用產生彼此衝突的結果，就無法僅依靠規則的存在來解決。而且，當憲法條文有闕漏時，不但傳統「法律解釋規則」（Regeln der Auslegung）用處有限，即使專門針對憲法解釋的各項「憲法解釋原則」（Prinzipien der Verfassungsinterpretation）[6]也常常力有未逮。其他的各種解決方案，例如「事實科學取向」（wirklichkeitswissenschaftlich orientiert）的憲法解釋[7]、「結構化」（strukturiert）的法學方法[8]、「判例法」方法[9]等等，也沒有獲得一致的肯認。此時，若有一個體系融貫的（kohärent）憲法理論作為解釋的參考座標，不

---

[5]　參閱*Karl Larenz*, Methodenlehre der Rechtswissenschaft, 6. Aufl., 1991, S. 320 ff.。中文參閱Karl Larenz著，陳愛娥譯，《法學方法論》，頁225以下（1996年）。Larenz所使用的概念是「解釋的標準」（Kriterien der Auslegung）。

[6]　例如「憲法一體性」（Einheit der Verfassung）、「實踐的協和」（praktische Konkordanz）、「功能正確性」（funktionelle Richtigkeit）、「整合作用」（integrierende Wirkung）等原則，參閱*Konrad Hesse*, Grundzüge des Verfassungsrechts der Bundesrepublik Deutschland, 20. Aufl., 1999, S. 27 ff.。

[7]　參閱*E-W. Böckenförde*, Die Methoden der Verfassungsinterpretation -Bestandsaufnahme und Kritik, in: ders., Staat, Verfassung, Demokratie. Studien zur Verfassungstheorie und zum Verfassungsrecht, 1991, S. 70 ff.

[8]　以*Friedrich Müller*的理論為例，參閱張嘉尹，《憲法解釋理論之研究》，台大法研所碩士論文，第十章（1992年）。

[9]　以*Martin Kriele*的理論為例，參閱張嘉尹，前揭（註8）書，第九章。

但可作為憲法釋義學建構的重要支柱，也可成為憲法解釋實務解決爭議案件的基礎，可惜的是，迄今為止國內對於憲法理論的方法論研究仍然不多。本文認為，憲法理論在憲法解釋時所扮演的角色，依討論脈絡之不同，有兩種可能的定位，其一是作為憲法解釋的主導觀點，其二是作為正當化憲法解釋的依據，對於憲法理論的概念、特質與結構的分析與探討，構成本文的問題意識之一。

在各種有關憲法解釋方法的爭論當中，「結果考量」（Folgeno-rientierung; Folgenberücksichtigung）（或稱「結果取向」或是「政治後果考察」）的憲法解釋方法所遭受的質疑與批評，可以說是特別猛烈的，然而在比較憲法上，「結果考量」卻普遍的出現在各國的釋憲實務上，我國司法院大法官解釋亦不例外，無論是釋字第31號、第85號、第150號解釋，還是釋字第499號，都含有被學者稱為「結果考量」的解釋取徑。「結果考量」的運用並不限於解釋的對象與實體問題，還反身性的針對大法官解釋本身，而被運用在大法官解釋的效力與模式上，大法官解釋對法律違憲無效宣告的「向後生效」──「不溯及既往的違憲宣告模式」、「警告性裁判」皆是其著例[10]。雖然「結果考量」常常是影響憲法解釋的結果，但是卻不一定會出現在解釋文或解釋理由書的字面上，有時反而是作為關鍵性的理由而隱藏其後，既然「結果考量」在實務上如此的普遍，其結構與其合理性就成為值得法學方法論探討的課題[11]，這是本文的問題意識之二。

---

[10] 參閱許宗力，〈憲法與政治〉，《憲法與法治國行政》，頁32以下（1999年）。

[11] 雖然國內學者也有注意到這個論題，例如許宗力，前揭（註10）文，頁25以下，他稱之為「政治後果考量」；黃昭元，〈掮客與靈媒的本尊之爭─釋字第四九九號解釋評析〉，《台灣本土法學雜誌》第12期，頁30-31（2000年7月），但是法學界對此問題的專論迄今為止卻只有一篇：蘇永欽，〈結果取向的憲法解釋〉，《合憲性控制的理論與實際》，頁251-269（1994年）。在德國則歷年來的文獻不可謂不多，參閱Dieter Grimm, Entscheidungsfolgen als

　　以下將透過對大法官釋字第499號解釋的問題分析，展示憲法理論與「結果考量」思維在憲法解釋中所扮演的角色，然後在憲法解釋與憲法理論、「結果考量」的關係脈絡中，從法學方法論的角度探討憲法理論與「結果考量」的結構與其問題。本文將憲法理論與「結果考量」當作憲法解釋的兩個重要課題來探討，並不是恣意選擇的結果，而是基於憲法解釋過程的分析所顯示的，兩者在憲法解釋上常常具有的關聯性，因此本文探討兩者的結構與問題時，還會嘗試分析兩者的關聯性。

二、憲法解釋、憲法理論與「結果考量」的關聯──以釋字第499號解釋的問題結構為例

（一）背景與問題

　　第五次修憲，國民大會以無記名投票表決通過修改憲法增修條文，第1條第3項規定「第三屆國民大會代表任期至第四屆立法委員任期屆滿為止」，由於同時修改了第4條第3項，將第四屆立法委員任期延長至民國91年6月30日，所以該屆國大任期比原定者延長了2年又42天，立委任期則延長5個月。大法官在釋字第499號解釋中，除了以程序重大瑕疵作為主要理由，宣告第五次修憲條文全部無效之外，在解釋文以及解釋理由書中也針對兩個重大的爭議問題──「修憲有無界限？」與「大法官有無權限受理並審查本案，並宣告違反修憲界限的修憲條文違憲甚至無效？」──做出決定。

Rechtsgründe: Zur Argumentationspraxis des deutschen Bundesverfassungsgerichts, in: Gunther Teubner (Hrsg.), Entscheidungsfolgen als Rechtsgründe, 1995, S. 139, Fn. 1所列的文獻。

（二）修憲有無界限？

　　修憲有無界限的問題國內爭論已久[12]，就此問題我國憲法並未有明文規定，大法官則在釋字第499號解釋文中指出「憲法中具有本質之重要性而為規範秩序存立之基礎者，如聽任修改條文予以變更，則憲法整體規範秩序將形同破毀，該修改之條文即失其應有之正當性」，雖未直接提及「修憲界限」的文字，但是實質上已經對此問題提出肯定的解答，因為，如果「憲法中具有本質之重要性而為規範秩序存立之基礎者」不是修憲界限的話，為何會得出「如聽任修改條文予以變更⋯⋯即失其應有之正當性」的結論，而且對此基礎之變更亦被定位為「憲法整體規範秩序將形同破毀」。緊接此句，解釋文並指出「第一條所樹立之民主共和國原則、第二條國民主權原則、第二章保障人民權利、以及有關權力分立與制衡之原則」皆「具有本質之重要性，亦為憲法整體基本原則之所在」，換言之，這些規定都是我國憲法所蘊含的修憲界限，因此可以推論，大法官在此號解釋中採取「修憲有界限論」，將論證的重點置於上述規定所形成之「自由民主憲政秩序」，採用了類似德國憲法實務與學說通說的講法，將憲法定性為一個客觀價值秩序（objektive Wertodnung）[13]，即「自由民主憲政秩序」。問題是，採取「價值秩序」理論，將憲法當作一個自由民主憲政秩序的說法，就足以說理證成（begründen）憲法中某些條

---

[12] 例如許宗力，《憲法修改界限論》，台大法研所碩士論文（1981年），採取修憲有界限的立場；黃昭元，〈修憲界限理論之檢討〉，收錄於《現代國家與憲法－李鴻禧教授六秩華誕祝壽論文集》，頁179以下（1997年初版），則對修憲有界限論採取嚴屬的批評。

[13] 關於我國大法官使用憲法價值體系、憲法價值秩序或是類似概念的檢討與批評，以及與德國憲法學說的比較，參閱張嘉尹，〈論「價值秩序」作為憲法學的基本概念〉，《台大法學論叢》第31卷第5期（2001年9月）。

文或是規範的位階較高，其他條文與其牴觸時會失去效力嗎？本文認為，此乃憲法並未明文規定的問題，憲法理論則可為大法官的觀點提供說理，而無論是支持或是反對大法官此見解的立場，都建立在「結果考量」上。

雖然一直到第五次修憲之前，有關「憲法有無修憲界限」之問題，我國憲法到底採取何種立場，在學界上一向爭論不休，然而由於該次憲法增修條文的內容明顯有缺失，國民大會的行為也讓人產生「違法濫權」的印象，所以除了少數例外，國內憲法學者幾乎異口同聲譴責此次修憲不具正當性（Legitimität）[14]，然而不具正當性不當然就不具合法性（Legalität），如果我們要在法領域處理這個問題，而不想放任給政治領域的實力去決定，「修憲有界限論」就成為對抗其濫權擴權的必要主張，這屬於典型的「結果考量」思維模式，不過其出發點並非單一的憲法條文，而是憲法作為整體以及其背後「立憲主義」（constitutionalism）的精神。所以在此令人矚目的案件中，「憲法修改是否有界限」的學理問題，產生了實踐意義，讓人認清此非單純理論信仰的學理爭議，而與此部現代民主憲法根本任務——保障基本權利並為國家權力畫上界限——的達成緊密相關。

相對於此，「修憲無界限論」卻要求「國民主權」原理片面及形式的無限上綱，主張國民大會代表每個現時的「國民主權」，而「國

---

[14] 國內亦有論者認為，此次修憲並非完全不具正當性，而是要透過延長當屆任期的方式來達到廢除國大的目的，姑且不論該目的之達成所需的政治條件更為複雜，這種想法的可議之處是過度濫用權宜之計，將法律完全當作政治的工具，而極度扭曲法律的內在合理性，在中華民國憲法制定實施之後的50年歷史中，這並非是第一次，之前更加嚴重的是「動員戡亂臨時條款」的制定以及持續的增補修改與適用，延長案只是台灣長期以來，這種不重視「法治」（rule of law）精神、缺乏立憲主義之惡質法律文化的另一個表徵而已，在此意義上，譴責與對抗延任案，乃是爭取「法治」並與「非法治」對抗的長期奮鬥中的重要事件。

民主權」是最高因而不受拘束的，以致忽略了「立憲主義」的基本要求，亦即所有國家權力都要受到限制的原理。以當時國大擴權的現實看來，只有承認憲法蘊涵有修憲界限，方能夠阻止國大權力的自我膨脹，假借為人民行使修憲權而遂行其私慾。

　　此外，「修憲有界限論」，還可援引「憲政國家」（Verfassungsstaat）摧毀的歷史經驗作為其重要的立論基礎，從而減弱「修憲無界限論」從「民主原則」或是「國民主權」（Volkssouveränität）[15]而來之反對論據的說服力。簡言之，十八世紀末法國的大革命，首先基於國民主權的原理，在1791年由國民議會制定憲法建立憲政國家，但是其後原本應受憲法所拘束的國民議會，卻宣稱是主權者或至少是代表主權者，主張可以任意修改或是廢棄憲法，並在1792年之後逐漸取得主權者代表的地位，因此法國就由一憲政國家走向其反面，從「國民主權」竟然產生「國會主權」（Parlamentssouveränität）的結果[16]。此一比較憲法的歷史經驗可作為前車之鑑，令人警醒，如果原應受憲法拘束的修憲機關，聲稱自己是主權者或是國民主權的代表，並取得類似的地位之後，接下來很可能就會做出任意廢棄、修改憲法的行為，修憲機關可能藉由此「民主正當性」的意識型態外衣，行篡奪「國民主權」之實，架空憲政主義而造成「國會主權」的結果，「國民主權」片面的無限上綱造就的是「國民主權」的顛覆，此亦屬「結果考量」的思維。

---

15 黃昭元，前揭（註12）文，頁224-227；黃昭元，前揭（註11）文，頁41-42。

16 *Martin Kriele*, Einführung in die Staatslehre, 5. Aufl., 1994, S. 160 ff.中文參閱顏厥安，〈國民主權與憲政國家〉，《政大法學評論》第36期，頁53-56（2000年9月）；蔡宗珍，〈國民主權於憲政國家之理論結構〉，《月旦法學雜誌》第20期，頁34（1997年1月）。

（三）大法官有無權限受理並審查本案？

　　在思維上應該是承認修憲有界限之後，接著才必須解決誰有權力審查憲法增修條文是否違反修憲界限的問題。然而本號解釋依例，先針對受理權限的問題加以解釋，於此大法官對憲法條文作「過度解釋」，援引憲法第173條為有權受理的依據，其理由如下：由於該條的體系位置是在「憲法之施行與修改」章，所以根據文義解釋以及體系解釋規則，從該條內容「憲法之解釋，由司法院為之」導出大法官有審查憲法增修條文違憲與否的權限。如此的論證模式太過「形式主義」，顯然欠缺說服力[17]，實則，僅僅透過傳統的法律解釋規則，無論是從憲法第78條「司法院解釋憲法」與第79條第2項「司法院設大法官若干人，掌理本憲法第七十八條規定事項」出發，或是從第171條第1項「法律與憲法牴觸者無效」、同條第2項「法律與憲法有無牴觸發生疑義時，由司法院解釋之」以及第173條「憲法之解釋由司法院為之」出發，都無法得出大法官有權受理的推論，因為所涉及的問題很複雜，包括有憲法層次原先的制度安排、立法層次對於此制度的進一步形構、以及行之有年的憲政慣習（Verfassungs-gewöhnheitsrecht）等等因素，要對這些因素作一個具有內在一致性的理解，是憲法解釋具有說服力的前提，於此即需要一套合理的憲法理論來作為根據。

　　本文認為，我國憲法對此問題並未明文規定，可將其定位為有待補充的憲法漏洞（Lücke der Verfassung）。在論證上可以採取類推適用（Analogie）並結合「結果考量」。由於憲法第78條與第79

---

[17] 亦有學者持相似見解，參閱許宗力，〈憲法違憲乎？－評釋字第499號解釋〉，《月旦法學雜誌》第60期，頁143（2000年5月）。

條之規定大法官掌理憲法解釋，根據歷年來的憲法實務以及司法院大
法官審理案件法第5條所規定的實務運作，大法官亦執掌法令的違憲
審查權，因此依現行體制，要填補此憲法漏洞，首先可想到的是類推
適用憲法有關釋憲機關的規定，進行憲法續造，承認大法官也具有憲
法增修條文的違憲審查權[18]。由於涉及的審查客體是屬於憲法層次的
憲法增修條文，或有論者認為延任條文雖然違憲，卻基於權力分立的
憲法原則，質疑大法官是否有憲法增修條文的違憲審查權，因為大法
官之解釋權限乃由憲法賦予，而且無論基於相關憲法規定或是司法
院大法官審理案件法，其權限僅包含解釋憲法，統一解釋法律與命
令，對於法律與命令是否違憲之審查，以及命令是否違背憲法或法律
之解釋，對於憲法以及憲法增修條文是否違憲的審查卻無相關規定，
此外，基於國大具有修憲權而且憲法增修條文又依據修憲程序完成，
所以會對大法官是否有權受理本案持保留態度。此等質疑固非無據，
然其憲法理論論述卻不夠一貫，因為在實質面上贊成修憲具有界限，
卻沒有在程序面上找到對策，將會讓「修憲有界限論」成為空洞的理
論主張，欠缺可實現修憲界限規範效力的制度設計。因此，大法官有
權解釋憲法增修條文違憲無效，乃是實質面向上承認修憲具有界限之
後，在程序面向上的推論結果。

　　此外，基於權力分立原則反對大法官有權受理，在立論上過度侷

---

[18] 相對於我國大法官的權限疑義，在比較憲法上可資參考的是德國的情況，「違憲的憲法」
（verfassungswidirges Verfassungsgesetz）有可能因違憲被宣告無效，當然，在德國修憲條文
被視為是修改憲法的法律（verfassungsändernde Gesetze），所以聯邦憲法法院（Bundesver-
fassungsgericht）可以對之作「法規審查」（Normenkontrolle），判斷是否與基本法第79條第
3項相符，參閱 *Klaus Schlaich*, Das Bundesverfassungsgericht. Stellung, Verfahren, Entscheidun-
gen, 4. Aufl., 1997, S. 89.德國基本法第79條第3項規定有修憲界限：「聯邦國原則」、「邦的
立法參決權」、「人性尊嚴保障的原則」、「民主國原則」、「權力分立原則」、「法治國
原則」與「社會國原則」。

限於傳統三權分立理論，卻未慮及司法「釋憲權」制度早已突破傳統三權分立的設計，違憲審查權的設計在於建立一個特殊的「憲法守護者」（Hüter der Verfassung）制度以保衛憲法的規範效力，對抗立法者或是修憲者的可能違憲，所以此制度的實施是在權力分立的精神下，建立新的權力制衡關係。

最後，承認大法官可對憲法增修條文為違憲審查，雖然難以完全排除釋憲權擴張的可能性，然而在衡諸我國國家機關權力制衡的現實形勢、釋憲權所具有的司法權被動性質以及大法官解釋長年來的表現之後，主張權力分立原則將被顛覆、大法官將因此獨大或成為實質制憲者的論點，反而不易站得住腳，此亦屬「結果考量」的思維。

三、憲法解釋與憲法理論

（一）憲法理論的概念

本文所使用的「憲法理論」概念比較接近德文的「Verfassungs-theorie」，而比英文的「constitutional theory」意義來得廣泛，後者通常是指有關違憲審查正當性及其範圍的理論。當然德文的「Ver-fassungstheorie」也不是一個有清楚定義的概念，與「Verfassungs-theorie」（憲法理論）相近的德文概念有「Verfassungslehre」（憲法論）[19]、「Allgemeine Staatslehre」（一般國家學）[20]，雖然其意義相近，但是各有不同的偏重，前者與憲法學（Verfassungsrechts-lehre）在內容上有很大的重疊，不易釐清不同的指涉層次，後者則

---

[19] 例如德國威瑪時期著名的憲法學者Carl Schmitt即以Verfassungslehre（1. Aufl. 1928）來命名他的憲法學名著。

[20] 例如德國著名公法學者Georg Jellinek的名著「一般國家學」（1. Aufl. 1900）即依此命名。

將焦點集中於國家（Staat）這個研究對象。

　　德國憲法學者E.-W. Böckenförde對於憲法理論的定義可以作為德文「Verfassungstheorie」意義的重要參考：「憲法理論不只是任何一個關於憲法的既有概念（Vor-begriff），而且是一個關於憲法的一般性格、規範目標以及內容範圍的體系性觀念」[21]。他認為，雖然憲法解釋預設了憲法理論，但是為了保障憲法解釋的合理性，憲法理論並不是讓解釋者自由選擇的，而是要找到一個正確的、具有拘束性的憲法理論，憲法理論不能交由解釋者主觀的前理解或既存的政治共識來決定，所以Böckenförde主張，要透過理性的認識方法，從憲法條文以及憲法的發展，來找到一個憲法所明示或是隱含的憲法理論——一個「合憲的憲法理論」（verfassungsmäßige Verfassungstheorie），要形成此憲法理論必須從多方面著手，從憲法本身出發，兼顧到其基本決定、構成原則、所繼受與調整的憲法傳統、功能／權力間的排序與平衡等等，而且還要探究展現其中的主導秩序理念及其所構成的叢結，並將其開展為一套體系性的指引（systematische Orientierung），如此一來就可以得出一個憲法體系的基本架構，也可得知，此架構如何在個別條文中具體化並為其根據[22]。

　　「合憲的憲法理論」的主張在方法論上並非毫無疑問，首先，作為憲法解釋的「前理解」（Vorverständnis）的憲法理論，既然是來自解釋過程中不可避免的「詮釋學循環」（hermeneutischer Zirkel），如何避免此循環所帶來的恣意性就成為一個待解的問題，Böckenförde也有注意到此困境，所以進一步主張憲法理論不能僅

---

[21] *E.-W. Böckenförde*, Die Methoden der Verfassungsinterpretation, NJW 1976, S. 83.

[22] *E.-W. Böckenförde*,（見註21），S. 83-84.

僅是解釋的出發點，解釋時還要一直回到具體憲法的內容、前提與
發展脈絡來檢驗此理論，然而一方面要透過憲法理論來保障憲法解
釋的合理性，另一方面卻要透過憲法解釋來得到「合憲的憲法理
論」，卻會產生論證上的循環。此外，如果從同樣的憲法條文導出不
同的「合憲的憲法理論」，要如何決定何者較合憲也缺乏評判的標
準。Böckenförde自己從德國基本法導出一個「合憲的憲法理論」，
將憲法界定為具有規範拘束的性格，但此憲法對自己的規範效力也
作了限制，所以此憲法是一個政治行動與決策過程的「框架秩序」
（Rahmenordnung），尤其是行使立法權的「框架秩序」，他並從
此憲法作為「框架秩序」的概念，對憲法的不同規制領域——實質法
（materiellrechtlich）、組織（organisatorisch）與權限分配（Kom-
petenzverteilungsordnung）等領域——作不同的進一步推論[23]。這種
「合憲的憲法理論」有其反省與整理憲法解釋前理解的貢獻，可使解
釋者清楚自己的預設與理論立場，但是卻無法真正解決不同理論立場
之間的爭議，將德國基本法界定為「框架秩序」與將其界定為「指
令性憲法」（dirigierende Verfassung），剛好是兩種相反的理論立
場，而且各自可以在基本法上找到依據，前者可以「法治國的分配
性原則」（rechtsstaatliches Verteilungsprinzip）[24]為依據，後者則
可論證基本法亦包含具有實質目標性質的「社會國原則」（Sozial-

---

[23] *E.-W. Böckenförde,*（見註21），S. 86-87.

[24] 此原則相應於市民法治國的國家理念與基本權利的定位，意味著人民的自由領域，雖然不是
先於社會的（vor-sozial），但是卻是先於國家的（vor-staatlich），因此相對於自由領域，國
家的權限原則上是有限的，只有在自由的保障任務、規制任務以及安全任務上，以及為了達
成此目的上，國家才有其權限。質言之，自由並非是由國家所建構的，反而是國家存在的前
提。參閱*E.-W. Böckenförde*, Grundrechtstheorie und Grundrechtsinterpretation, in: ders., Staat, Ver-
fassung, Demokratie. Studien zur Verfassungstheorie und zum Verfassungsrecht, 1991, S. 119.

staatsprinzip）。況且也有可能找到第三種理論立場，亦即揚棄此種對立而主張憲法同時包含此二種要素的理論立場[25]。此外，從同一個「合憲的憲法理論」出發，也可能得到不同的憲法解釋結果，此時該理論就無法再次作為合理的評判依據。這些都使得憲法理論在保障憲法解釋合理性方面的作用受到很大的限制。對此，本文引進「結果考量」作為憲法解釋與憲法理論的討論脈絡中的另一個重要影響因素，因為憲法解釋的不確定性，很大部分來自於在憲法解釋的層面上，憲法的解釋適用與憲法政策決策的緊密關聯，所以「憲法理論」概念（Verfassungstheorie）是論證上銜接憲法解釋與「結果考量」的中間環節，其作用是雙向的，一方面可以使得憲法解釋具有特定的導向，另一方面則使得「結果考量」不致過於廣泛，因為在憲法理論中可以建構出憲法體系所預設的社會模型（Sozialmodell），也可以讓「結果考量」中的結果與憲法條文的目的產生較清楚的連結──回饋關係，使得憲法解釋在納入「結果考量」的同時，不致從憲法的解釋適用質變為純粹的憲政政策決定，當然，在憲法解釋的領域，如何維持法與政治的界線並非易事，處在兩者之間的灰色地帶遠較其他法領域為大。

（二）憲法理論與憲法釋義學

　　憲法理論與憲法釋義學（Verfassungsrechtsdogmatik）[26]是一組

---

[25] *Peter Lerche*, Nachwort, in: *E.-W. Böckenförde*, Zur gegenwärtigen Lage der Grundrechtsdogmatik, 1989, S. 77.

[26] 德文Rechtsdogmatik的中文翻譯有幾種，常見的是「法律教義學」、「法律釋義學」（參閱顏厥安，〈論法哲學的範圍及其主要問題〉，《法與實踐理性》，頁15-16（1998年））、「法律信條論」（參閱陳妙芬，〈Rechtsdogmatik－法律釋義學，還是法律信條論？〉，《月旦法學雜誌》第58期，頁183-186（2000年3月）），其實各種翻譯皆有其優缺點，「法律教

緊密相關但是卻可以相互區分的概念。憲法釋義學與憲法解釋的關係密切，釋義學本身就是對於文本（Text）闡釋的體系性整理，憲法釋義學直接服務於憲法解釋，幫助解釋者確定條文文義，使其不必在面對抽象空洞的憲法概念與語句時，難以找到具體化的途徑。極端言之，如果不存在憲法釋義學，則解釋者很難直接根據傳統法律解釋規則探求憲法文義，而且許多憲法解釋的爭論則是肇端於憲法釋義學的不同主張，像憲法第78條「司法院解釋憲法」與第173條「憲法之解釋由司法院為之」所指涉的憲法解釋，是否會因為條文所在的位置不同（體系解釋），而有不同的意義？就是一個憲法釋義學上可爭論的問題，對此問題的解答如果暫時確定，就可以成為進一步論證大法官有無權限審查憲法增修條文的前提，如果產生爭議，則必須回到條文的解釋上再次解決，如果單靠憲法條文無法得到比較確定的看法，就可求助於憲法理論，在特定的憲法理論脈絡中去建構出解答。憲法釋義學著重比較屬於技術性的問題，亦即如何從某一或是某些憲法條文得出比較具體的結論，以當作憲法解釋的前提，所以憲法釋義學受到憲法規範性的影響極大，換言之，是在憲法拘束性的脈絡中進行。

　　從科學理論的角度觀察，憲法理論則可定位為憲法釋義學的後設理論（Metatheorie）[27]，亦即憲法理論並不直接解決憲法解釋的問

義學」的翻法雖然令人產生疑惑，因為法律並非宗教經典，何來「教義」之說？然而，除了從Dogmatik的語源來看較接近外，Rechtsdogmatik本身是透過解釋與體系化有關法律的認識而來，所採取的解釋態度與解釋宗教典籍，例如聖經，的態度十分接近，皆是先接受其權威性，然後闡釋之。至於「法律信條論」字面上的意義與「法律教義學」相近，其優缺點類似，但是就中文而言，反而可能令人更不清楚其義。「法律釋義學」的意義雖然在字面上與「法律解釋學」相似，但是可以表現出對法律詮釋活動的結果與體系化，又不會跟宗教教義或是信條產生聯想，因此是較佳的選擇，所以本文採取「法律釋義學」的譯法，並將Verfassungsdogmatik譯為「憲法釋義學」。

[27] *Martin Morlok*, Was Heißt und zu welchem Ende studiert man Verfassungstheorie? 1988, S. 53.

題，而是以憲法釋義學為其研究對象，所以憲法理論不但研究憲法釋
義學的各項實質主張及其前提，也研究其結構與方法，憲法理論研
究各種憲法釋義學主張的理由（Gründe）以及各該主張所導致之後
果，換言之，憲法理論作為對憲法釋義學基礎的體系性反省，不僅是
形式的分析其與語言、概念與規範邏輯結構，還是實質的研究其所依
據的觀點與論據，在此意義上，憲法理論雖然可以超越憲法釋義學，
不必拘泥於直接解決憲法的個案問題，受到具體實證憲法的拘束也比
憲法釋義學弱，但是這並不表示此處所說的憲法理論可以不受實證憲
法規範效力的拘束，因為與實證憲法具有融貫性的要求一直存在，除
非所要探討的是另一種，非規範性的「憲法理論」。

　　本文所探討的憲法理論仍是從屬於法學，也從屬於法律系統，根
據系統理論的觀點，「法理論」（Rechtstheorie）是法律系統的自
我觀察（Selbstbeobachtung des Rechtssystems），在概念上與來自
其他系統（例如科學系統）對於法的觀察──「異觀察」（Fremd-
beobachtung）──「法的理論」（Theorie des Rechts）有所不同。
據此也可以區分仍具規範導向的憲法理論與純粹社會學的憲法理論。
換言之，在憲法解釋的脈絡中所界定的憲法理論，由於仍然直接或
是間接服務於憲法解釋，作為解釋活動的導向或是論證正當化的依
據，因此即使具有事實導向性，仍然是具有規範性的憲法理論，依
據Luhmann的法律系統理論，此種憲法理論屬於法律系統的自我觀
察，因此從屬於法學，亦從屬於法律系統[28]，實證憲法作為法律系統
的程式之一，自然也對憲法理論具有效力，所以實證憲法也拘束此處
所說的憲法理論。

---

[28]　參閱*Niklas Luhmann*, Das Recht der Gesellschaft, 1993, S. 12 f.

（三）憲法理論的規範性與事實關聯性

　　如果憲法釋義學要探討，在系爭個案中要如何解釋適用憲法條文，憲法理論則致力於追尋何時以及為何要適用此條文，所以憲法理論在一定意義上是憲法釋義學的基礎與前提，然而如前所述，憲法理論並不侷限於提供憲法釋義學一個有系統的指引，事實上，當憲法條文的文義以及憲法釋義學的討論都無法提供個案一個明確的答案時，憲法理論就愈顯得重要，此時往往要回到比較抽象的層次來思考，例如當基本權釋義學（Grundrechtsdogmatik）無法解決基本權個案問題時，往往必須求諸比較抽象的討論，像是對「何謂正確的基本權理解？」「何為基本權的任務或是功能？」等問題所為的基本權理論（Grundrechtstheorie）[29]探討；或是當憲法釋義學無法確定大法官是否有權審查憲法增修條文的違憲性時，也必須回到比較抽象的理論層次，重新檢視違憲審查制度在憲法中的角色與功能，違憲審查制度與權力分立原理、民主原則之間的關係，在不同的憲法原則之間作權衡，尋找現今條件下的最佳安排。這是除了必須以實證憲法為最終依據之外，憲法理論也具有規範性的另一個理由[30]。

　　由於憲法理論探求憲法釋義學主張的理由以及後果，所以在憲法解釋的爭論當中，憲法理論就不僅作為憲法解釋的導引，而同時也可作為憲法解釋正當化（Rechtfertigung）的理由，尤其是憲法理論要求較高的體系性，所以在符合法律論證「融貫性」（Kohärenz）方面特別有力。

---

[29] 基本權理論屬於憲法理論的一部份，基本權理論與基本權釋義學的關係，就如同此處所討論的憲法理論與憲法釋義學的關係一樣，參閱 *Chia-yin Chang*, Zur Begründung und Problematik der objektiven Dimension der Grundrechte, 2000, S. 46 ff.

[30] *Martin Morlok*, （見註27），S. 54 -55.

　　憲法理論除了具有規範性之外，也具有另一個重要特質，亦即事實導向性（Wirklichkeitsorientierung）或其事實關聯（Wirklichkeitsbezug），憲法理論的此種性質不但是有用的，也是難以避免的。例如德國聯邦憲法法院從基本權的規定（Grundrechtsbestimmung）導出「基本權的客觀面向」（objektive Dimension der Grundrechte）／「基本權的客觀－法內容」（objektiv-rechtliche Grundrechtsgehalte），背後所預設的憲法理論／基本權理論即具有明顯的事實導向性，以實現基本權的社會條件作為具決定性的考慮因素，所以會探求憲法基本權規定所預設的社會模型或是社會圖像（Gesellschaftsbild）[31]，並基於社會變遷（Wandel der Gesellschaft）的事實考察，修正原有的社會模型，因為基本權的實現必有其社會條件，當社會條件改變了，原本所設計的保護模式就可能會失效，此時如果不調整原先的保護模式，很可能無法達成基本權規定所要保障「基本權保護法益」（grundrechtlich geschützte Rechtsgüter）的目的。具體言之，將基本權定性為主觀防禦權，背後所預設的社會模型是所謂的「自由主義的社會模型」，其內容大略為：只要國家能夠透過法律保障形式的自由與平等，則人民的幸福與社會的正義即可透過市場機制自動達成，在此預設下，國家的干預對於自由的實現不但是不必要的，而且還是有害的，所以基本權功能（Funktion der Grundrechte）僅在於防禦來自國家的侵害[32]。因此將基本權定性為防禦權，其前提應在於，只要社會能夠自行運作而實現幸福與正義，國家

---

[31] *Jürgen Habermas*, Faktizität und Geltung. Beiträge zur Diskurstheorie des Rechts und des demokratischen Rechtsstaats, 4. Aufl., 1994, S. 468 ff.

[32] *Dieter Grimm*, Rückkehr zum liberalen Grundrechtsverständnis, in: ders., Die Zukunft der Verfassung, 1991, S. 223.

即應放棄其干預的可能性，所以當社會情狀改變時，具體言之，當實現自由的社會條件改變時，就有必要重新思考，僅靠定性為防禦權的基本權能否有效達成保障自由的目的？在當前的社會條件下，答案是否定的，簡略的說，形式的自由導致實質的不平等，於是「社會權」（soziale Rechte）或「給付請求權」（Leistungsrechte）的思考受到強調；龐大社會組織的出現與其擁有的巨大權力，令人發現基本權除了防禦國家的干預之外，似乎也應適用於人民之間，此即「基本權的第三人效力」（Drittwirkung der Grundrechte）；技術的進步，例如核電廠的發明，使得生命與身體健康遭受前所未有的風險，促使「國家保護義務」（staatliche Schutzpflichten）或「基本權保護義務」（grundrechtliche Schutzpflichten）的思考再度復興；隨著社會高度的制度化，許多自由的實現有賴於國家的或是社會的制度建立，「基本權的組織與程序功能」（Grundrechte als Organisations- und Verfahrensgarantien）就突顯出來[33]。為了達成基本權保障自由的目的，因此就必須根據當前的各種社會條件，予以基本權相應的定位與詮釋。

此種具有事實關聯性的思考，乃是基本權保障範圍擴張的重要理由，於此憲法理論所能提供的，是對於原先所預設的社會模型進行「再模型化」（Remodellierung）的工作，對「法事實」（Rechtswirklichkeit）作重新的建構[34]。換言之，在為基本權解釋時，基本權之所以被定性為防禦權，有其所預設的憲法理論（基本權理論）

---

[33] *Dieter Grimm*,（見註32），S. 228 ff.

[34] 對於社會事實「再模型化」的討論，參閱*K.-H. Ladeur*, Postmoderne Rechtstheorie. Selbstreferenz - Selbstorganisation - Prozeduralisierung, 2. Aufl. 1995, S. 155 ff.；對於「法事實」重新建構的討論參閱*Gunther Teubner*, Recht als autopoietisches System, 1989, S. 149 ff.

與「社會圖像」，但不可以將此種定性絕對化，以為基本權的原始性質或是「本質」就是主觀防禦權，事實上，基本權客觀面向的導出，其重要的理由即在於過去的社會圖像已經不符合當今的社會狀況，因此必須予以修正，連帶著所預設的憲法理論（基本權理論）也必須修正，以達成基本權規定所要保障自由的目的。總之，憲法理論既然是憲法解釋的必要預設，憲法理論又預設了特定的「社會圖像」，重要的不是基本權作為防禦權以及基本權的客觀面向都預設兩者，而是其間因為社會狀況的改變而來的修正必要性。

在釋字第499號所處理的問題裡，「修憲無界限論」以及背後的論據「國民主權」之所以欠缺說服力，即因為在國民大會的修憲實況中，這種高層次、抽象的規範性理念與理論必須接受具體的「法事實」的嚴格挑戰，即使「國民主權」以及民主理念本身都是具有高度說服力的觀點，但是只要觀察90年代的十年間，國民大會所為的修憲行為及其產物，即歷次的「中華民國憲法增修條文」，即會發現在此情況下要接受國民大會代表全國人民行使「修憲權」、或是行使「國民主權」的說法，無異緣木求魚[35]，因為理念與現實之間的差距過大，使得理念所承載的規範性期待面臨極大的挑戰，這是憲法理論必須具有「實用性」，兼顧可實現之社會條件的例子。

憲法理論如果缺乏此種事實關聯，就會成為僵化的、封閉的純規範性理論，或許內在邏輯一致性很強，但是在解決問題的能力上或許會大打折扣，其適用性也堪慮，實則，規範性與事實導向性對於本文所界定的憲法理論而言，皆是不可或缺的環節，使得憲法理論在作為

---

[35] 倘若想要「驗證」本文此處的主張，可以以1999年的第五次修憲過程為例，檢閱同年6月至7月中各項報紙的相關報導與評論，並觀察其後有關國民大會暫時休會一個月以利私下運作的報導。

（規範性）憲法解釋之導引時，可以同時具有對於事實的開放性，所以在憲法理論的定性上已經抽象的結合二者，而且結合之處是在憲法理論所預設的社會模型，至於兩者之間的具體關係，則端視具體的憲法爭議而定。要兼具規範性與事實關聯性亦非易事，這涉及了不同學科之間，尤其是法學與社會科學之間如何合作的難題，然而在憲法解釋領域日漸增加的「結果考量」式思維與論證，卻使得憲法解釋難以避免納入社會事實的考慮，憲法理論也因此無法迴避這個難題。從另一個角度觀察則可發現，規範性與事實性之間的緊張關係，不只是憲法解釋難題的來源，也可以是憲法理論創造性的來源，在憲法理論層次，可以透過其預設之社會圖像的調整，來緩和憲法解釋時規範性與事實性之間的緊張。

四、憲法解釋與「結果考量」

（一）憲法解釋方法論的脈絡轉變

　　在討論憲法解釋與「結果考量」的關係前，首先應該確定的是討論的脈絡，在科學方法論的討論中，可區分兩種脈絡，亦即「發現的脈絡」（context of discovery）與「正當化的脈絡」（context of justification），相應於此，在法學方法論的討論也可區分兩種脈絡，亦即「尋法的脈絡」（Kontext der Rechtsgewinnung）與「正當化的脈絡」（Kontext der Rechtfertigung）[36]，前者著重於描述法律解釋過程（描述性），以及探討如何正確的解釋法律（規範性），所發展出來的就是如同法律解釋規則一般的解釋方法（Methode der

---

[36] *Robert Alexy*, Juristische Interpretation, in: ders., Recht, Vernunft, Diskurs, 1995, S. 78.

Auslegung），後者則著重於如何透過論證正當化法律的解釋適用，探討法律論證正當化的條件，本文將在後者的脈絡討論「結果考量」，因為前者研究的是法律解釋的事實或想像的過程，然而從詮釋學（Hermeneutik）的觀點分析，法的解釋適用過程處在不同因素相互制約的關係中，涉及不同的「詮釋學循環」，像是「前理解」與理解（解釋）之間的循環、法律與事實之間的循環等等，太過複雜也太難以一目了然；後者則將焦點專注於法律決斷的正確性（Richtigkeit der Rechtsentscheidung），亦即如何正當化、證立（Begrundung）法律決斷，強調法律決斷與其理由（Grunde）的關聯[37]，這也就是法律論證理論（Theorie der juristischen Argumentation）的特色，雖然仍以法律規定作為評判法律決斷的標準，但是卻也同時以「正確性」（Richtigkeit）與「合理性」（Rationalitat）的要求作為法律決斷的重要指引，認為法律決斷雖然以法律規定為導向，但是並不是單獨由法律規定所決定，所以要去找尋理性論證的標準，像邏輯的規則與涵攝（Subsumtion）的架構（傳統所說的三段論式）就是其必要條件[38]。

（二）法律論證的正當化架構

法律論證理論強調涵攝（Subsumtion）對於法律決斷正當化的作用，並區分「內部正當化」（interne Rechtfertigung）與「外部正當化」（externe Rechtfertigung）[39]。前者指的是稱為涵攝的邏輯推

[37] *Ulrich Neumann*, Juristische Argumentation, 1986, S. 6 f.
[38] *Ulrich Neumann*,（見註37），S. 11
[39] 「法律論證理論」是一個通稱，其實並沒有定於一尊的論證理論，存在於法學界的反而是複數的法律論證理論，本文如果沒有特別指稱某一個法律論證理論，則所談的是大部分論

論架構，也可稱為演繹（Deduktion），簡言之，即是由大前提（法律規定）與小前提（案例事實）推論出結論（法律效果）；後者則是指對於演繹所使用的前提為論證性的正當化（argumentative Rechtsfertigung），於此法律解釋的傳統問題「如何找到可資適用的法律規定並為正確的解釋？」可以轉譯為「如何證立法律論證及其推論前提？」。

為了證立推論的前提就需要論證，Robert Alexy將論證區分為四類[40]，亦即語言論證（liguistische Argumente）、發生學論證（genetische Argumente）、體系論證（systematische Argumente）[41]與一般實踐論證（allgemein-praktische Argumente）。Alexy稱前三類論證為「制度性論證」（institutionelle Argumente），因為其可能性建立在法律體系的制度框架上，其權威性植基於實證法（positives Recht），問題是僅僅透過此類「制度性論證」就可以解決所有法律案

證理論所共通的見解，即「通說」。此處所區分的論證正當化架構是個通用的區分，Robert Alexy將之稱為內部正當化/外部正當化（Theorie der juristischen Argumentation. Die Theorie des rationalen Diskurses als Theorie der juristischen Begründung, 2. Aufl., 1991, S. 273 ff.），但是各家所用的詞彙並不相同，也有學者將其稱為「第一序」（first-order）正當化/「第二序」（second-order）正當化，或是「主要架構」（Hauptschemata）/「次要架構」（Nebenschemata），參閱 *Hans-Joachim Koch/Helmut Rüßmann*, Juristische Begründungslehre. Eine Einführung in Grundprobleme der Rechtswissenschaft, 1986, S. 6; *Ulrich Neumann*,（見註37）, S. 80; AULIS AARNIO, THE RATIONAL AS REASONABLE. A TREATISE ON LEGAL JUSTIFICATION, 119（1987）.中文參閱顏厥安，〈法、理性與論證〉，《法與實踐理性》，頁147以下（1998年）。

[40] *Robert Alexy*,（見註36）, S. 84.

[41] 語言論證可區分為語意（semantisch）論證與文法（syntaktisch）論證，發生學論證可區分為主觀－語意（subjektiv-semantisch）論證與主觀－目的論（subjektiv-teleologisch）論證，體系論證則可分為八類：維持一致性（konsistenzsichernd）的論證、脈絡（kontextuell）論證、概念－體系（begrifflich-systematisch）論證、原則論證（Pronzipienargument）、特殊的法律（speziell juristisch）論證、先例（präjudiziell）論證、歷史（historisch）論證與比較（komparativ）論證，參閱 *Robert Alexy,* 前揭（見註36）文, S. 85 ff.

件嗎？僅僅根據實證法就可以解決所有的法律問題嗎？對此問題持肯定立場可稱為法實證主義（Rechtspositivismus），持否定的態度者在過去則被稱為自然法論（Lehre des Naturrechts），現在則不必然是自然法論，但是必然反對法實證主義的「分離命題」（Trennungs-these），而主張法與法之外的規範性主張（通稱為道德）有著某種關聯，本文限於主題與篇幅，無法對兩者的爭論作進一步的分析，但是本文贊成Alexy的主張[42]，認為無論在事實層面還是在規範性層面，有時光靠「制度性論證」無法合理的（！）完成外部正當化，就有必要引進一般實踐論證，這在憲法解釋的難題中非常明顯，所謂的棘手案件（hard cases）通常都無法只透過「制度性論證」得到解決，例如釋字第499號解釋中，要論證大法官有權受理該案並審查憲法增修條文是否違憲，僅僅透過既有的憲法與法律規定並無法得到令人滿意的答案，因此本文將該問題定性為憲法漏洞，主張使用憲法續造的方式來解決，要進行憲法續造則須引進一般實踐論證，進行憲法理論論述、並採用「結果考量」的憲法論證。

（三）「外部正當化」與一般實踐論證

相對於「制度性論證」，一般實踐論證又可稱為「實質論證」（substantielle Argumente），因其著重內容的正確性（inhaltliche Richtigkeit）[43]，而非形式的合法性與權威性。在許多案件裡只透過「制度性論證」無法得到清楚的法律決斷，或是在同一個案件「制度性論證」允許不同的法律決斷，此時即有賴實質評價（substantielle

---

[42] *Robert Alexy,* 前揭（見註36）文, S. 87 f.
[43] *Robert Alexy,*（見註36）, S. 88.

Wertung）的輔助才能作出最後的決斷，換言之，此時法律決斷需要實質論證的支持才能完成其外部正當化，例如在釋字第499號中，有關是否要承認我國憲法具有內在修憲界限的問題，無法根據既有的憲法規定來回答，亦即，無法透過「制度性論證」作出法律決斷，而有賴於對本案的情況——國大自行延長任期——作實質的評價，因此需要一般實踐論證的補充。當然，此實質評價的作出仍須考慮既有的制度性安排，也就是與各種「制度性論證」具有論證的關聯。要如何處理此處所說的實質性評價與「制度性論證」的關聯，即有賴憲法理論。

（四）「結果考量」作為一般實踐論證

根據Alexy的分析與歸納，在下列五種法律論證的場合有必要使用一般實踐論證：想要證立能夠使得不同論證形式飽和（Sättigung）的規範性前提時，想要在不同的論證形式所導致的不同解釋結論之間選擇時，想要證立與檢驗法律釋義學命題時，想要在有關判決先例的論證中作析辨（distinguishing）與推翻（overruling）這兩種論證時，想要直接證立內部正當化所使用的推論前提時[44]，在此意義上，法律論證的完成就取決於一般實踐論證[45]。

一般實踐論證可區分為兩類，一類稱為目的論論證（teleologische Argumente），取向於解釋的結果；另一類稱為義務論論證

---

[44] *Robert Alexy*，（見註39），S. 347.

[45] *Robert Alexy*，（見註39），S. 355.另一方面，一般實踐論證也依賴法律論證，在實踐理性論述中，由於一般實踐論述具有不夠確定的弱點，同一套實踐論述的程序有時會允許不同的結論，但是有時決斷是有必要的，所以就有賴於法律論述來解決問題，參閱*Robert Alexy*，（見註39），S. 256.

（deontologische Argumente），植基於當為觀念（Vorstellung des Sollens）[46]。本文認為「結果考量」論證由於亦視解釋結果為支持論證的理由，因此屬於目的論論證，為一般實踐論證的一種。

（五）「結果考量」的規範面向與認知面向

本文認為目的論論證並不只包含規範面向，而是同時也包含認知面向（kognitive Dimension），這尤其表現在「結果考量」論證上。「結果考量」的前提是對於結果的描述與預測，雖然根據當今社會科學的認識，預測不可能具有絕對的確定性，但是不能因此就主張，要取消目的論論證中的認知面向，因為預測基於其假設的性格，還是具有真假值的（wahrheitsfähig），換言之，雖不具有很高的確定性，但是仍可判斷預測的真假[47]。「結果考量」論證所具有的認知面向，也可稱為經驗論證，因其指向經驗層面，也涉及如何在法律論證中引進經驗知識與經驗科學認識的問題，尤其是法律與社會科學之間如何進行科際間合作（interdisziplinäre Kooperation）的問題。於此，必須回歸到對於法律活動所隱含的背景假設──對於當代社會的前理解──的反思，要做「結果考量」，必須要先理解與確定法律解釋與論證時，該套法律或憲法體系所預設的社會圖像，如此，「結果考量」才能在論證脈絡中具有較高的融貫性，因此應將「結果考量」納入整體憲法理論的思維當中。法解釋（當然包括憲法解釋）（Interpretation des Rechts）就如同德國哲學家Jürgen Habermas所

---

[46] *Robert Alexy*,（見註36），S. 88; *Robert Alexy*,（見註39），S. 346 ff.

[47] *Hans Albert*, Rechtswissenschaft als Realwissenschaft. Das Recht als soziale Tatsache und die Aufgabe der Jurisprudenz, 1993, S. 30 f.

說，乃「對於以特定方式所掌握社會情境的挑戰所為的回應」[48]，所以「結果考量」也要在這個背景上來進行，才不會失去其焦點。

（六）「結果考量」的問題結構

雖然「結果考量」在法律論證的整體結構當中具有上述的重要性，而且隨著社會結構的日益複雜，也常在釋憲實務上扮演重要角色，但是在法學方法論中的接受度卻評價不一[49]，這主要因為在法律解釋與論證過程中採用「結果考量」，會有來自兩方面的疑慮，論者從事實層面與法的層面來質疑「結果考量」。

（一）基於法的觀點的批評

來自於法學方法論的質疑，主要基於兩個原則：法律拘束原則（Grundsatz der Gesetzesbindung）與權力分立原則（Prinzip der Gewaltenteilung），認為法的解釋適用與法律政策涇渭分明，如果法律論證納入「結果考量」，那就超出法解釋的範圍，脫離法的拘束，很難再稱之為法的解釋適用，而屬於法政策決定，如此則超出司法權行使的範圍，違反權力分立原則。因此要替「結果考量」辯護的話，就必須在其運用以及法之間建立連結關係，換言之，讓「結果考量」論證從屬於法的解釋適用。如上所述，本文將「結果考量」從屬於目的論論證，建立解釋所造成的社會「結果」與法規範的目的之間的回饋關係，只有在法規範的目的範圍內才考慮法律解釋的結果，使

---

[48] *Jürgen Habermas*,（見註31），S. 468.

[49] *Dieter Grimm*,（見註11），S. 139認為「結果考量」尚未獲得法學方法論的普遍認可，但是*M. R. Deckert*, Folgenorientierung in der Rechtsanwendung, 1994, S. 10卻主張「結果考量」已經在法學方法論佔有一席之地。

得「結果考量」原則上不超出法律與法律解釋的範圍，換言之，「結果考量」原則上仍舊受到法的拘束，而沒有違背權力分立原則，只有合乎法律文義與其目的的結果才被允許[50]；例外的情況是，當關於系爭不存在相關法律規定時，則已經不是法律解釋，而是法律漏洞的補充、法的續造，此時要建立的，不再是解釋結果與單一法律規範目的之連結，而是解釋結果與法律原則（及其目的）關聯。此外，「結果考量」論證既然是一般實踐論證的一種，自然也不會取代「制度性論證」，而是作為其補充，當「制度性論證」不足以達成法律決斷時，才會考慮採用「結果考量」。當然，「結果」與規範目的的回饋關係並無法保證法律決斷的唯一正確性，因為爭論也可能發生在對於規範目的的不同詮釋，如此則有關「結果考量」的爭論就會回溯到規範目的以及其背後實質評價的爭論。

（二）基於事實觀點的批評

來自事實層面的質疑，則可區分為兩類，首先是對於「結果考量」可行性的質疑，其次則是基於社會學觀點，從功能觀點質疑「結果考量」導致的負面效果。

1. 「結果考量」的困難度太高？

論者指出，要進行「結果考量」首先會碰到一個棘手的問題——「結果」的複雜性與不可預見性，由於社會過程的複雜性，結果預測的可能性受到很大限制[51]，而且所涉及的「結果」太多了，除了法律

---

[50] *Dieter Grimm,*（見註11），S. 156.

[51] *Gunther Teubner*, Folgenorientierung, in: Gunther Teubner (Hrsg.), Entscheidungsfolgen als Rechtsgründe, 1995, S. 11.

解釋者所想像的結果外，還有其他數不清的結果：更遠的結果、附帶結果（副作用）、結果的結果以及累積的結果等等[52]，因此不可低估結果預測的困難性。但是其困難性亦不可過度高估，而且無論是法律制定者還是法律適用者都會遭遇此問題，重要的是如何面對它，雖然法律人的訓練並不在此，卻也可以透過法律學與事實科學之間的合作，以獲得一定程度的協助。法理論（包括憲法理論）的任務之一，即在於提供法律系統關於「社會」——既是法律系統之環境又是其規制對象——的資訊，使其面對「社會」時具有開放性，對於憲法解釋而言，憲法理論應該提供相同的協助。社會的逐漸複雜化既是法律解釋中日益增加「結果考量」的原因，面對「結果考量」的最佳對策並非排斥它，而是正視其存在，分析其結構與適用範圍。「結果考量」不必面對社會中無窮無盡的「結果」，而是在法規範目的的範圍內去思索與預測結果。

2. 「結果考量」具有「反功能」？

　　第二種來自事實層面的批評，基於德國社會學家Niklas Luhmann所提出功能考察，指出法律解釋中的「結果考量」對於法律系統具有反功能。根據Luhmann的系統理論[53]，法律系統係社會功能系統的一種，其功能在於穩定「規範性期待」（normative Erwartungen）[54]，法律系統的主要結構是由二元符碼「法／不法」

---

[52] *M. R. Deckert*,（見註49），S. 17 f.; *Dieter Grimm*,（見註11），S. 145 f.

[53] 關於系統理論的基本概念，參閱張嘉尹，〈多元脈絡的觀察與單一社會的想像？——個系統理論的觀點〉，《思與言》第38卷第3期，頁45以下（2001年9月）。關於系統理論對於法律系統的探討，參閱張嘉尹，〈法作為法律系統－法律系統理論初探〉，《思與言》第39卷第2期，頁193以下（2001年6月）。

[54] *Niklas Luhmann*,（見註28），S. 138; 152; 154 ff.

（die binäre Kodierung von recht/unrecht）以及其「程式」（Programme），亦即各種法律規定所構成[55]，法律系統在程式層面主要是由「條件程式」（Konditionalprogramme）所組成，具有「若－則－」的形式，另一種日漸增加的「目的程式」（Zweckprogramme）則要在前者的脈絡中才能發揮其作用[56]。「結果考量」的問題在於它本身不屬於法律適用者的程式，在法律解釋適用過程中採取「結果考量」會造成法官判決的難以預測，也會使得法律的制定與適用這種法律系統的內部分化界線不清。因此Luhmann在早期著作中主張，法律人沒有能力依法處理其判決的結果，法律釋義學也應該停止探討判決的結果[57]。

　　Luhmann晚期則承認，「結果考量」在當今法律實務中具有重要意義，他認為由於「結果考量」會提高法律系統中的「變異」（Varietät），所以法律系統所面臨的問題是如何相應的提供充分的「過剩」（Redundanz），以達到平衡。Luhmann晚期改變了探討「結果考量」的方式，從論證在法律系統所具備之功能的脈絡來討論「結果考量」，論證是法律系統中的一種操作方式，它與其他操作方式的差別在於，後者的特色是「對法律地位的支配」（Verfügungen über die Rechtslage），例如立法、締結契約、判決，相對於此，論證是法律系統「自我觀察的操作」（Operation der Selbstbeobachtung），是對於如何分配符碼值「法」與「不法」之意見分歧的回應。論證性的溝通是要在系統內產生影響，法律論證乃是法律系統用

---

[55] *Niklas Luhmann*,（見註28），S. 165 ff.；187 ff.

[56] *Niklas Luhmann*,（見註28），S. 195 ff.

[57] *Niklas Luhmann*, Rechtssystem und Rechtsdogmatik, 1974, S. 7 ff.

來說服自己的工具[58]。溝通過程如果產生「驚訝」（Überraschung）就是製造「資訊」（Information），如果沒有產生「驚訝」就是製造「過剩」，「資訊」跟「過剩」是同一個「形式」（Form）的兩邊，彼此相互預設卻又互相排除對方，溝通可以依此界定為持續的將「驚訝」轉變為「過剩」的過程。論證的功能就在於使得系統可以藉助既存的「過剩」來重新獲得充分的「過剩」。換言之，系統可以藉助論證來將「驚訝」的產生降低到可以忍受的程度，這些「驚訝」是透過法條的文字形式以及其所造成「變異」的提昇而產生的，因為法條的文字形式無法充分的確定判決的結果[59]。

　　「結果考量」是一種特殊的論證，其問題在於導致極大的系統「變異」，採用「結果考量」論證造成判決的作成必須基於對未來的推測，所以系統也相應的產生自己的解決形式，以製造足夠的「過剩」來與之平衡，法律系統就常透過「法益衡量」來處理此問題。對於「結果考量」的未來發展，Luhmann抱持開放的態度，他並未對到底系統會不會一直製造擴大「變異」，而無法製造足夠「過剩」的問題，提出確切的看法[60]，因此從其晚期著作無法再論斷「結果考量」必然會危害法律系統，因為「結果考量」固然會產生「變異」，然而由於系統也會同時製造「過剩」來平衡，總之，現在從Luhmann的理論無法推論出「結果考量」的反功能。

　　可以進一步思考的問題反而是，在不排斥「結果考量」論證的同時，如何發展出一些法律上的工具來製造「過剩」，事實上在法律

---

[58] N*iklas Luhmann*, Juristische Argumentation: eine Analyse ihrer Form, in: *Gunther Teubner* (Hrsg.), Entscheidungsfolgen als Rechtsgründe, 1995, S. 20 ff.

[59] *Niklas Luhmann*, （見註58）, S. 27 ff.

[60] *Niklas Luhmann*, （見註58）, S. 33 f.

體系中早就有類似的工具存在，像判例拘束原則、憲法釋義學所發展的許多既存論證模式，都會局限進行「結果考量」時所增加的「變異」，此外，如果可以發展出融貫的憲法理論，也是很好的選擇。其實憲法的解釋適用並不是在一個空白的場域中進行，而是從屬於法律系統的溝通，因此早就被置於一個由各種取向於二元符碼「法／不法」的溝通網絡中，因此「結果考量」的自由度沒有想像中大，不應過度高估置身於憲法條文、憲法原則、憲法判例等等結構性限制之中的「結果考量」所能提高的「變異」。

五、小　結

　　「結果考量」在憲法解釋實務（Praxis der Verfassungsaus-legung）上的無可避免，表徵出釋憲機關所為的憲法解釋同時具有法律與政治的雙重性格[61]，片面的從法的觀點對之批評，亦即嚴格的將法的創設與法的適用予以分離，不但昧於事實，也誤解了憲法解釋的特殊性，「結果考量」的探討與憲法理論密切相關，尤其是有關權力分立原則的具體化、違憲審查制度的理論定位，以及基本權利的「功能變遷」等問題的思考；另一方面，「結果考量」不但是法律思維與其他學科（例如社會學）作跨學科合作的契機，也是「法律體系」具有開放性的一個重要因素——法跟法之外的因素產生相互影響的場合，因為為了解決法律解釋與續造的一些難題，「法律體系」必須參考一些體系外的知識與理論，以檢討其自身所預設的「社會模型」，並基於此作一些法律適用「結果」的預測。

---

[61] 有關處於法律與政治之間的憲法解釋，參閱許宗力，前揭（註10）文，頁19以下。

　　「結果考量」涉及了憲法解釋「結果」的預測以及其評價，亦即價值衡量，因此「結果考量」要具有合理性，首先必須使考量的「結果」與憲法規定或原則的目的產生一種回饋關聯，其次是，在結果的「考量」，亦即衡量時，必須以憲法規定所體現的原則與價值作為衡量的準則[62]，如果涉及不同的憲法價值或是不同憲法原則之間的衝突，則可嘗試透過原則理論所提供的「原則衝突」（Kollisionen von Prinzipien）模式解決，「原則衝突」跟「規則衝突」（Kollisionen von Regeln）不同，規則的衝突會造成某個規則的消滅，或是兩者形成例外關係，不同的原則之間衝突則不會造成其中任一個原則失去效力，只會在具體的案例中有某個原則佔優勢，優先適用，與其衝突的原則退居幕後備而不用，但是在其他場合可能另一個原則也會佔優勢[63]。

六、結　論

　　本文透過釋字第499號解釋的問題分析，說明憲法解釋與憲法理論暨「結果考量」的關係，認為透過憲法理論層次的思考與「結果考量」的論證，可以在相當程度上協助憲法解釋解決其問題。

　　憲法理論作為憲法釋義學的後設理論，並不直接得出憲法解釋的結果，而是作為憲法解釋的引導性觀點與其正當化的理據，欠缺憲法理論的思維，憲法解釋則必須面對高度抽象又片段的憲法條文，常常無法得到比較確定的結果，憲法理論兼具規範性與事實導向性，因

---

[62] 於此當然會再度遭遇「價值衡量」或是「利益衡量」合理性的問題，但是這不是「結果考量」的特殊問題，而是法律解釋與論證必然會遭遇的一般性問題。參閱Robert Alexy,（見註39），S. 23 ff.

[63] *Robert Alexy*, Zum Begriff des Rechtsprinzips, in: ders., Recht, Vernunft, Diskurs, 1995, S. 196 ff.

此與「結果考量」的思維也緊密相關。一方面，憲法理論的建構常須納入「結果考量」，以保有其實用性；另一方面，「結果考量」也需要憲法理論作為其參考架構，以免漫無邊際的缺乏事實──「社會模型」──導向以及規範導向，然而「結果考量」的論證，卻另有其法學方法論上問題有待釐清。本文將法學方法論的觀察角度區分為二，亦即「尋法的脈絡」與「正當化的脈絡」，以後者為探討「結果考量」的脈絡，將憲法解釋論證的正當化區分為「內部正當化」與「外部正當化」，將「結果考量」論證歸屬於「外部正當化」中的「一般實踐論證」，但兼顧「結果考量」的規範性與認知性面向。對於「結果考量」有來自事實層面以及法律層面的批評，前者以「結果考量」的可行性與其社會功能作為立論基礎，後者由法拘束性與權力分立的角度質疑「結果考量」作為解釋方法的妥當性，然而各項批評皆有其缺點，無法作為否定「結果考量」論證的有力論點，「結果考量」有其合理的根據，應以與憲法規範目的的關聯為其適用的界限，在缺乏具體憲法規範時，則應與憲法的原則與價值建立關聯。

4 憲法、憲法變遷與憲法釋義學

——對「部門憲法論述」的方法論考察

摘要 SUMMARY

本文從憲法釋義學後設理論的角度，對「部門憲法論述」作方法論的考察，檢討建構「部門憲法論述」的前提條件與方法理論。本文發現，「部門憲法論述」對於憲法釋義學的「功能」作為過高的期待，基於學科性質與所處的社會位置，憲法釋義學除了協助憲法解釋與適用、提高憲法思維的體系性或融貫性之外，固然可以在社會變遷當中，調解憲法規範與社會現實之間的緊張或矛盾，但是對於憲法解釋與憲法修改兩個層面的憲法變遷而言，卻無法扮演舉足輕重的角色。本文認為，建構「部門憲法論述」時，不宜過度重視體系龐雜而且拘束性有別的「基本國策」，而宜以基本權利與憲法原則的關聯性作為引入「基本國策」規定的前提，如此一來，「憲法內部的水平衝突」就沒有設想中嚴重，反而可以藉由既有釋憲實務的批判性重建，來拉近憲法規範與社會現實的差距，所以應將「部門憲法論述」的發展重點，置於加強憲法規範與規範領域兩個層面之間的相互參照，而

非與憲法的「第三種結構」的整合。本文贊同，「從實存秩序切入，去認識整理該秩序的根本、最高與結構規範，而不是從規範本身切入，去做體系化的工作」才是「部門憲法論述」的活水源頭。

關鍵詞

- 部門憲法論述
- 法學方法論
- 基本國策
- 憲法釋義學
- 社會變遷
- 憲法變遷
- 基本權利

一、序　論

　　十幾年來我國憲法釋義學（Verfassungsrechtsdogmatik）的蓬勃
發展[1]，是由許多因素共同制約而成的，根據筆者的觀察，台灣社會
的解嚴應該是一個重要的分水嶺，如果解除戒嚴之前，憲法學多作憲
法理念的探討，解嚴之後，不但憲法所保障的基本權利有較佳的實現
機會，而伴隨著大法官解釋數量的倍增，憲法釋義學也如雨後春筍的
發展起來。由於我國憲法釋義學的發展目前仍處在向上提升的時期，
因此這個發展到底要如何的評價與斷定，恐怕要等到未來大約一、
二十年之後，才比較有可能從法學史[2]或是知識社會學的角度，作有
學理依據與有經驗資料支持的研究，但是站在這個潮流當中的我們，
當然也可以有身為參與者的看法，理解與自我理解也可以在這個問題
意識之下，達到某種程度的「境域交融」。然而身為參與者的我們，
尤其是可以從憲法釋義學本身仍然有待商榷的角度，對其現狀作評
論，順著社會學所說「自我實現預言」的法則，如果社會性的事物將
會因為我們的詮釋與說明而改變，憲法釋義學本身也可能因為我們對
它的一再詮釋與批評，而改變其發展的軌跡，至於會不會依循我們希
望的方向前進，就不在我們可以掌握的範圍了，根據社會學的另一項
洞視，社會行動除了所預期的後果之外，還會有許多附帶的後果與後
果的後果，如果法律系統是一個自我再製系統（autopoietisches Sys-
tem），任何屬於法律系統的運作，都受制於所處的回溯網絡當中，
因此對其未來的發展也就難以預測。

---

[1] 這種說法當然只是比較的結果，而且不精確，但是光是比較解嚴前後憲法學論文集的數量與
處理問題的種類，就可以得到一個憲法釋義學蓬勃發展的粗淺印象。

[2] 例如D. Simon (Hrsg.), Rechtswissenschaft in der Bonner Republik. Studien zur Wissenschaftsge-
schichte der Jurisprudenz, 1994.一書的做法。

　　「部門憲法論述」的提出，肇因於對我國憲法釋義學現狀的診斷。根據蘇永欽教授的看法，目前憲法釋義學的恣意性已升高到令人難以忍受的程度，如果要讓憲法釋義學回復其任務，亦即解決法律適用的問題、提高體系精密度、可預見性以及回復彈性[3]，並同時解決本國憲法學因為繼受外國憲法釋義學所引起的種種問題，讓憲法釋義學得以在憲法變遷過程中發揮穩定作用，甚至成功的促成憲法變遷，「部門憲法論述」的構想就作為解決之道而被提出[4]。雖然有可能過度化約該論述，但是為了討論的方便，筆者將「部門憲法論述」的重點歸納如下：

1. 憲法文本的第三種結構：在基本權利、政府的組織與權限規範之外，憲法還有所謂的「第三種結構」──基本國策──的存在。

2. 「部門」作為憲法釋義學的「體系化」載體：由於憲法規範過程是應然面與實然面的詮釋循環，因此可以「部門」來承擔規範體系內部、以及規範與現實之間的整合功能[5]。「部門憲法論述」強調「從憲法所規範的領域回過頭來決定憲法的解釋」，屬於一種特殊的「體系解釋」[6]，不但在人權、中央政府體制、中央地方權限、基本國策等規定之間作「橫切面」的體系化，更「經由規範領域與規範之間的詮釋循

3　蘇永欽，〈部門憲法──憲法釋義學的新路徑？〉，收錄於《當代公法新論》（上），頁739（2002年7月）。

4　蘇永欽，前揭（註3）文，頁740。

5　蘇永欽，前揭（註3）文，頁753。

6　蘇永欽在〈經濟憲法作為政治與經濟關係的基本規範〉一文中，初步將「部門憲法論述」界定為憲法釋義學的一種「體系解釋」（見《新世紀經濟法制之建構與挑戰──廖義男教授六秩誕辰祝壽論文集》，2002年9月，頁157），但是在〈回應有關部門憲法的幾點質疑〉初稿中（2003年10月6日發表於「部門憲法」第一次研討會），更清楚的主張該論述「並非新的『解釋方法』，而毋寧為新的『體系化』方向……和解釋方法的關係，應該不必限於『體系解釋』的觀點。」（頁1）

環，建立足以反映該規範領域特性的規範體系」[7]。

3. 「部門憲法」的概念：將憲法區分為「國家憲法」與「社會憲法」，前者的重心在於落實人權的防禦功能與分權的政治功能，後者則課政府予作為義務，以補強社會本身的功能不足，但是後者能產生作用是以前者能發揮功能為前提[8]。廣義的「部門憲法」概念涵括兩者，狹義的「部門憲法」僅包括屬於「社會憲法」的各個部門憲法[9]，就「社會憲法」而言，基於不同社會體系有不同的特性與運作原則，可以合理化經由詮釋循環發展出的不同解釋態度[10]，「部門憲法」的分類毋須侷限於只能代表制憲當時社會狀況的體例，而必須反映社會的變遷[11]。

「部門憲法論述」欲協助憲法釋義學，在面對快速變遷的台灣社會時，能發揮適當的規範與導引功能，其手段是將憲法的適用拉回憲法本文，正視憲法規範內部整合不足的問題，通過對個別部門的整體觀察，以更全面的「詮釋循環」來理解憲法的內涵[12]，對於我國憲法釋義學的未來發展，自是值得探討的新觀點。

在本文中，筆者將嘗試從方法論的角度討論「部門憲法論述」的可能性條件，由於對我國憲法釋義學現狀的理解與評價，構成了「部門憲法論述」的出發點，而且也涉及具體歷史條件下，我國憲法解釋者所不得不面對並加以處理的前提問題，筆者將首先針對此部分提出個人淺見，主張基於或有差異的憲法「前理解」與憲法釋義學「前理

---

[7] 蘇永欽，〈經濟憲法作為政治與經濟關係的基本規範〉，頁157。

[8] 蘇永欽，前揭（註7）文，頁157。

[9] 蘇永欽，前揭（註3）文，頁759。

[10] 蘇永欽，前揭（註7）文，頁157。

[11] 「部門憲法」分類的例子：經濟憲法、社會憲法（社福憲法）、勞動憲法、文化憲法、宗教憲法、傳播憲法、環境憲法、科技憲法，參閱蘇永欽，〈部門憲法──憲法釋義學的新路徑？〉，頁763。

[12] 蘇永欽，前揭（註3）文，頁740。

解」，「部門憲法論述」所要面對或解決的問題就會有不同的偏重。
其次，則針對「部門憲法論述」的憲法概念與方法，作綱要性的討
論，檢討進行「部門憲法論述」的可能性與必須解決的問題。

二、我國憲法釋義學的實然與應然

　　法釋義學的概念預設了具有權威性的文本[13]，法釋義學的活動基
本上是在不質疑規範文本效力的前提下，探求規範文本的意義，並將
其適用於具體的案件。憲法釋義學顧名思義是對於憲法文本意義的探
求，因此必然預設了特定的憲法概念。從另外一個角度來說，有時憲
法解釋爭論的起因，來自於對於憲法的不同理解，尤其是在政治變遷
劇烈的時期，常常伴隨著激烈的憲法變遷，此時，甚至對憲法解釋對
象的特徵與效力也可能產生相左的認定，這也是在討論我國憲法釋義
學時，可能會遭遇的問題，對於此類「前理解」的反思與檢討，雖然
不一定能最終的解決爭議，但是至少可以釐清不同論述的差異所在，
使得法學能夠在學術的方向上往前一步。憲法釋義學雖然預設了其對
於憲法的理解，但是釋義學式的研究態度卻不能侷限其預設，換言
之，其所欲詮釋與闡明的對象，並不會因為研究方法的「教條性」
（dogmatisch），就很「教條的」（dogmatisch）的被固定下來。
「從規範走向現實」一直是使得法學不要與現實疏離的好方法，「部
門憲法論述」想要先從「實存秩序」著手，以使憲法釋義學能夠更合
理（rational），可以說也分享著同樣的基本態度，因此值得探究的

---

13 關於法釋義學概念的簡要解說，參閱 A. *Kaufmann*, Rechtsphilosophie, Rechtstheorie, Rechtsdog-matik, in: A. Kaufmann/W. Hassemer (Hrsg.), Einführung in die Rechtsphilosophie und Rechtstheorie der Gegenwart, 6. Aufl., 1994, S. 1 ff.; ders., Rechtsphilosophie, Rechtstheorie, Rechtsdogmatik, in: ders., Rechtsphilosophie, 2. Aufl., 1997, S. 11 ff.

是，「部門憲法論述」的憲法理解是否符合此基本態度？以及如何使其更相應於此基本態度？

（一）憲法釋義學的「功能喪失」？

如何正確的解釋憲法，一直是憲法學者爭論不休的議題，面對此難題，上個世紀60年代在德國，曾經發生一系列的憲法解釋方法論的論戰，同世紀80年代在美國，環繞著「原始意圖主義」的主張，亦興起了不同憲法解釋理論的陣營。在我國，尤其是解嚴之後，伴隨著大法官釋憲功能的加強，學界也對憲法解釋投以高度的關注[14]，除了一般性的方法論討論之外，也發展出更細緻的問題意識，例如是否針對憲法的不同部分——基本權利與國家機關的組織與權限，應該有不同的解釋原則[15]。憲法解釋之所以困難，除了憲法與政治的密切關聯[16]，以及憲法文本的文法特性——例如憲法規定的簡潔、抽象與片斷——之外，有時是來自於憲法釋義學的不夠完善，但是各國憲法釋義學的闕漏之處有所不同，其產生的原因與條件也有差異。我國憲法學發展常為人質疑與詬病之處，在於大量「引用」外國憲法實務或是外國憲法學的研究成果，有時一個憲法上的爭議，似乎成為各國憲法

---

[14] 例如中央研究院中山人文社會科學研究所就舉辦過八屆「憲法解釋的理論與實務」研討會，並在審稿後將會議論文出版為專書。

[15] 例如司法院於民國九十年所舉辦的司法院大法官九十年度學術研討會，就以「憲政體制與機關爭議之釋憲方法論」為題，此標題至少暗示著，有關憲政體制以及機關爭議的憲法解釋可能適用比較特殊的解釋方法。

[16] 相關討論請參閱許宗力，〈憲法與政治〉，《憲法與法治國行政》，頁3以下（1999年3月）。更深入的分析，可參閱張嘉尹，〈法律與政治的現代關聯——對「法治國」的法社會學考察〉，《新世紀的法學課題（二）》（2004年8月）。（本文初稿曾以〈法治國的實相與虛象〉為名，2003年12月6日發表於社團法人台灣法學會2003年度法學會議）

學相關論點較勁的場域[17]。

　　造成這樣現象的原因很多，除了上述各項原因導致憲法解釋的困難之外，作為繼受西方法律的國家，我國欠缺與憲政主義憲法相應的憲法傳統與法律傳統，以致於常常要借助比較憲法學的研究成果來協助憲法解釋，既然外國憲法學是重要的參考對象，有時難免反客為主，主導我國的憲法論述。

　　另外一個原因與政治局勢相關，由於過去長期處於動員戡亂時期，我國的憲政體制受制於以動員戡亂時期臨時條款為主的非常法制，使得憲政主義的精神遭到極度扭曲，憲法的相關部分也難以發揮其規範效力與實效，憲法既然與憲政現實有如此大的扞格，憲法學也就長期處於「憲法理念學」的狀態，憲法文本既然未受到應有的尊重與重視，憲法釋義學相較於民、刑法釋義學，就沒有充分發展的條件；在動員戡亂時期臨時條款廢止之後，憲法在十幾年內又歷經七次修憲，在具體化權力分立原則的憲政體制上也產生巨大變化，而有總統制、內閣制或雙首長制之爭[18]，凡此種種都使得憲法的解釋受到快速的憲法變更所影響[19]，同樣的，憲法釋義學也缺乏相對穩定的發展條件。

　　此外，無法忽視的現象是，司法院大法官的憲法解釋日漸受到憲

---

[17] 關於外國憲法釋義學繼受的問題，可參閱Chia-yin Chang（張嘉尹），Zur Rezeptionsfähigkeit der Verfassungsrechtsdogmatik und Ihrer Grenzen, in: Christian Starck (Hrsg.), Die Rolle der Verfassungsrechtswissenschaft im demokratischen Verfassungsstaat. Zweites Deutsch-taiwanesisches Kolloquium vom 26. bis 28. Septemper 2002 in Taieh, 2004, S. 69-81（〈憲法釋義學的可繼受性及其界限〉）（本文初稿曾在2002年9月26日發表於第二屆「德台學術研討會」）。

[18] 參閱湯德宗，〈論九七修憲後的權力分立──憲政工程的另類選擇〉，《權力分立新論》，增訂二版，頁75以下（2002年12月）。

[19] 關於此時期台灣的憲法變遷，參閱葉俊榮，〈超越轉型：台灣的憲法變遷〉，《民主轉型與憲法變遷》，頁25以下（2003年2月）。

法學界的重視，有許多法學論文以特定的大法官解釋為探討與批判的對象[20]，也有不少法學論文以特定法學概念或是原理原則在大法官解釋中的發展為探討主題[21]，這也是影響憲法釋義學發展的重要因素。然而可惜的是，由於目前的大法官釋憲本身制度[22]的許多缺點，例如，解釋文與解釋理由書的形式雷同性，加以解釋文與解釋理由書的表決程序與可決人數的差異，使得「主文」與「理由」定位不易析辨的同時，卻會產生不一定一致的內容，這也使得學者在探討相同一號解釋時，有時可以得出大相逕庭的推論。又如，大法官解釋的可決人數的高門檻，使得大法官解釋有時妥協性高，難以就特定重大憲法爭議作清楚而明確的表達，大法官解釋的這類特質所造成的憲法解釋不確定性，常常使其本身成為下一個爭議的焦點，憲法釋義學在此情況下也往往淪為憲法解釋的另一個「戰場」，權威解釋與學理解釋的常態分工至此遭到破壞，也使得憲法釋義學必須往其他方面汲取養分，比較憲法學的「幽靈」於是又有機可乘，學者所憂心的「直接移植所造成的混亂」[23]，看來不但借道於大法官解釋也難以在短期之內弭平，甚至可以說，這種「混亂」有部分也必須歸因於大法官解釋。

　　如果憲法解釋的難題之一來自憲法釋義學的不足，憲法釋義學的不足又部分可歸因於大法官解釋的種種，要打破這個「惡性循環」似乎有其先天的困難，但是「惡性循環」的講法也只是一個化約的描

---

[20] 例如近幾年來有許多討論釋字第499號解釋、釋字第509號解釋、釋字第520號解釋、釋字第530號解釋的法學論文。

[21] 例如近幾年來也有不少針對「學術自由」、「言論自由」或「平等原則」、「行政權與立法權的關係」等等議題的研究。

[22] 關於大法官釋憲制度的組織與運作，參閱吳庚，《憲法的解釋與適用》，2003年9月修訂版，頁356以下。

[23] 蘇永欽，前揭（註3）文，頁741。

述方式，如前所述，造成憲法解釋難題的原因或條件不只一端，所以要打破這個「惡性循環」，也可以從各個具有影響力的條件著手，從憲法釋義學這端也可以開始，但是必須時時回顧初衷，到底我們主觀上期待憲法釋義學擔負何種任務？又，憲法釋義學作為法律系統的一環，在客觀上擔負何種「功能」（Funktion）或是「貢獻」（Leistung）[24]？如果對憲法釋義學的主觀期待與其客觀功能差距太大，那麼就很難判斷投入的藥石是否有效。德國社會學家Niklas Luhmann在評論所謂法律「功能喪失」（Funktionsverlust）的觀點時曾經指出，如果運用太過廣泛的功能概念而使其無所不包，那麼所謂的「功能喪失」就可能只是一種錯覺而已[25]，同樣的，如果我們賦予憲法釋義學太多功能期待，它之所以無法達成這些任務，可能是因為那並非它的任務。法釋義學可以協助法律解釋適用的操作，提升法律思維的體系性，固然值得贊同，這也是一般而言法律學者對於法釋義學的期待，但是發展良好的法釋義學是否能提高司法判決的可預見性，則涉及法學與法律實務在現實上的關聯，而且也跟所涉及的法領域有關，無法一般性的論斷。對此，我們甚至可以做一個反向思考，如果透過憲法釋義學更多樣化的發展，法律實務在解決憲法爭議時，所面臨

---

[24] 這方面討論的經典論著是*N. Luhmann*, Rechtssystem und Rechtsdogmatik, 1974。Luhmann在概念上區分「功能」與「貢獻」，以法的「功能」與「貢獻」為例，他將「貢獻」定義為法為其社會內環境（innergesellschaftliche Umwelt），尤其是其他功能系統所提供者。「功能」則是以全社會系統的整體為其參考座標，法律系統乃是為了履行特定的功能而分化出的，法在於讓人可以將特定期待當作期待來依靠。然而在法的功能上，還會連結有其他種類的「貢獻的期待」（Leistungserwartung），而且這些「貢獻的期待」對於法的社會內環境則是或多或少重要的，或多或少難以取代的，參閱*N. Luhmann*, Das Recht der Gesellschaft, 1993, S. 160。中文文獻可參考張嘉尹，〈法作為法律系統──法律系統理論初探〉，《思與言人文與社會科學雜誌》第39卷第2期，頁233以下（2001年6月）。

[25] *N. Luhmann*, Das Recht der Gesellschaft, 1993, S. 154.

的選擇可能性也因此增加，在缺乏憲法學界共識的條件下，憲法釋義學的發展越是多樣化，司法判決的可預測性就會越低，這也符合Luhmann對於學術（Wissenschaft）的社會學分析，亦即在一般情況下，學術的貢獻不在於增加安定性，反而是在於增加不安定性，因為學術提高了與個案或是判決規則相關觀點的變異性，而非降低它[26]。

　　想透過建構「部門憲法」的方式，讓憲法釋義學得以在憲法變遷過程中發揮穩定作用，甚至成功的促成憲法變遷，是否加諸憲法釋義學過高的功能期待？也是值得討論的問題。廣義的憲法變遷包括透過解釋的憲法變遷與憲法的修改，所以可以區分兩個層面來討論。首先，既有的大法官解釋，從法學的標準看來容或有不少改進的空間，然而憲法釋義學本身所能提供的協助，卻一開始就沒有那麼多，這也是法學與法律實務的功能分野所致，多一種建構憲法釋義學的路徑，所能提供的固然是多一種選擇，但是卻也只能是選擇之一而已，如果學術的貢獻在於提高而非降低觀點的變異性，那麼要藉由憲法釋義學來穩定憲法解釋層面的憲法變遷，就需要許多其他條件的配合。其次，要藉由憲法釋義學來「穩定」甚至成功促成憲法修改層面的憲法變遷，會遭遇到更為根本的難題，因為法釋義學預設了作為其前提的實證法，實證法的修改不可避免的會改變法釋義學的內容，而且憲法的修改除了是在解決憲法內在的問題之外，也涉及政治系統利用修憲方式對其他社會系統所提問題的回應[27]。因此憲法釋義學要能夠「穩定」憲法的修改，所需的配合條件又更多，至少必須能夠確定，憲法

---

[26] N. Luhmann, Juristische Argumentation. Eine Analyse ihrer Form, in: Gunther Teubner(Hrsg.), Entscheidungsfolgen als Rechtsgründe, 1995, S. 32.

[27] 此處可以參考Luhmann對立法的功能分析，亦即立法乃是「協調整體社會時間的重要機制」，參閱N. Luhmann,（見註25），S. 427 ff.

本身可以對修憲的內容有清楚的規劃，而且憲法釋義學可以將此規劃清楚而明確的描繪出來，但是即使以負面表列的方式提出不可修改的界限，也只能很原則性的提出一些作為修憲界限的憲法原則[28]，這些原則的抽象內涵固然可以有某種程度的確定，但是遇到具體憲法爭議時則有待進一步的解釋，至於要正面的指出憲法所預定的修憲應有內容，則其難度更高。

　　假使暫時不去過度延伸憲法釋義學的功能期待，則憲法釋義學本身的問題，當然也可以僅僅是根據法學本身的標準而被判斷為問題者而已，而不是作為達成特定目的之工具，或是解決某些社會問題時所顯現出的瑕疵，就此而言，重視各個憲法規範對象領域獨特性——尤其是「部門」獨特性——的「部門憲法論述」，在拉近憲法解釋與社會現實的面向上當可有其不可忽視的貢獻。

（二）我國憲法釋義學脫離現實的主因

　　蘇教授認為我國憲法釋義學的問題表現在三方面：脫離憲法文本、未適度處理憲法規範典範之間的差異（憲法規範之間的割裂）、未適度處理憲法規範與社會現實之間的距離。蘇教授認為，雖然問題主要表現在憲法釋義學與憲法文本之間的脫節，但是由於憲法與社會現實的脫節也越來越大（憲法的走向異化），所以憲法釋義學的恣意性不是來自對於社會變遷的回應，而是導因於對外國憲法釋義學的直接移植[29]。

---

28 例如大法官釋字第499號解釋所提出的「民主共和國原則」、「國民主權原則」、「保障人民權利原則」與「權力分立與制衡原則」。
29 蘇永欽，前揭（註3）文，頁741-747。

　　筆者認為，我國憲法釋義學迄今為止的發展雖然不盡令人滿意，直接移植外國憲法學的地方也不少，但是其恣意性是否已經達到「混亂」的程度，則有待進一步的探討。對於許多憲法爭議，如果憲法文本並未提供充分的解決依據，此時解釋者的「前理解」（Vorverständnis）或是解釋時所預設的憲法理論（Verfassungstheorie）[30]，就會在憲法解釋時扮演重要角色。在我國，由於「動員戡亂時期臨時條款」在中華民國憲法正式施行五個月之後即公布施行[31]，加上台灣在1949年5月20日起即實行戒嚴，憲法文本不受重視或只偶爾受到重視，在過去已經形成常態，這是使得憲法釋義學與憲法文本脫離的重要歷史成因，以具體化憲法民主原則的中央民意代表定期改選為例，中華民國的第二屆立法委員、國民大會代表在1991年底才舉行第二屆的選舉，距離第一屆選舉的1946年，其間相差了46年，然而根據中華民國憲法本文，立法委員每三年改選一次（憲法第65條），國民大會代表每六年改選一次（憲法第28條）。在現實面上，制定於1946年底的中華民國憲法，原先的規範領域（尤其是當時領土範圍所及的社會關係），在中華人民共和國成立之後，產生了巨大的轉變，筆者過去曾經以「特殊的憲法變遷」來指稱這種發生在國家、主權與憲法之間的鉅變[32]，這種基於事實面上規範領域的鉅變

---

[30] 憲法解釋與憲法理論的關聯，可參閱張嘉尹，〈憲法解釋、憲法理論與「結果考量」──憲法解釋方法論的問題〉，收錄於劉孔中、陳新民主編，《憲法解釋之理論與實務》第三輯上冊，頁11以下（2002年9月）。

[31] 中華民國憲法於1947年12月25日公佈施行，隔年，即1948年5月20日動員戡亂時期條款隨即公布施行。

[32] 張嘉尹，〈台灣化的中華民國〉，收錄於黃昭元主編，《兩國論與台灣國家定位》，2000年5月，頁101以下。從法律觀點分析與描述百年來台灣憲法的蛻變，參閱王泰升，〈台灣憲法的故事──從「舊日本」與「舊中國」蛻變而成「新台灣」〉，收錄於李鴻禧等合著，《台灣憲法之縱剖橫切》，頁499以下（2002年12月）。

所導致規範面的改變，更是所有具有現實性的憲法解釋必須納入考慮的。雖然憲法理論上，中華民國憲法制定當時，制憲的權源來自當時全體中華民國國民，但是在經歷上述的鉅變之後，我們必須認真對待目前中華民國統治權範圍內的國民，畢竟國民並不是為憲法而存在的，反而可以說憲法才是為國民而存在的。尤其在社會變遷迅速的時代，由於憲法的特殊性[33]，憲法釋義學的發展必然會超越狹義的法釋義學視野，在往規範領域前進的同時，已經悄悄地改變其出發的前提──憲法規範的理解，在台灣，由於五十多年來的政治歷史，這樣的改變不但將憲法規範的理解納入，也納入了憲法概念的理解，任何在總體層面要處理憲法釋義學方法論的嘗試，都無法迴避我國憲法這個已成為現實的宿命，即使對其仍可有著不同的詮釋，詮釋雖然有立場與情感的不同出發點，但是我們必須認真對一個前提問題：作為詮釋者，憲法規範力（die normative Kraft der Verfassung）的重點是歷史上曾經具有決定性的偶然事件（制憲），還是生生不息的──借用德國著名憲法學家Konrad Hesse的話說──在每個為憲法生命負責的意識中「朝向憲法的意志」（der Wille zur Verfassung）[34]？又，怎麼樣的憲法（理解），才會使得憲法規範的義務人（Adressat）──國民──具有「朝向憲法的意志」呢？因此「中華民國憲法」與以台灣社會為主要統治領域之中華民國之間有了巨大脫節，這是在說明憲法解釋與憲法文本之間產生重大差距時，必須面對的問題。

　　既然在解嚴之前，憲法學的重要養分來自於比較憲法學所提供的

---

[33] 這樣的講法只是個「縮寫」，可以指涉憲法與政治的多重關聯，參閱許宗力，〈憲法與政治〉，頁1以下。也可以是憲法作為法律系統與其他社會系統的「結構耦合」，參閱*N. Luhmann*,（見註25）,S. 440 ff.

[34] *K. Hesse,* Die normative Kraft der Verfassung, in: ders., Ausgewählte Schriften, 1984, S. 10.

各種憲法理念與學理，在台灣民主化的過程當中，憲法釋義學的養分自然也順理成章的會取自外國的憲法釋義學。當然筆者亦不贊同直接移植外國憲法釋義學，認為要建立具有主體性的憲法學無法像過去一樣，只是大量進口外國的憲法學說與理論，但是卻同時認為不可低估比較憲法學所可能帶來的正面貢獻，這不但因為我國憲法仍然是建立在現代立憲主義（modern constitutionalism）的大傳統之中，也因為憲法解釋與憲法文本之間現存的巨大差距，既然是解嚴前將近四十年歷史的產物，本就不易在其後短短十幾年間迅速拉進，如果憲法解釋所需的中介理論與主導觀點無法直接由憲法文本取得，那麼比較憲法學就具有重要的參考價值，所以問題不是比較憲法學本身，而是憲法解釋者如何使用取自比較憲法學的知識[35]，事實上，這樣的反省不但是當前憲法學界所具有的問題意識，如何合理的處理比較憲法學的知識[36]，也是我國這一代憲法學所必須面對與嘗試解決的任務。

（三）建構我國憲法釋義學的幾項前提

1. 「基本國策」在憲法釋義學中的定位

蘇教授認為憲法釋義學脫離憲法文本的真正嚴重之處，在於移植外國憲法釋義學時造成憲法原本架構的衝擊，他認為，從憲法作為「結構法」的角度觀察，這種衝擊甚至具有近乎「解構」的效果，因為我國具有「相對封閉的架構」，而且「制憲者對國家與社會各部門的關係已經劃好了基本藍圖」，所以在規範國家作為義務的基本國策

---

[35] 根據德國學者Friedrich Müller的見解，法律具體化的過程中，透過比較法所獲得的觀點，可依情況扮演不同角色，例如作為憲法政策因素、憲法理論因素，釋義學因素或是歷史解釋的特殊型態，參閱*F. Müller, Juristische Methodik*, 3. Aufl. 1989, S. 198.

[36] 繼受外國憲法釋義學的方法論反省，可參閱*Chia-yin Chang*（張嘉尹），（見註17），S. 69-81。

與規範國家不作為義務的基本權利規定之間，必須做一定程度的整合，而且由於德國基本法與美國憲法在國家發展方向上是開放的，所以直接套用德國或美國的憲法釋義學架構，不但會升高憲法體系的內部緊張，也會模糊國家發展方向[37]。

筆者認為，上述的疑慮固然有其根據，但是也建立在一些有待證成的前提上。首先是，憲法的二元「開放型」／「封閉型」區分是否能適用在憲法釋義學的建構上，是個值得推敲的問題，這類屬於「一般國家學」（Allgemeine Staatslehre）的論點，用來做憲法型態學的研究當有其合目的性，但是要據此來為實證憲法的性質作定位，並根據此種憲法性質的差異──「開放型」或「封閉型」──來一般性的否定外國憲法釋義學架構的繼受可能性，就需要更多的論證了。

其次是，雖然我國憲法的確設有第十三章「基本國策」，共分「國防」、「外交」、「國民經濟」、「社會安全」、「教育文化」、「邊疆地區」六節，而有三十三個條文，但是這類被認為仿效自德國威瑪憲法的條文，其拘束力向有爭議[38]。其實，在德國威瑪憲法中，即使是基本權利規定的效力也都有爭論，當時的通說認為即使是基本權利的規定也不能拘束立法者[39]，更何況其他效力程度更低的憲法規定，有時還會被認為是根本不具拘束性的「方針規定」（Programmsatz）。即使因為德國威瑪憲法具有大量的社會性內涵，而可歸類為「封閉型」憲法，但是根據針對其各種憲法規範拘束力的簡短回顧，即可發現，從一般國家學的類型化觀點，無法提供有力的理由

---

[37] 蘇永欽，前揭（註3）文，頁745。

[38] 蘇永欽，前揭（註7）文，頁155，註50所引文獻。

[39] *E. Denninger*, in . Denninger u. a. (Hrsg.), Kommentar zum Grundgesetz für die Bundesrepublik Deutschland, Bd. 1, 3. Aufl., 2002. vor Art. 1 Rdnr. 5.

支持憲法釋義學應朝向某種封閉型的架構發展。事實上，威瑪憲法第二部分的許多規定，試圖調和各種對立的政治思潮，在當時引起諸多批評，甚至被認為是「法律上無意義的方針規定」[40]。

　　即使不認為我國的基本國策皆是不具拘束性的「方針規定」，是否可以僅僅因為憲法中制定有「基本國策」章，就認定我國憲法是具有國家發展方向的「封閉型」憲法？不無疑問，因為如此一來已經將基本國策的規範性質提高到與其他重要憲法規範（基本權利規定、國家機關的組織與權限規定）相提並論的地位，即使在規範性上也待商榷。因為僅僅從基本國策具有賦予國家作為義務的外型，並不能直接推論，基本國策就具有與賦予國家不作為義務外型的基本權利規定相類似的拘束強度。此外，倘使要斷定基本國策規定的效力如同或類似於基本權利規定，在體系解釋上也會遭到質疑：那些與某些基本權利相關的基本國策規定，尤其是看似具有賦予人民給付請求權外型的規定，為何不直接規定在基本權利章，而是另以一章訂之？其實，單是就各個基本國策規定的陳述形式，就必須對其規範性質採取不同的定位方式。

　　在比較憲法上，「國家目標規定」（Staatszielbestimmung）[41]雖然被承認對立法者具有拘束力，但是立法者採取何種手段來達成此目標，立法者依何種程度來達成此目標等等問題，大多屬於立法者的形成自由，即使是關於該「國家目標」的解釋，立法者也享有一定程

---

[40] 這是德國威瑪時期著名法學家Hans Nawiasky，1927年在德國公法學者年會(VVDStRL)上所提出的看法，轉引自*H. Schneider*, Die Reichsverfassung vom 11. August 1919, in: Isensee/ Kirchhof (Hrsg.), Handbuch des Staatsrechts, Bd. 1, 2 Aufl. 1995, S. 106.

[41] 「國家目標規定」大致可定義為：「具有法拘束力的憲法規範，規範內容為要求國家要持續的遵守或履行該規定所描述的特定實質任務」，參閱P. Badura, Arten der Verfassungsrechtssätze, in: Isensee/ Kirchhof (Hrsg.), Handbuch des Staatsrechts, Bd. VII, 1992, S. 41.

度的判斷空間[42]，何況整體而言更不具拘束性的基本國策規定。究極言之，憲法規範的種類，固然有更深入研究的空間與必要性，然而要基於憲法規範種類的不同類型，來推論其「整合」的必要性，或許還需要更多的論證才能支持。

此外，「國家發展方向」與「封閉性」等概念的用法，都不適合被絕對化或二元化，因為兩者所涉及的都是程度的問題，當我們一方面不能否認制憲者在憲法中安置「基本國策」章，有其引導「國家發展方向」企圖時，另一方面也必須承認，這些在各個領域的「方向」不但也有其模糊性，而且也可能與憲法的其他部分相互矛盾，因此要據此來界定我國憲法的「封閉性」更有其困難。既然關於基本國策的拘束力有所爭論，要求基本國策與基本權利之間必須做整合，在規範性上就不無問題，除非整合的意思是指將其整合入基本權利之中。

最後，倘使再考慮基本國策制定的時空背景與今日台灣的社會現實已大相逕庭，除了在規範性的面向，中華民國憲法早已歷經了「特殊的憲法變遷」，而必須考慮五十多年來台灣人民的自決實踐之外，即使在事實性的面向，作為憲法規範對象的各個社會領域，無論是經濟體制、社會福利制度、教育制度，也早已產生巨大的變遷，即使是關於少數民族，台灣的原住民政策問題，都與中華民國憲法制定當初所設想的規制對象有所不同。諸如此類由憲法規範領域回饋給憲法規範的影響，不但是建構憲法釋義學時必須重視的因素，也會影響對於基本國策規定拘束力強弱的詮釋，因此，當「部門憲法論述」強調以「部門」作為整合憲法規範的關鍵機制時，也必須處理來自憲法基本國策規定的規範性部門概念與來自社會現實的事實性部門概念之間的

[42] 同上註。

可能矛盾。

2. 基本權利與憲法原則的優先性

　　雖然解釋基本權利時，常常將目光移至基本國策的相關規定，不但是憲法解釋的詮釋循環，也是憲法體系性要求的具體實現，但是這種憲法解釋的循環性與特定規範性質的承認無法相提並論，即使要在基本權利規定與基本國策之間取得某種程度的「整合」，也必須正視基本權利規定的效力優先性。在建構「部門憲法論述」時，倘使基本國策規定要扮演特定角色而具有憲法解釋上的參考價值，最好是通過某些憲法原則的中介，以這些憲法原則為其拘束性的基礎，當然，要捨棄某些憲法文本所明示或暗示的政治意識形態（例如各種主義）[43]，而去建構一組合乎現實條件又具價值內涵的憲法原則，並不容易。事實上，在解釋憲法時常常必須直接或間接的回溯到「憲法理論」，因為「憲法理論」常常構成解釋者的「前理解」，而有所謂的詮釋循環現象的存在。即使在正當化（Rechtfertigung）的層面，我們也可以發現，某種正當化的循環是不可避免的，一方面，憲法解釋想要在憲法理論上找到主導解釋的觀點或是正當化解釋的依據，另一方面，憲法理論也必須透過對於憲法條文或原理原則的解釋，來正當化其自身，成為「合憲的憲法理論」（verfassungsmäßige Ver-

---

[43] 是否可以將特定政黨的特定政治主張當作是憲法所蘊含的理論，也是過去「五權憲法派」與「三權憲法派」的爭論重點之一，由於憲法的制定過程本身就是多方政治妥協的過程，要把其中一方所主張的政治意識形態來當作憲法背後的理論基礎，在論理上並不具說服力，也不符合制憲過程所體現的民主理念，何況妥協的標的，亦即憲法條文，才是參與各方爭執與妥協的重點；此外，在制憲過程中被制定的亦非某種主義，而是具體展現在文本上的文字。這些都說明了，要回溯到所謂的「制憲者原意」，必須十分的謹慎，否則容易陷入循環論證，以對有爭論命題的肯定回答來當作推論的前提。關於中華民國憲法的制憲史，參閱荊知仁，《中國立憲史》，1984年11月，第15與第16章。

fassungstheorie）[44]。雖然透過兩者的循環可以獲得較高的憲法解釋「融貫性」（coherence），提高憲法解釋的說服力，但是關於爭論中何者才是「合憲的憲法理論」，卻無法透過此方式解決。

　　由於憲法實務上，大法官解釋已經累積超過六百九十號，憲法學術上，也有大量的外國憲法理論與釋義學可供參考，即使表面上看起來似乎有點「混亂」，但是從發展憲法釋義學的觀點來看，憲法釋義學的（典範）多樣性不一定是個缺點，尤其是當憲法文本與社會現實的差距過大時，想要再藉著太過貼近憲法文本的憲法釋義學來穩定化憲法變遷，恐怕會有適得其反的效果。如果憲法文本與社會現實的差距過大，而要去調適規範與所規範事實之間的距離，要藉由解釋將新的社會事實吸納入規範內涵，則不同的外國憲法釋義學典範，在解釋條文組織鬆散、概念抽象而不確定的憲法時，也可以作為具體化憲法規範意旨的中介──可以是相互競爭的中介，這個過程並非單純的「臨摹」外國憲法釋義學，而是不斷循環於文本、釋義學與規範領域之間的詮釋過程。

　　倘若不以基本國策規定為建構「部門憲法」的依據，而是以基本權利與憲法原則為起點，而對基本國策規定採取較消極的態度，僅在與前二者有聯繫的情況下，才將其納入考慮，則對於憲法釋義學現況，就不會有「水平的憲法內部衝突」[45]的判斷，而會比較同意沿著「大法官人權釋義學」的既有成果，來建構內部較為一致的憲法釋義學，如此一來，即使是如目前的做法一樣，去制定各種法律位階的

---

[44] 關於此概念，參閱*E-W. Böckenförde*, Die Methoden der Verfassungsinterpretation - Bestandsaufnahme und Kritik,; in: ders., Staat, Verfassung, Demokratie. Studien zur Verfassungstheorie und zum Verfassungsrecht, 1991, S. 83 ff.

[45] 蘇永欽，前揭（註3）文，頁747。

「基本法」，也不會產生「垂直的憲法與一般法制的衝突」[46]。這樣做的優點在於，將六十多年來憲法解釋的經驗，尤其是近十幾年來基本權解釋與基本權具體化的實踐，當作建構憲法釋義學的礎石，不但可以將許多規範領域的要素納入考慮，使得憲法文本的「形式」可以與其規範領域的「實質」相互補充，而且藉由對過去憲法解釋經驗的批判性整理，也有助於憲法解釋的穩定化，最終則有助於憲法變遷的穩定化。反過來我們也可以問，如果法的功能在於穩定「規範性期待」（normative Erwartungen）[47]，那麼事實上存在於目前台灣社會的這些「規範性期待」，比較貼近於數十年來的憲法解釋經驗，還是比較貼近於憲法中制定於六十幾年前，不但其拘束性有所爭議，而且始終沒多少機會實現的基本國策規定？

3. 認真對待規範領域的變遷

　　為何建構憲法釋義學時，納入幾十年來台灣社會的基本權解釋與基本權實踐，可以同時將許多規範領域的要素涵括進去呢？因為基本權解釋即是基本權「具體化」（Grundrechtskonkretisierung）的過程[48]，也就是透過規範綱領（Normprogramm）與規範領域之間的不斷循環來相互確定的過程，由於一個基本權解釋必然包含其「規範領域的分析」（Normbereichanalyse），解釋的結果自然會將這樣的規範領域分析帶入。蘇教授雖然指出，憲法釋義學似乎有與憲法文本越來越疏離的情形[49]，但是另一面是，憲法釋義學（規範具體化）與社

---

[46] 蘇永欽，前揭（註3）文，頁747。

[47] *N. Luhmann*,（見註25），131 ff.。「規範性期待」的意義是說，當人們期望落空時，該期待仍然會被維持。

[48] *F. Müller*,（見註35），S. 168 ff.

[49] 蘇永欽，前揭（註3）文，頁745。

會現實（規範領域）必然拉近，所以「大法官人權釋義學」不但不會成為「部門憲法論述」的阻礙，反而會扮演重要角色。因此在強調正視憲法文本的同時，也應該同等強調正視體現著憲法具體化的大法官解釋，正視不意味著全盤接受其解釋結果，而是正視大法官解釋在建構憲法釋義學時的方法論角色，對於大法官的憲法論證與解釋結果，毋寧是要採取批判揀擇的態度，在這方面，憲法學界近幾年來的努力也是有目共睹的。

　　如果以上所述可以成立的話，筆者以為「部門憲法論述」可以將發展的重點，置於加強憲法規範與規範領域兩個層面之間的相互參照，而非與憲法的「第三種結構」的整合問題上，其實這也符合「部門憲法論述」所強調的：「從實存秩序切入，去認識整理該秩序的根本、最高與結構規範，而不是從規範本身切入，去做體系化的工作[50]。」然而在此前提下，要展開「部門憲法論述」仍有下述的問題必須解決，首先是，要採取何種憲法概念才能符合「從實存秩序切入」的出發點？其次是，在正視「實存秩序」的同時，如何將其帶入憲法規範的闡釋與「具體化」之中，而同時不會混淆「應然」與「實然」（或規範與規範領域）兩個層面？「部門憲法論述」所預設的社會理論是否適當？對於憲法（法律體系）與社會（其他社會體系）的關係的假設是否正確？

---

[50] 蘇永欽，前揭（註3）文，頁759。

三、「部門憲法論述」的邏輯

（一）「部門憲法論述」的憲法概念

　　蘇教授在討論「部門憲法論述」應採取何種憲法概念時，認為如果採取實質憲法概念，「將會破壞特別修憲機關與修憲程序所嚴格要區分的法律位階」，因此必須採用形式意義的憲法作為「部門憲法」的法源，形式意義的憲法在蘇教授的主張中，則包含憲法條文、「屬於憲法先期理解的少數法律原則」、「具有憲法位階的大法官解釋」以及「憲政慣例」[51]。

　　筆者贊同在發展「部門憲法論述」時採取形式意義的憲法概念，惟認為必須區分兩個層面：作為解釋對象的憲法與對憲法所進行的解釋。憲法解釋的對象既然是形式意義的憲法，則應嚴格限制從屬於憲法概念之規範的範圍，因此在探討何者屬於憲法「前理解」的法律原則或憲政慣例時，應該要嚴守憲政主義的標準，而不是以「存在」（實然）來決定「當為」（應然），舉例言之，雖然憲法第3條只規定「具有中華民國國籍者為中華民國民」，而中華民國憲法制定當時的國籍法採取「血統主義」為原則，但是依此要主張「血統主義原則」為「屬於憲法先期理解的少數法律原則」，因此是形式意義憲法的一部分，立法者不得變更[52]，則是將解釋問題簡化為定義問題。制憲者在制定憲法時，固然對於許多使用的概念或其所蘊含的原則未加定義，但是此類概念或其所蘊含的原則在當時以法律規定形式存在的事實本身，並無法作為該概念或該原則屬於形式意義憲法的充分論

---

[51] 蘇永欽，前揭（註3）文，頁758。
[52] 蘇永欽，前揭（註3）文，頁755。

據，反而在憲法制定之後，基於憲法效力的最高性，這些概念或原則的合憲性還有被檢驗的可能。即使是合憲的概念或原則，在規範模態上，也還可區分「憲法所要求」與「憲法所容許」兩種，因此無法從「憲法所禁止」的否定來推論「憲法所要求」。為了避免概念上的混淆，筆者建議將「屬於憲法先期理解的少數法律原則」改為「憲法所明示或蘊含的憲法原則」，或簡稱為「憲法原則」亦可。

至於大法官解釋的效力，則不應定性在憲法位階，雖然大法官釋字第405號解釋在解釋理由書中提及：「是司法院大法官依司法院大法官審理案件法之規定，就憲法所為之解釋，不問其係闡明憲法之真義、解決適用憲法之爭議、抑或審查法律是否違憲，均有拘束全國各機關及人民之效力，業經本院釋字第185號解釋在案。立法院行使立法權時，雖有相當廣泛之自由形成空間，但不得逾越憲法規定及司法院所為之憲法解釋，自不待言。」但是此種「拘束全國各機關及人民之效力」仍屬法律效力，而非憲法效力，這是採取形式意義憲法概念的必然後果。大法官解釋是權威解釋中具有最高及最終效力者，但是在概念上，無論如何都只是對於憲法的解釋而已，不應與其解釋的對象相混淆。

「憲政慣例」的意義可以簡單定義為：原本並非憲法所規定，然而客觀上，在憲政上已經反覆之實踐，在主觀上，又被確信為具有憲法之效力者。「憲政慣例」本身是否可歸類為形式意義的憲法，亦即必須由特別的修憲機關經特別的修憲程序才能修改，並非毫無疑義。此外，要如何判斷一個的憲政上的習慣是「憲法慣例」亦非易事，首先，要多少次或多長期間的實踐才符合憲政上反覆實踐的標準，就會產生爭論；其次，是否有主觀上的確信也是見仁見智的事，我們更可以問，是誰的主觀才算數？此外，有時「憲政慣例」並非補充憲法規

定的不足，還有可能違反憲法明示的規定，而成為違反憲法的「憲政慣例」，此時即必須面臨有無違憲的審查。因此，即使承認「憲政慣例」可以歸屬於形式意義憲法的一環，也必須謹慎使用此概念，主張某慣行屬於「憲法慣例」者應負論證義務，尤其要注意如果「憲法慣例」是屬於「憲法所禁止」者，則不但不應被列入形式意義憲法之列，還必須正視其違憲的可能性，如果是屬於「憲法所要求」與「憲法所容許」兩種情形，則根據不同情況會有不同程度的說理要求。

　　為了認真對待憲法的規範性，而採取形式意義的憲法概念，以嚴格限定規範性憲法的範圍，但是作為憲法釋義學的一環的「部門憲法論述」，卻不會因此被綁手綁腳，這是因為我們已經區分憲法與憲法解釋兩個層面，作為憲法的解釋，尤其要從規範領域汲取養分，自然就不必再拘泥於形式意義的憲法，畢竟概念抽象、條文片段的憲法文本只是個憲法具體化的出發點——當然是有拘束性的出發點，在具體化的過程中則可以從多方得到論證的資源，前述的「屬於憲法先期理解的少數法律原則」、「大法官解釋」以及「憲政慣例」也都包含在內。

　　將探討的重點從憲法的層面轉移到憲法的解釋層面時，還可以緩解「形式憲法」與「實質憲法」的緊張關係，將原屬法律層次卻具有原則重要性的法律納入考慮，這有幾個理由。首先是，相較於憲法，法律與社會現實的關係較接近，也更能迅速的反應社會的變遷，其次是，憲法規定大多綱舉目張，因此有待具體化的空間很大，在「憲法所要求」與「憲法所容許」的情形，立法者皆可以行使其形成自由（Gestaltungsfreiheit），充實相關領域的規範空間，形成一個以部門為範圍的規範體，在此意義上，法律讓憲法的意義更加明確，這也

是學者提出「符合法律的憲法解釋」概念的正確涵義[53]。

比較棘手的情形是，如果法律層次的規定與憲法相牴觸，則該如何處理？筆者認為，必須先避免立即採取「合憲／違憲」的方式處理，因為現在所涉及的並不是單純法效力位階的問題，而主要是憲法解釋與具體化的問題，所以要依不同情形而為不同的處理。例如考慮：法律所牴觸的憲法規定屬於何種性質的規範，是基本權利、憲法原則、政府的組織與權限或其他屬於國家任務的規範？法律與憲法的牴觸情形如何？要採取何種程度的標準來確定有無牴觸[54]？有無「合憲性解釋」的可能？這些觀點都有可能緩和法律與憲法可能的緊張關係。可以考慮的還有：法律或是憲法與其規範領域的實存結構較能相容？如果不僅法律規定，連實存秩序都與憲法所要求者相違背，就必須考慮憲法規範是否已喪失其實效基礎？如果所涉及者是社會（次）系統，則違反其內部邏輯的要求是不可能實現的，採取強硬的調控態度，倘若不是失敗就是有可能會造成該系統無法解決的問題，甚至會摧毀該系統。

（二）「部門憲法論述」的方法

依筆者之見，「部門憲法論述」的方法論必須涵括下列兩個面向，首先是規範與規範領域如何相互指涉，其次是部門要如何選擇、分類與「部門秩序」要如何建構。

---

[53] 吳庚，《憲法的解釋與適用》，頁592以下（2003年9月修訂版）。

[54] 德國的「功能－法觀點」（funktionell-rechtlicher Ansatz）於此似乎有參考價值，關於「功能－法觀點」的簡介，可參閱許宗力，〈比例原則與法規違憲審查〉，收錄於《戰鬥的法律人——林山田教授退休祝賀論文集》，214頁以下（2004年1月）。

1. 規範與規範領域的「詮釋循環」

　　針對第一個面向，筆者歸納蘇教授的主張如下：

　　「從實存秩序切入，去認識整理該秩序的根本、最高與結構規範，而不是從規範本身切入，去做體系化的工作[55]」「作為一種結構法……更需要對應於實存的結構去作解釋，而從部門切入進行的憲法釋義，即可使整個憲法的規範體系更準確的對應於所規範的社會[56]。」

　　此外，蘇教授並引述德國法學家Friedrich Müller的論點，主張：

　　「所有基本權規範都是『建立在事實上的秩序模式』（sachge-prägte Ordnungsmodelle），分別反映、吸納了社會現實的特定部分，經由部門整體的詮釋循環，規範領域所發生的變化即可導引規範內涵的改變，使憲法可以因時適變，跟上各社會部門的發展[57]。」

　　筆者認為憲法解釋或憲法的「具體化」，在過程上的確存在著「詮釋循環」，亦即解釋者的目光會在規範文本與規範領域之間不斷來回的游移，事實上，這個觀點早在二十世紀60年代，H.-G. Ga-damer的哲學詮釋學開始影響德國法學界之前，即由德國著名法學家Karl Engisch在二次大戰之前所提出：「法律與生活事實之間的目光來回」[58]。Martin Kriele在1967年更具體的將其以下述方式表達出來：法律人在聽取生活事實的糾紛時會形成規範假設，由於這些規範

---

[55] 蘇永欽，前揭（註3）文，頁759。
[56] 蘇永欽，前揭（註3）文，頁764。
[57] 蘇永欽，前揭（註3）文，頁764。
[58] *K. Engisch*, Logischen Studien zur Gesetzesanwendung, 2. Aufl., 1960. S. 14 f. （轉引自 *M. Kriele*, Theorie der Rechtsgewinnung, 2. Aufl., 1976, S. 161.）

假設，法律人才知道他應該翻閱那些法律並尋找該法律的那一部分。翻閱法條時他會考慮系爭事實是否與法條相關。法律思維的第二步無法在時間上與上述過程清楚區分：就是法律人在法律上檢視他認為明顯是重要的法規範假設，如果該假設無法確認為可靠，就要予以修正，這就涉及一個或多或少在方法上已確定的實驗，亦即往返於法律與生活事實之間的目光。一旦法律人發現法條與他所形成的構成要件相符，而且該法條的適用並不因一個持續對其設限的判決而成問題，他就可以直接涵攝了。要是法律人無法發現與他形成的規範假設相符的法條，而是發現相似的法條或是在某種情況下透過解釋可以涵蓋該規範假設的一般條款，他就要問，實證法秩序有無包含該規範假設？於是法律人就要參考註釋書、判決彙編、判決索引或最高法院的判例[59]。

　　除了上述法律實務操作恆常存在的「詮釋循環」之外，在法學建構的過程當中也可以發現「詮釋循環」。德國法學家Friedrich Müller將解釋的過程定性為「具體化」（Konkretisierung），是一個由規範文本（Normtext）出發，擷取生活事實中的相關資料，而不斷往返於規範綱領（Normprogramm）與規範領域的循環過程，法規範則是此過程的中間結果──規範綱領與規範領域兩者的綜合[60]。這樣的說法固然有其深邃的洞視，擺脫法律解釋適用過程是單純「涵攝」（Subsumtion）的誤解，但是這種「詮釋循環」的說法到底是單純的事實描述與分析，還是也具有應然（Sollen）的意義，不無疑問。對此，最早提出「往返於規範與事實之目光」的Karl Engisch，即嚴

---

[59] *M. Kriele*,（見註58），S. 161 f.

[60] 以「具體化」來取代「解釋」的詳細闡釋，參閱*F. Müller*,（見註35），S. 168 ff.。關於其方法論的介紹參閱張嘉尹，《憲法解釋理論之研究》，台大法研所碩士論文，1992年，第十章。

格區分應然與實然（Sein），認為不應因此而混淆規範與事實的層面。試想如果規範與所欲規範的對象竟然相互混同，那麼規範要如何發揮其作為行為標準的意義呢？如果憲法與其規範領域竟然可以相互混同，那麼採取形式意義憲法概念也會失去其維繫憲法規範性的意義。所以主要的問題就是，在承認規範與規範領域相互區分的前提下，要如何去解釋與說明何謂兩者的綜合？具體言之，「部門憲法論述」的方法是要「從實存秩序切入，去認識整理該秩序的根本、最高與結構規範」，但是得出該實存秩序的結構規範之後呢？接著要讓憲法規範與此「實存秩序的結構（規範？）」產生何種關係呢？要是憲法規範的內容剛好與其相矛盾時要如何處理呢？要認同Georg Jellinek所主張的「事實的規範力」而讓這種「違憲的憲政現實」（verfassungswidrige Verfassungswirklichkeit）具有優先性嗎？或是相反的，要宣告這種「實存秩序的結構」的違憲性呢？這些都是「部門憲法論述」必須面對與回答的問題！換個角度看，這些問題也都是一般在處理「憲法變遷」（Verfassungswandel）時所會遭遇的問題。

　　筆者認為，在概念上與論證上，應然與實然、法規範與規範對象（規範領域）的嚴格區分，憲法與實存結構之間的強烈緊張關係，並不是沒有緩解的餘地，即使是著眼於憲法的規範性，仍然可以發現憲法得以發揮其規範效力並不是無條件的，至少有些條件可以減輕上述的緊張關係。首先，憲法的意義必須明確化，但是憲法在語言上卻常常是不精確的，所以憲法需要「具體化」的過程，這意味著「規範領域分析」扮演著憲法具體化的必要角色，在某些基本權規範的解釋上，「社會的自我解釋」甚至是確定其構成要件的必要條件，例如要了解「藝術自由」的意義，就必須求諸同一個時代中藝術社群的自我理解；其次，昧於社會現實的憲法，最終將失去其發揮規範效力的基

礎，一個與實存秩序悖離甚遠的憲法規範，或許只能束諸高閣而成為所謂「名義性憲法」（Nominalistische Verfassung）[61]，尤其是，如果部門恰好指的是具有自主性的社會領域（社會次體系），如果憲法的任務只是想辦法去導引它，而不是去瓦解它，那麼就更需尊重其「實存秩序」的「邏輯」。雖然這樣的說明已經緩解兩個層面的緊張，卻仍沒有得出如何一般性的處理兩者關係的方法。換句話說，如果納入規範領域的知識有助於憲法發揮其規範效力，則在理論層面要如何「納入」這類對於事實領域的研究，是「部門憲法論述」無可迴避的問題。

　　筆者在過去的研究中曾指出，憲法解釋皆預設了某種特定的憲法理論，憲法理論作為憲法釋義學的後設理論，並不直接得出憲法解釋的結果，而是作為憲法解釋的引導性觀點與其正當化的理據，欠缺憲法理論的思維，憲法解釋則必須面對高度抽象又片段的憲法條文，常常無法得到比較確定的結果，憲法理論兼具規範性與事實導向性，因此與「結果考量」的思維也緊密相關。一方面，憲法理論的建構常須納入「結果考量」，以保有其實用性；另一方面，「結果考量」也需要憲法理論作為其參考架構，以免漫無邊際的缺乏事實——「社會模型」——導向以及規範導向[62]。這種「憲法解釋——憲法理論——

---

[61] 著名的法政學者Karl Löwenstein將憲法分為三種類型：「規範性憲法」（die normative Verfassung）、「名義性憲法」（die norminalistische Verfassung）與「語意性憲法」（die semantische Verfassung），「規範性憲法」意指，憲法的規範可以主導政治過程，或政治過程會去適應憲法規範，並屈服於憲法之下；「名義性憲法」意謂，雖然憲法的法律效力沒有問題，但是政治過程並不依照憲法進行，所以從現實觀點看來，憲法並不真正存在；「語意性憲法」意味著，雖然憲法事實上完全的被適用，但是憲法只不過是把現存的政治權力關係明文化，而且完全是掌握國家機器的權力擁有者的工具而已，參閱K. Löwenstein, Verfassungslehre, 1969, S. 152 f.。

[62] 詳請參閱張嘉尹，〈憲法解釋、憲法理論與「結果考量」——憲法解釋方法論的問題〉，

『結果考量』」的相互關聯，為事實領域研究結果的採用，提供了兩個可能的切入點，首先是在憲法理論層面提供其建構「社會模型」所需的事實資料，其次是作「結果考量」時，提供憲法解釋可能造成社會後果的評估與預測。上述研究成果能否也適用在「部門憲法論述」上，則有待更具體研究時方能確定。

2. 部門的劃分與其結構的認識

針對部門的形成，蘇教授主張：

「作為一種部門，憲法有哪些規定可以開發出有意義的規範內涵，便需要先對其獨特的運作規律及生態，作較為整體的觀察[63]」「問題是實存的秩序，要如何劃定，有什麼理論基礎……借用他（Talcott Parsons）的功能典範……決定部門存在的是客觀的體系需求和多數人主觀的認知[64]」「部門的存在反映社會的需求，社會的需求則反映大環境的變遷，所以部門憲法該有幾個，只能在一定階段去觀察分析，隨著社會的改變數目是會增減的[65]」。

雖然「部門」是憲法釋義學的概念，然而由於「部門憲法論述」要從實存秩序切入，去發現其根本結構，因此部門的形成標準首先就必須訴諸於規範領域的結構（規範），而非從憲法著手劃分部門，這樣的思路有其邏輯一貫性，但是無論「部門的存在反映社會的需求」或是「決定部門存在的是客觀的體系需求和多數人主觀的認知」卻都是很原則性的講法，欠缺一個較為明確而且在客觀上

《憲法解釋之理論與實務／第三輯》，頁1-32（2002年9月）。

[63] 蘇永欽，前揭（註3）文，頁760。
[64] 蘇永欽，前揭（註3）文，頁762。
[65] 蘇永欽，前揭（註3）文，頁763。

可以據以操作的標準。如果不以此原則性的說法為足，而求諸社會學的理論，則有必要探討哪一種社會學理論比較適當，可供「部門憲法論述」使用？對此，蘇教授似乎想採納美國社會學家Talcott Parsons所創的「結構功能論」為理論依據，尤其是其AGIL「四功能典範」[66]。姑且不論社會學的「結構功能論」的說服力是否一如往昔[67]，「部門憲法論述」關於部門的分類可否採用此理論，亦非毫無疑義。尤其是如果依慣常區分的部門做觀察，不少「部門憲法」的部門並不相應於社會（次）體系，例如「科技」、「環境」、「勞動」、「文化」、「社會福利」等等部門，更接近於憲法關於國家任務的規劃，而非自成一個實存秩序的社會領域，如此一來，即使採取特定的社會學理論，也很難為部門的劃分提供一個較為明確的標準，

---

[66] 蘇永欽，前揭（註3）文，頁762。

[67] 在社會學的發展當中，「結構功能論」雖然在二十世紀五零年代曾經紅極一時，但是卻也有不少遭致批評的缺點，例如（一）就認識論上：派氏是分析實在論，用概念的體系來反映真實世界，對他來說，系統的概念就反映著對象─社會實在的特質。這種觀點在認識論上的問題跟維也納學派的邏輯實證論或是羅素的邏輯原子論或是早期的維根斯坦類似，對語言與世界的對應關係，做了有問題的假設。（二）關於「功能」的看法：派氏的理論基本上認為所有的社會系統的維持都必須滿足AGIL四項功能：A(adaptation)（適應），G（goal attainment）（目標達成），I（integration）（整合），L（latency）（潛在模式），預設整體社會系統滿足這四項功能而有四個相應的功能部門─次系統，每個次系統也都必須滿足這四項功能，但是派氏先去發掘社會結構的存在，再去問什麼功能相應於此結構，這也是結構功能論這個名詞的來源─功能隨著結構而來，因而染上目的論的色彩，也被批評為保守主義─既然功能都是維持特定結構而來的，就會比較傾向維持現狀。總而言之，基本上以社會系統的維持作為出發點，就會傾向去探討必須滿足哪些功能，才能維持社會架構。（三）關於「社會」的看法：派氏主張社會系統具有一個有拘束性的，集體分享的價值與規範架構，文化系統具有主導性的地位，因此他的社會概念是規範性的。相對於此，Niklas Luhmann的系統理論被稱為「功能結構論」或「系統功能論」。他對於「功能」的看法與Parsons不同，認為「功能」是優先於「結構」的概念，而且不再使用AGIL的架構。由於以「功能分析」為優先，所以就不會先設定先天存在的AGIL功能來套在結構上，結構反而是為了滿足功能才發展的。「功能」是指解決問題的比較標準，而非先天的存在必要性，功能與結構之間的關係亦非一一對應，對於同一個問題的解決（功能）是可以去探討其功能對等項的，關於兩人理論的差異，參閱 *Georg Kneer/Armin Nassehi*, Niklas Luhmanns Theorie sozialer Systeme, S. 35 ff.

因為除了「經濟」、「宗教」、「教育」、「傳播」等領域之外，其他領域會被排除，如果這些領域在部門劃分時一開始就被排除，那麼就更難去討論其「實存秩序」或「結構（規範）」的認識與整理。如果不採取相對而言較為嚴謹的社會學理論，則部門的劃分恐怕就必須回到憲法規範本身，由其任務規劃著手，採取憲法釋義學的觀點，只有當部門剛好相應於社會（次）體系時，才納入社會學理論的觀點，以社會（次）系統來界定與研究部門。

　　至於其他非屬社會（次）系統的部門，還是會發生如何認識與整理非社會（次）體系之部門「實存秩序」與「結構（規範）」的問題。以「環境」部門為例，在概念上，「環境」（Umwelt）不屬於社會之中的任何一個社會（次）系統，所以無法將其當作系統來研究，以探討其獨特的操作方式與結構。根據Luhmann式系統理論的看法，環境是與系統相對的另一邊，「系統／環境」（System/Umwelt）是做觀察（Beobachtung）時所採用的一個獨特的區分（Unterscheidung）[68]，因此所有的系統都預設其環境的存在，每個社會（次）系統的環境都不一樣，但是一般討論到環保問題或生態問題時，所指的「環境」卻是自然環境，由於自然環境也不在社會系統之內，所以也可以包含在全社會的環境（Umwelt der Gesellschaft）之中，但是卻很難精確的定義與描述，當我們說面臨環境破壞的問題時，不但關於什麼是被破壞的「環境」取決於人類的科技知識，不同的社會（次）系統對於生態危害的認知與反應，也都有只能根據其自

---

[68] 關於「觀察」、「區分」作為系統理論的術語，可參閱張嘉尹，〈多元脈絡的觀察與社會一體的想像——一個系統理論的觀點〉，《思與言》第38卷第3期，頁48以下（2002年9月號）。

身的系統邏輯而受到很大的限制[69]，如果接受這種看法，那麼「部門憲法論述」在探討「環境」部門時，不是受困於多元分歧的觀察脈絡[70]，以致難以得到一套關於「環境」結構的一致性知識，就是會受限於所從屬的法律系統，到最後只能根據法律系統的二元符碼「法／不法」（Recht/Unrecht）來觀察環境破壞的事實。

基本上，環保問題是在二十世紀70年代才逐漸為大眾矚目，很難想像在此之前制定的中華民國憲法會有所著墨，即使是90年代制定的「中華民國憲法增修條文」，也只是在其第10條第2項簡單的規定「經濟及科學技術發展，應與環境及生態保護兼籌並顧。」姑不論此種基本國策式的規定拘束力如何，僅僅與目前種類與數量皆繁多的環保法規相較，即可知道此項規定不但內容空泛，而且也與社會現實（規範領域）相去甚遠，這也是「部門憲法論述」必須從「實存秩序」著手的理由之一，但是此處的「實存秩序」意義卻有所擴張，不再或不只是其規範領域，而是也包含法律甚至法規命令層次的各種法規。至此，憲法規範與規範領域的「詮釋循環」必須加入更多的面向：憲法與法規的「詮釋循環」以及法規與其規範領域的「詮釋循環」，而具有更複雜的結構。這個觀察還可以推而廣之，因為在建構「部門憲法論述」的時候，不僅在涉及非社會（次）系統的部門如此，在處理屬於社會（次）系統的部門時亦是如此，以「宗教憲法」為例，形式意義憲法僅有幾個相關條文：憲法第7條的「平等權」

---

[69] 參閱N. Luhmann, Ökologische Kommunikation. Kann die moderne Gesellschaft sich auf ökologische Gefährdungen einstellen? 3. A.一書的分析。（此書有中文翻譯：尼克拉斯‧魯曼(Niklas Luhmann)著，湯志傑、魯貴顯譯，《生態溝通──現代社會能應付生態危害嗎？》，2001年。）

[70] 關於現代社會具有多元脈絡「觀察」的問題，參閱張嘉尹，〈多元脈絡的觀察與社會一體的想像──一個系理論的觀點〉，頁64以下。

（不分宗教……在法律上一律平等）、憲法第13條「人民有信仰宗教的自由」，但是規範宗教組織的法規，則有現行的「監督寺廟條例」、「管理喇嘛寺廟條例」、「寺廟登記規則」等，目前處於立法階段的還有「宗教團體法」與「宗教法」，因此「部門憲法論述」可以透過現行法規及其修正草案，以理解現今宗教組織與活動遭遇的問題，並在憲法相關規定上在探求宗教自由與公共利益的界限，找尋建構「宗教憲法」的指導原則。

四、結　語

　　我國憲法釋義學雖然在解嚴後十幾年來蓬勃發展，但是政治歷史因素在憲法文本與憲法解釋之間所造成的脫節，卻形成重要條件，使得解嚴前傾向於憲法「理念學」的憲法釋義學，在解嚴後成為外國憲法理論與學說較勁的場所，有時明明是屬於我國憲法解釋的爭議，卻彷彿成為外國憲法釋義學的「代理人戰爭」。目前我國憲法學界對此的認識與反省與日俱增，對於「直接移植」外國學說的作法也逐漸採取質疑與批判的態度，正面的說，憲法釋義學現階段發展的「理性化」正以「本土化」為目標，「部門憲法論述」則是在此問題意識下所提出的解決對策之一。

　　本文從憲法釋義學後設理論的角度，對「部門憲法論述」作方法論的考察，檢討建構「部門憲法論述」的前提條件與方法理論。歸結言之，筆者發現「部門憲法論述」對於憲法釋義學的「功能」作了過高的期待，憲法釋義學基於其學科性質與所處的社會位置，除了協助憲法解釋與適用、提高憲法思維的體系性或融貫性之外，固然可以在社會變遷當中，調解憲法規範與社會現實之間的緊張或矛盾，但是

對於憲法解釋與憲法修改兩個層面的憲法變遷而言，卻無法扮演舉足輕重的角色。至於我國憲法釋義學脫離憲法文本的主因，筆者認為，並不是來自「直接移植」外國憲法學理與概念，而是受到長達四十年多年政治歷史因素制約而成，換句話說，憲法釋義學之所以脫離憲法文本，主要來自於憲法規範與現實政治的疏離，「直接移植」外國學理，既是解嚴前憲法學界針對政治現實的一個反映，在解嚴之後又扮演著「填補空檔」的角色，在現代憲政主義的大傳統下，有其某種程度的合理性[71]。

　　筆者與蘇永欽教授針對「部門憲法論述」的建立在觀點上最大不同之處，在於對「基本國策」所應扮演的角色有不同的認知。蘇教授認為「基本國策」屬於我國憲法的第三種結構，「基本國策」所直接或間接建立的「部門」，可以作為建構憲法釋義學的「體系化」載體，不但可以提高憲法不同種類規範間的「體系化」，也可以「整合」憲法規範與社會現實，建立足以反映規範領域特性的規範體系。筆者則認為，「部門憲法論述」不宜過度重視體系龐雜而且拘束性有別的「基本國策」，而宜以基本權利與憲法原則的關聯性作為引入「基本國策」規定的前提，如此一來，「憲法內部的水平衝突」就沒有設想中嚴重，反而是可以藉由既有憲法實務（「大法官人權釋義學」）的批判性重建，來拉近憲法規範與社會現實的差距，將「部門憲法論述」的發展重點，置於加強憲法規範與規範領域兩個層面之間的相互參照，而非與憲法的「第三種結構」的整合。質言之，引用蘇教授的話，筆者認為「從實存秩序切入，去認識整理該秩序的根本、

---

[71] 這也是長期研究比較憲法學的德國憲法學者Peter Häberle，主張「比較法」作為一種憲法解釋方法的理由所在。

最高與結構規範，而不是從規範本身切入，去做體系化的工作[72]。」才是「部門憲法論述」的活水源頭。

　　為了認真對待憲法的規範性，本文贊同在發展「部門憲法論述」時採取形式意義的憲法概念，惟認為必須區分兩個層面：作為解釋對象的憲法與對憲法所進行的解釋。一方面採取形式意義的憲法概念以嚴格限定規範性憲法的範圍，另一方面，作為憲法釋義學的一環的「部門憲法論述」，並不會因此自縛手腳，因為區分了憲法與憲法解釋兩個層面，所以概念抽象、條文片段的憲法文本只是對憲法解釋（具體化）具拘束性的出發點，在具體化的過程中則可由多方面得到論證資源，「屬於憲法先期理解的少數法律原則」、「大法官解釋」以及「憲政慣例」都包含在內。

　　在操作方法上，筆者認為「部門憲法論述」至少必須解決下列兩個問題，首先是規範與規範領域如何相互指涉，其次是部門要如何選擇、分類與「部門秩序」要如何建構。

　　針對第一個問題，筆者認為，憲法規範與實存結構之間的緊張關係可以透過下列方式來減輕：首先，以「具體化」的過程來明確化憲法的意義，所以「規範領域分析」就扮演著必要角色，有時則可透過「社會的自我解釋」來輔助；其次，如果所涉及的部門指的是具有自主性的社會領域，則憲法的任務只能是想辦法導引它，因此更應尊重實存秩序的邏輯。筆者承認，上述看法雖可緩解兩個層面的緊張，但是仍非一般性的處理兩者關係的方法，因此建立一個一般性的理論來處理憲法釋義學如何納入有關實存秩序的知識，是「部門憲法論述」更進一步發展時無可迴避的任務。

---

[72] 蘇永欽，前揭（註3）文，頁759。

　　針對第二個問題，筆者認為，部門的劃分一方面必須以憲法文本作為參考架構，另一方面則須納入社會學的既有的研究成果。筆者發現，雖然「部門憲法論述」十分重視憲法「基本國策」的規定，但是涉及部門劃分與建構的問題時，基於憲法基本國策規定而來的規範性部門概念與來自實存秩序的事實性部門概念之間可能會產生矛盾，而且實存秩序的部門劃分暨該部門的秩序建構，也必須仰賴所預設的社會學理論。雖然蘇永欽教授認為，發展自Talcott Parsons的「結構功能論」是較佳的選項，但是這樣的理論抉擇會遭遇下列問題，首先是該理論本身的缺點，其次是，部門的劃分在實際上將會產生疑義，因為不少「部門憲法」的部門並不相應於社會（次）體系，而是更接近憲法對於國家任務的規劃，倘若真的採取社會學理論的劃分方式，許多可能被歸類為部門的領域將會被排除在外，如果這些領域在部門劃分時就被排除，那麼就無法討論其「實存秩序」或「結構（規範）」的認識與整理。

5

Zur Rezeptionsfähigkeit der Verfassungsrechtsdog matik und ihrer Grenzen

■摘要 SUMMARY

1. 法繼受的現象包含法釋義學的繼受，法釋義學的繼受並非單純的移植，而是在特定條件下方可合理進行的解釋活動。

2. 憲法釋義學的主要任務雖在穩定憲法解釋，但是由於憲改的修改較諸一般法律難度高── 憲法不易修改，因此憲法釋義學必須維持一定程度的開放性以補其不足，尤其是當憲法所在的社會環境、政治環境變遷迅速時，更需要具較大開放性的憲法釋義學。

3. 法制定層面的憲法釋義學繼受屬於法繼受，是比較法學或法政策學的研究對象。

4. 法適用層面的憲法釋義學繼受可以置於律解釋論證的架構中來研究，以獲取其合理化的條件。在決定繼受憲法釋義學之時，我們可以先問：我國既有的憲法學概念與理論是否不足以解決既有問題？然後問：外國憲法釋義學所能提供的解決是否更合理（正確）？

5. 憲法解釋即是憲法具體化，主要影響因素有二：憲法概念與條文的文法特質所構成的具體化需求，系爭憲法爭議問題無法由既有

憲法解釋合理解決，其原因除了來自前者之外，亦可能基於作為憲法解釋對象的事實領域或作為憲法解釋前提條件的社會結構的變遷。

6. 從憲法解釋架構分析，憲法釋義學繼受的條件有四：憲法文本的相似性、憲法爭議問題的相似性、憲法解釋中的「比較法」與「法律政策」解釋因素（論證形式）以及憲法權力分立的具體安排，所導致的「法律政策」思維的界限。

7. 憲法文本的相似性是憲法釋義學繼受的基礎條件，欠缺文本的共同性或是相似性，則難以想像哪些外國憲法釋義學的概念或理論具有相關性，因為憲法釋義學是對憲法概念或條文解釋的結果，某個意義上其地位上總是附屬於實證法律的條文，因此也可說憲法文本是憲法釋義學繼受之門。

8. 待解決之憲法問題的相似性，則是另一個基礎條件，當係爭問題在本國既有的憲法文本中無法找到解決的根據時，如果可以判定屬於憲法漏洞，而且對於該漏洞的填補是正當的，亦即沒必要經由修憲或憲法增修的方式來解決，則外國憲法釋義學對於該問題的解決方式亦可參考，但是仍須留意憲法文本的差異性是否會阻止對該釋義學的繼受。

9. 前面兩個基礎條件亦是比較法學的研究對象，對於憲法釋義學的繼受而言，同等重要的是在法律論證結構中，「比較法」論證與「憲法政策」論證的連結。如果憲法文本具有相似性，則可探究，面對運用同樣條文來解決的案件，外國憲法釋義學可否提供另外的，而且更豐富、更切題的解釋可能性。如果是係爭憲法案件具有相似性，則可探究的是，外國憲法釋義學以何種方式、根據哪些條文來解決此問題？如此的解決方式與依據的條文，是否

在我國憲法釋義學中並未出現，而且是更恰當的解決方式，或是我國憲法雖然沒有類似條文，但是可以從條文的脈絡中「推導」出相似的原理，以解決問題。於此討論脈絡中似乎隱而未顯的是「憲法政策」的論證結論，「憲法政策」論證的比重與憲法文本在係爭案件的詮釋空間大小有關，越是無法透過慣常的解釋方式得到解決方案，則越顯的「憲法政策」論證的重要性。

10. 「憲法政策」論證即是「結果考量」論證。「結果考量」論證是否正當的法律論證形式，並非毫無爭議，然而隨著社會的複雜化，法院判決中的「結果考量」越來越不可避免，因此重要的不是爭論其存廢，而是標定其運用之界限。由於外國憲法釋義學的繼受，在於提供更豐富的憲法解釋或是更好的問題解決模式，因此在「比較法」論證之後，「結果考量」論證就成為決定繼受與否時的重要論證模式。

11. 為了不讓「結果考量」脫離憲法解釋的範圍，必須建立其與既存憲法的關聯，倘使憲法解釋仍以條文為其指涉點，則「結果考量」應該與該憲法規定的「目的」有連結關係，倘若憲法解釋與個別條文缺乏直接關聯，則應輔以憲法理論，作為「結果考量」的限定性以及理性化的因素。

關鍵詞

- 憲法釋義學
- 比較法
- 法繼受
- 法解釋
- 法適用
- 法政策
- 結果考量
- 憲法解釋
- 憲法具體化
- 憲法漏洞
- 憲法政策

I. Rezeption des ausländischen Rechts als Problem

Die Rezeption des ausländischen Rechts ist bei uns eine geschichtliche Wirklichkeit. Das gesamte Rechtssystem der Republik China (Taiwan) ist gewissermaßen aus dem Westen importiert, somit kann seine über 70 jährige Geschichte als eine Geschichte der Probleme der Rezeption betrachtet werden. Es versteht sich von selbst, dass die Wirksamkeit dieser importierten Gesetze nicht zu unterschätzen ist.

Eine reibungslose Durchsetzung der Gesetze bedarf entsprechender gesellschaftlicher, kultureller Bedingungen, wobei die sich aus der Rezeption ergebenden Nebenfolgen nicht unberücksichtigt bleiben können. Heutzutage, nach 70 Jahren, gibt es bessere Bedingungen für die Rezeption, weil sich die taiwanesische Gesellschaft modernisiert und sich der Grad der Gemeinsamkeit zwischen dem rezipierenden und rezipierten Rechtssystem erhöht hat. Außerdem kann die Problematik der Rezeption nun differenziert behandelt werden. Es ist nicht zu fragen, ob das westliche Recht rezipiert werden kann. Sinnvoll sind vielmehr die Fragen, ob dieses oder jenes Recht zu rezipieren ist, worin die Grenze der Rezeption liegt und was die Bedingungen für die Rezeption sind. Die Problematik der Rezeption des Rechts kann weitergehend differenziert werden, besonders Angesichts des zu rezipierenden Gegenstandes. Sowohl ausländisches Recht als auch ausländische Rechtsdogmatik sind Gegenstände der Rezeption.

II. Argumentative Rahmen für die Dogmatik-Rezeption

1. Unterscheidung zwischen Rechtsvergleichung und Dogmatik-Rezeption im Verfahren der Interpretation des Rechts

Seit langem werden Begriffe und Doktrinen des ausländischen Verfassungsrechts ohne hinreichende Begründung in der taiwanesischen Verfassungsrechtslehre rezipiert. Man bezieht sie einfach auf unsere Verfassung und benutzt sie in der Verfassungsinterpretation, als ob das selbstverständlich wäre. Diese Vorgehensweise wird auch von vielen beanstandet und kritisiert. Es spricht nichts gegen die Rezeption von ausländischer Verfassungsrechtsdogmatik als solcher, aber alles gegen die Rezeption ohne Begründung. Es geht nicht um die Absage an die der Rezeption überhaupt, sondern um die Klärung der Bedingungen für die Rezeption und um die Klärung ihrer Grenzen.

Begrifflich ist die Rezeption von der Rechtsvergleichung zu unterscheiden. Zwar hängen beide zusammen, aber das Ziel der Rezeption liegt in dem rationalen Transfer dogmatischer Begriffe und Doktrinen, während Rechtsvergleichung die Gemeinsamkeiten und Unterschiede zwischen dem Recht verschiedener Länder erkennen möchte. Die Rechtsvergleichung einschließlich der Vergleichung der Rechtsdogmatik ist deshalb eine wichtige Grundlage für die Rezeption, wenngleich sie die Rezeption nicht substituieren kann. Die Rezeption bedarf nicht nur der Erkennung der Gemeinsamkeit und Differenzen zwischen verschiedenen Rechtssystemen, sondern auch der Begründung dafür, warum die Dogmatik (dogmatische Begriffe, dogmatische Sätze oder dogmatische Theorie) zu rezipieren ist.

2. Dogmatik-Rezeption als Problem der externen Rechtfertigung der juristischen Argumentation

Aus der Sicht der Praxis können zwei Ebenen der Dogmatik-Rezeption unterschieden werden. Die erste Ebene befindet sich im Verfahren der Gesetzgebung. Auf diese Ebene wird Rechtsdogmatik zusammen mit dem betreffenden Recht rezipiert, so dass eine Unterscheidung der Rezeption des Rechts von der Dogmatik-Rezeption nicht sinnvoll zu sein scheint. Beide sind Gegenstand der Rechtsvergleichung und Rechtspolitik. Die zweite Ebene der Dogmatik-Rezeption besteht im Verfahren der Auslegung des Rechts. Das hier zu erörternde rationale Modell der Dogmatik-Rezeption befindet sich auf diese Ebene. Genauer gesagt, die Dogmatik-Rezeption ist als ein Moment der Verfassungskonkretisierung anzusehen. Angesichts der begrifflichen Offenheit oder der fragmentarischen Natur der Verfassungsrechtsbestimmung ist es nicht selten, dass eine verfassungsrechtliche Frage nicht allein durch die überlieferte Auslegung der Verfassung gelöst werden kann. Mit dem Auslegungselement "Rechtsvergleichung" wird eine neue und alternative Auslegungsvariante gefunden, die eine rationale Lösung für den betreffenden Fall darstellen kann. Ein einfacher Dogmatik-Transfer ist hier selbstverständlich nicht zu empfehlen. Vielmehr ist das Auslegungselement "Rechtsvergleichung" mit den anderen Auslegungselementen in Beziehung zu setzen, um die Rationalität der Rezeption zu begründen. Die Dogmatik-Rezeption ist damit als eine Frage der externen Rechtfertigung der juristischen Argumentation zu begreifen[1]. Bei der Feststellung der Rezeption wirken die anderen überlieferten Auslegungselemente weiterhin zusammen, die die Rezeptionsfähigkeit der Verfassungsrechtsdogmatik beschränken können. Angesichts der oben genannten grammatikalischen Eigenschaft der Verfassungsrechtsbestimmungen spielt die grammatikalische Auslegung zwar eine unwichtige Rolle bei der Verfassungsinterpretation. Der verfassungsrechtliche Wortlaut als äußere Grenze der Auslegung bleibt jedoch als eine regulative Idee unberührt. Ähnliche verfassungsrechtliche Begriffe sind zwar im Prinzip gleich zu behandeln. Sie können aber anders interpretiert werden, wenn sie in einem unterschiedlichen Zusammenhang oder in einer anderen Satzstruktur stehen.

---

[1] Nach geläufiger Auffassung wird in der Struktur der juristischen Begründung zwischen" interner Rechtfertigung" und" externer Rechtfertigung" differenziert. Die interne Rechtfertigung ist das, was üblicherweise als die Deduktion bezeichnet wird. Die externe Rechtfertigung bedeutet argumentative Rechtfertigung der bei der Deduktion verwendeten Prämissen. Der Terminologie nach kann man auch von dem Unterschied zwischen" first-order" und" second-order justification" oder dem zwischen" Hauptschema" und" Nebenschemata" sprechen. Vgl. Hans-Joachim Koch/Helmut Rüßmann, Juristische Begründungslehre. Eine Einführung in Grundprobleme der Rechtswissenschaft, 1982, S. 6; U. Neumann, Juristische Argumentationslehre, S. 80; Aulis Aarnio, The Rational as Reasonable. A Treatise on Legal Justification, 1987, S. 119 ff.; R. Alexy, Theorie der juristischen Argumentation, S. 273 ff.

Dies ist eine rationale Überlegung aufgrund der systematischen Interpreta-
tion und ist bei der Rezeption zu beachten. Da alle Verfassungsinterpretationen
in der Wirkungsgeschichte des Verfassungsverständnisses stehen, setzt die
konkrete Geschichtlichkeit des vefassungsrechtlichen Texts auch die Grenze für
eine Rezeption. Die teleologische Auslegung, die hier als Auslegungselement
"Rechtspolitik" auftritt, kann einen Anknüpfungspunkt für das Auslegungsele-
ment "Rechtsvergleichung" darstellen und einen argumentativen Rahmen für
die Feststellung der Rationalität der Dogmatik-Rezeption bilden.

III. Zur Begriffsbestimmung der Verfassungsrechtsdog-
matik im Verfahren der Dogmatik-Rezeption

Rechtsdogmatik ist ein mehrdeutiger Begriff. Unter der Voraussetzung der
Autorität und Verbindlichkeit des Gesetzes, ist jede Auslegung von rechtlichen
Texten eine dogmatische Beschäftigung. Ausgehend von einer internen Arbeit-
steilung zwischen Rechtswissenschaft und Rechtspraxis im Rechtssystem gehört
die Rechtsdogmatik dem Wesen nach zu der Rechtswissenschaft. Sie kann als
Lehre der Sinngehalte von Rechtsnormen definiert werden. Die Rechtsdogmatik
kann weiterhin auch als Mittel zur Vorbereitung und zur Nachbearbeitung der
Rechtsprechung betrachtet werden. Sie deutet die rechtlichen Texte, behandelt
sie im Zusammenhang und bildet die Systematik für jeden Bereich des Rechts.
Demgegenüber ist die Auslegung des Rechts im einzelfall die Aufgabe der Re-
chtsprechung. Die richterliche verbindliche Auslegung des Rechts, besonders
die der höchsten Gerichte und des Verfassungsgerichtes, ist zugleich Gegen-
stand der Rechtsdogmatik, die sie entweder in die Systematik integriert oder sie
kritisiert. Rechtsdogmatik i. e. S. steht in stetiger Interaktion mit der Rechtspre-
chung.

Die hier erörterte Rezeption ausländischer Verfassungsrechtsdogmatik
gehört zu Rechtsdogmatik in weiterem Sinne. Jede Auslegung des Verfassung-

srechts, sowohl durch das Verfassungsgericht selbst als auch durch die Verfassungsrechtslehre, gehört zur verfassungsrechtsdogmatischen Beschäftigung. Eine solche Art der Begriffsbestimmung ist zweckmäßig in der vorliegenden Arbeit, weil die Dogmatik-Rezeption in jeden denkbaren Ebene der Dogmatik geschieht. Die im ausländischen entwickelten juristischen Begriffe, Doktrinen und dogmatische Theorien sind Gegenstände der Rezeption. Außerdem wird heutzutage Rechtsdogmatik als Systematik eines gegebenen Rechtsstoffes nur selten im ganzen rezipiert, da der Rechtsanwendung der rezipierten Dogmatik eine Funktion der Ergänzung zukommt. Eine Differenzierung zwischen Rechtsprechung und Rechtsdogmatik i. e. S. scheint hier deshalb nicht notwendig zu sein.

IV. Bedingungen und Strukturen der Dogmatik-Rezeption im Verfassungsrecht

1. Vorbemerkung

Nach meiner Ansicht sind bei der Dogmatik-Rezeption mindestens vier Faktoren (Bedingungen oder Strukturen) zu beachten: die Ähnlichkeit der verfassungsrechtlichen Texte, die Ähnlichkeit der zu lösenden verfassungsrechtlichen Problematik, die Benutzung der argumentativen Struktur der Verfassungsrechtspolitik und die Beachtung der Gewaltenteilung als Grenze der Rezeption. Die Ähnlichkeit der Texte bildet die grundlegende Bedingung für die Einbeziehung der ausländischen Verfassungsrechtsdogmatik. Erst nachdem sie festgestellt wurde, kann man die Ähnlichkeit der betreffenden verfassungsrechtlichen Problematik prüfen. In einem dritten Schritt soll nach den Gründen für die Art und Weise gefragt werden, mit der die rezipierte Verfassungsrechtsdogmatik das Problem löst. Schließlich sollen die Gründe für die Übernahme der Problemlösung in der rezipierenden Dogmatik untersucht werden.

2.　Verfassungsrechtliche Texte als Grundlage der Dogmatik-Rezeption

Vorab muss klar sein, dass hermeneutisch gesehen die Rezeption des Rechts nicht nur auf der Ebene des rechtlichen Texts stattfindet, sondern auch auf der Ebene des Textverständnisses. Rezeption des Rechts schließt deswegen schon die Rezeption der Rechtsdogmatik ein, insbesondere wenn man die grammatische Eigenschaft der Verfassungsrechtsbestimmung, d.h. die Lapidarförmigkeit, die fragmentarische Natur und die Abstraktheit berücksichtigt. Daraus ergibt sich, dass die Rezeption des Verfassungsrechts immer die Rezeption der Verfassungsrechtsdogmatik oder der Verfassungstheorie einschließt. Die beiden Ebenen der Rezeption verschränken sich ineinander.

Für die Rezeption der Verfassungsrechtsdogmatik ist der verfassungsrechtliche Text der Ausgangspunkt. Die Gemeinsamkeiten oder Ähnlichkeiten der Texte rechtfertigen die Berücksichtigung und Einbeziehung rezipierter Dogmatik in der Rechtsanwendung. Aber ihre Berücksichtigung rechtfertigt alleine noch nicht ihre Rezeption.

Aus dem Textvergleich ergeben sich Gemeinsamkeiten oder Ähnlichkeiten der Texte, an der die Relevanz der zu rezipierenden Dogmatik zu messen ist. Dies hat auf allen drei Ebenen zu geschehen auf: der Ebene des Begriffs, des Rechtssatzes und der sich aus zusammenhängenden Rechtssätzen ergebenden Doktrinen. Auf der Ebene des Begriffs sind die Gemeinsamkeiten oder Ähnlichkeiten am leichtesten herauszufinden, insbesondere im Bereich der Grundrechte. Obgleich der Schutz eines bestimmten Grundrechts je nach der Staatsverfassung anders geregelt sein kann, bleibt der zu gewährleistende Gegenstand der Grundrechtsbestimmung im großen und ganzen derselbe. Die Relevanz der Dogmatik ist deshalb leicht in einem hohen Grad der begrifflichen Gemeinsamkeit zu erkennen. So ist der Sinngehalt der deutschen Forumlierung "Meinung zu äußern und zu verbreiten" der gleich wie der des englischen Begriffs "Speech" oder wie der des chinesischen Begriffs「言論」(auf deutsch "Meinungsäußerung"). Dies ist der erste Bezugspunkt für die Einbeziehung ausländischer Verfassungsrechtsdogmatik.

Da der verfassungsrechtliche Begriff in der Regel eine große Offenheit aufweist, spielt bei der Auslegung des Begriffs der Rechtssatz, in dem der Begriff steht, eine wichtige Rolle. Der Rechtssatz formuliert einen hermeneutischen Zusammenhang, bei dem der Sinngehalt des Begriffs gewissermaßen festgelegt werden kann. Manchmal ist die Bedeutung, die die Struktur des Rechtssatzes aufweist, entscheidend für die Auslegung und Anwendung des Begriffs im zu lösenden Fall. Nachdem die begriffliche Gemeinsamkeit festgestellt wurde, folgt als zweiter Schritt, der Vergleich der Rechtssätze, unter Beachtung ihrer Gemeinsamkeiten und ihrer Unterschiede. Da Dogmatik anhand der Rechtssätze gebildet wird, setzten die Unterschiede der Rechtssätze eine Grenze für Dogmatik-Rezeption. Art. 11 der Verfassung der Republik China (im folgenden: VdRC) lautet: "Jeder hat Meinungsäußerungsfreiheit." Art. 5 Abs. 1 GG lautet: "Jeder hat das Recht, seine Meinung in Wort, Schrift und Bild frei zu äußern und zu verbreiten." First Amendment of U. S.-American Constitution lautet: "Das Parlament soll kein Gesetz erlassen, nachdem die Freiheit des Sprechens verwirkt werden kann." Obwohl die Rechtssätze dem gleichen Zweck dienen, nämlich die Meinungsfreiheit zu gewährleisten, beinhalten sie drei verschiedene Formulierung. Aufgrund dieser Unterschiede kann die daran anknüpfende Dogmatik nicht gleich sein. Zur Frage, welches Verhalten in dem Schutzbereich dieses Grundrechts fällt, kann in den verschiedenen Verfassungen jeweils anders beantwortet sein. Wenn es sich aber um die hard cases handelt, die nicht durch normale Auslegung der betreffenden Grundrechtsbestimmungen gelöst werden können, dann ist die Berücksichtigung ausländischer Verfassungsrechtsdogmatik heuristisch. Manchmal können die Unterschiede der zu vergleichenden Rechtssätze relativ unwichtig sein, angesichts des gemeinsamen Zwecks der Grundrechtsbestimmungen.

Die dritte Ebene der Vergleiches ist die der Doktrinen, die sich oft aus einer Gruppe zusammenhängender Rechtssätze ergeben. Die Doktrin der Grundrechtsschranken ist ein Beispiel der dogmatischen Doktrin. Nach Art. 23 VdRC darf in die im 2. Kapitel der Verfassung aufgeführten Grundrechte nur insoweit durch Gesetz eingegriffen werden, als dies zur Abwehr einer Beeinträchtigung der Freiheiten anderer Personen, zur Behebung einer dringenden Krise, zur Aufrechterhaltung der gesellschaftlichen Ordnung oder zur Förderung des öffentlichen Interesses erforderlich ist. In der VdRC ist ein allgemeiner Gesetzesvorbehalt vorgesehen, so dass sich ein Grundrechtseingriff durch die Verwaltung auf eine gesetzliche Ermächtigung stützen muß. Dies gilt für fast alle Grundrechte in der VdRC, auch für das Grundrecht der Meinungsäußerungsfreiheit. Anders das Grundgesetz, welches den Gesetzesvorbehalt als Schranke für einzelne Grundrechte unterschiedlich regelt. Der Gesetzesvorbehalt kann einfacher oder qualifizierter Art sein. So sieht Art. 5 Abs. 2 GG vor: "Diese Rechte finden ihre Schranken in den Vorschriften der allgemeinen Gesetze, den gesetzlichen Bestimmungen zum Schutze der Jugend und in dem Recht der persönlichen Ehre." Im Vergleich dazu verbietet First Amendment of U. S.-American Constitution jeden gesetzlichen Eingriff in das Recht des Freedom of Speech. Bei der Auslegung einiger Schranken der Meinungsäußerungsfreiheit in der VdRC, namentlich zur Abwehr einer Beeinträchtigung der Freiheiten anderer Personen und zur Förderung des öffentlichen Interesses, können die Rechtfertigungsgründe des Art. 5 Abs. 2 GG herangezogen werden, weil Jugendschutz und Ehrenschutz konkreter als die angeführten Gründe in Art. 23 VdRC sind. Da es keinen entsprechenden Begriff des "allgemeinen Gesetzes" in Art. 23 VdRC gibt, wird die in der deutschen Verfassungsrechtsdogmatik entwickelte spezielle Lehre über das allgemeine Gesetz nicht rezipiert.

Anknüpfend an den allgemeinen Gesetzesvorbehalt legen die Hohen Richter des Justizyuans den Begriff "Gesetz" des Art. 23 VdRC sowohl im Sinne des vom Legislativyuan verabschiedeten und vom Staatspräsidenten verkündeten Gesetzes als auch im Sinne einer von der Verfassung oder einem Gesetz ermächtigten Rechtsverordnung aus. Sie führen zudem das in Art. 88 GG normierte Bestimmtheitsgebot der Ermächtigung ein, gewissermaßen als Korrectiv für den weit interpretierten allgemeinen Gesetzesvorbehalt des Art. 23 VdRC (Auslegung der Hohen Richter des Justizyuans Nr. 313, Nr. 380, Nr. 390, Nr. 394, Nr. 423, Nr. 426, Nr. 443, Nr. 454, Nr. 479, Nr. 488, Nr. 510, Nr. 514, Nr. 522) (Im folgenden: Auslegung). Die Hohen Richter behandeln das Bestimmtheitsgebot nicht als Rechtmäßigkeitsvoraussetzung des ermächtigenden Gesetzes, wie im GG vorgesehen, sondern umgekehrt als Rechtmäßigkeitsvoraussetzung der Rechtsverordnung, um zu prüfen, ob es der zu kontrollierenden Rechtsverordnung an einer gesetzlichen Ermächtigung fehlt.

Ein anderes Beispiel bietet die Auslegung des Begriffs "erforderlich" in Art. 23 VdRC von den Hohen Richtern des Justizyuans. Sie dehnen den Bedeutungsumfang dieses Begriffs aus und interpretieren ihn in ihren ständigen Auslegungen im Sinne des Grundsatzes der Verhältnismäßigkeit der deutschen Verfassungsrechtsdogmatik (Auslegung Nr. 436, Nr. 462, Nr. 471, Nr. 476, Nr. 485, Nr.507, Nr. 510, Nr. 515, Nr. 528). Der Grundsatz der Verhältnismäßigkeit wird dadurch ein Bestandteil des Sinngehalts von Art. 23 VdRC.

3. Gemeinsamkeiten und Unterschiede der verfassungsrechtlichen Texte als Einschränkung der Rezeption, dargestellt am Beispiel der Auslegung der Hohen Richter des Justizyuans

a) Grundrecht der Wissenschaftsfreiheit als Einrichtungsgarantie?

Art. 11 VdRC erwähnt ausdrücklich nur den Begriff "Lehrfreiheit" vorgesehen. Die herrschende Meinung in der Verfassungsrechtslehre interpretiert sie jedoch als Wissenschaftsfreiheit, die Forschungsfreiheit und Lehrfreiheit einschließe. Außerdem wird das Grundrecht der Wissenschaftsfreiheit vor allem als Abwehrrecht gegen den Staat qualifiziert. Demgegenüber wird in der die Wissenschaftsfreiheit betreffenden Auslegung der Hohen Richter (Auslegung Nr. 380, Nr. 450) die "Lehrfreiheit" hauptsächlich als Einrichtungsgarantie der Wissenschaftsfreiheit interpretiert, die im Bereich der Hochschule die Forschun-

gsfreiheit, Lehrfreiheit und Lernfreiheit einschließe. In den Gründen der Ausle-
gung Nr. 380 wird das Grundrecht der "Lehrfreiheit" als Einrichtungsgarantie
der Hochschulautonomie interpretiert, die das Verhalten der Forschung, des
Lehrens und des Lernens gegen Eingriffe seitens des Staates schützte, so dass
der Hochschule die Kompetenz der Selbstorganisation und Selbstverwaltung,
und dem Individuum die Wissenschaftsfreiheit zukomme. Darüber hinaus betont
Auslegung Nr. 450, dass das die staatliche Aufsicht der Hochschule regelnde
Gesetz mit dem Grundsatz der Hochschulautonomie übereinstimmen soll.

　　Die Rezeption des deutschen Begriffs "Einrichtungsgarantie" bei der
Auslegung der Hohen Richter ist nicht unproblematisch. Die Lehre der Ein-
richtungsgarantie, die von Carl Schmitt zur Lösung des Problems der Grun-
drechtsgeltung in der Weimarer Verfassung entwickelt wurde, ist der Tradition
der taiwanesischen Verfassungsrechtslehre ganz fremd, obwohl oft betont wird,
dass die VdRC der Weimarer Verfassung ähnlich sei. Zweitens scheint in der
Auslegung der Hohen Richter die Einrichtungsgarantie von ihrer Definition her
mit dem Abwehrrecht gleichgesetzt zu werden. Nicht zu leugnen ist der Abweh-
rcharakter der Einrichtungsgarantie, die den Kern eines Instituts gegen Eingriffe
durch den Gesetzgeber schützt. Es stellt sich aber die Frage, wieso nicht konse-
quenterweise zwischen der Hochschulautonomie als Einrichtungsgarantie und
dem subjektiv-rechtlichen Grundrechtsgehalt der Wissenschaftsfreiheit unter-
schieden wird. Schließlich gilt es zu klären, ob die vorgegebene Verfassungsre-
chtsdogmatik die betreffenden Probleme lösen kann, so dass eine Notwendig-
keit, die Lehre der Einrichtungsgarantie zu rezipieren, gar nicht bestände.

b)　Qualifizierung der Verfassung und der Grundrechte als "objektive Wertord-
　　nung"("Wertesystem")?

　　Es gibt im taiwanesischen Verfassungstext und in der traditionellen taiwan-
esischen Verfassungsrechtslehre keinen entsprechenden Begriff der "objektiven
Wertordnung" oder des "Wertesystems". Die Hohen Richter des Justizyuans
benutzen aber diese Begriffe in ihrer Auslegung (Aulegung Nr. 485, Nr. 490,

Nr. 499) und in dem Sondervoten zur Auslegung (Auslegung Nr. 372, Nr. 405, Nr. 437, Nr. 461), als ob sie seit langem bestehen würden. Der Begriff des Wertesystems wird von ihnen auf drei Ebenen benutzt, nämlich die gesamten Grundrechte als ein Wertesystem, ein einzelnes Grundrecht als Wertesystem, die Verfassung als ein Wertesystem. Wenn die gesamten Grundrechte oder ein einzelnes Grundrecht als Wertesystem qualifiziert werden, dient der Begriff des Wertesystems der ergänzenden Begründung der Auslegung. Daraus, dass die Qualifizierung der Grundrechte als Wertesystem keiner Verfassungsbestimmung der VdRC zugrunde liegt, ergibt sich noch kein entscheidendes Defizit dieser Qualifizierung. Es kann zum Beispiel versucht werden, dieses Qualifizierung normlogisch zu begründen. Dann setzt der Verfassungstext keine Grenze für die Dogmatik-Rezeption auf diese Weise.

c)　Die ungeschriebenen Schranken von Verfassungsänderungen in der VdRC?

Es gibt jedoch Fälle, in denen die Auslegung keinen unmittelbaren Bezug zu einer einzelnen Verfassungsbestimmung hat. Wenn die ganze Verfassung als Wertesystem zu interpretieren ist, dann versuchen die Hohen Richter eine Grenze für Verfassungsänderungen zu setzen, die nicht explizit durch den Verfassungstext festgeschrieben ist (Auslegung Nr. 499). Es ist strittig, ob es in der VdRC, wie z. B. im GG, inhaltliche Schranken von Verfassungsänderungen gibt. Die Hohen Richter begründen die von ihnen entwickelten Schranken mit der Statuierung eines Kernbestandes der Verfassung, den sie als "die freiheitliche demokratische verfassungsrechtliche Ordnung" bezeichnen und der den Grundsatz der demokratischen Republik, den Grundsatz der Volkssouveränität, den Grundsatz der Garantie der Grundrechte und den Grundsatz der Gewaltenteilung beinhaltet. Da dieser Kernbestand Grundlage der gesamten Verfassung ist, wird jeder Verfassungsänderung, die ihn antastet, ihre Legitimität abgesprochen. Die Lehre von den Schranken für Verfassungsänderungen, die vor allem aus Deutschland stammt, ist also damit rezipiert.

Viele Probleme bleiben jedoch ungelöst in dieser Auslegung. Die Anerkennung der Schranken für Verfassungsänderungen, die nicht in der Verfassung schriftlich festgelegt sind, kann nicht einfach durch eine formale Begründung gerechtfertigt werden, dass es in der Verfassung eine unantastbare Wertordnung, nämlich die freiheitliche demokratische verfassungsrechtliche Ordnung, gibt. Dahinter steckt ein schwerwiegendes verfassungsrechtliches Problem, das nicht leicht zu beantworten ist, aber angesichts der damaligen ernstzunehmenden Verletzung des Grundsatzes der Demokratie durch die 5. Ergänzungsbestimmungen zur Verfassung der Republik China (im folgenden: EzV) beantwortet werden muß. Die Festlegung der unantastbaren Schranken für Verfassungsänderungen kann zwar den Kompetenzmißbrauch der Versammlung der Volksvertretung stoppen. Es versteht sich von selbst, dass eine Verfassungsauslegung, die nicht auf einer Verfassungsbestimmung beruht und zudem auch noch eine Entscheidung der angeblichen Volkssouveränität für verfassungswidrig und nichtig hält, massiven Angriffen ausgesetzt ist. Die Anerkennung der ungeschriebenen Schranken für Verfassungsänderungen wird als quasi-Verfassungsgesetzgebung und als Verletzung des Grundsätze der Gewaltenteilung und der Volkssouveränität kritisiert. Man befürchtet, dass dadurch die Hüter der Verfassung sich zu den Herren der Verfassung erklären könnten. Auf die Einwände gegen Auslegung Nr. 499 wird hier nicht weiter eingegangen. Erwähnenswert wäre allerdings noch folgende Frage: "Was soll getan werden, um einen verfassungsmäßigen Zustand wieder herzustellen, wenn durch die 5. EzV, die im gleichen Rang wie die originären Verfassungsbestimmungen steht, die laufende Wahlperiode um ca. zweieinhalb Jahre verlängert und damit der Grundsatz der Demokratie verletzt wird?" Hinter einer solchen Überlegung stecken zwar keine Verfassungsbestimmungen, auf die sich eine Verfassungsauslegung in der Form der Folgenorientierung stützen kann. Durch die sich ineinander verflechtenden Argumentationslinien der "Rechtsvergleichung", der "Rechtspolitik" und der "Verfassungstheorie" kann sie jedoch gerechtfertigt werden.

4. Rechtspolitische Erwägungen als wesentliche Argumentationsform im Verfahren der Dogmatik-Rezeption

Im Prozeß der Argumentation ist die rezipierte Dogmatik zunächst als Auslegungselement "Rechtsvergleichung" und dann als bedeutender Faktor für das andere Auslegungselement "Rechtspolitik" (hier: "Verfassungsrechtspolitik") zu behandeln. Eine Zweck-Mittel-Beziehung spielt eine bedeutende Rolle im Prozeß der Rezeption. Es gibt in vielen Fällen einen großen Spielraum für die Festlegung des Zwecks einer Verfassungsrechtsbestimmung, so dass es zu überlegen gilt, ob die Interpretation des Zwecks im betreffenden Fall zu weit gegangen sein kann. Darüber hinaus muß bedacht werden, ob dem Mittel die Zweckmäßigkeit fehlt, und ob die Gründe für eine solche Problemlösung schon in der rezipierten Verfassungsrechtsdogmatik fehlerhaft sind. Alle drei Fragen sind nicht leicht zu beantworten. Es fehlt nicht zuletzt an klaren Maßstäben, an denen die Rationalität dieses Prozesses überprüft werden kann. Als zentrale Argumentationsstruktur für die Dogmatik-Rezeption kann die Folgenorientierung jedoch rational genannt werden, weil sich die Unbestimmtheit und Unklarheit nicht unmittelbar aus dem oben vorgeschlagenen Denkprozeß ergibt, sondern aus der Offenheit der verfassungsrechtlichen Texte selbst.

Aus der Analyse und Rekonstruktion der Begründung von Auslegung Nr. 499 und den anderen Auslegungen der Hohen Richter des Justizyuans ergibt sich, dass die Argumentationsform der Rechtspolitik eine entscheidende Rolle spielt. Sie kann als Folgenorientierung bezeichnet werden. Sie fragt nach den Konsequenzen bestimmter Interpretationsvarianten und nach ihren Auswirkungen auf die Regelungsgegenstände. Die Argumentationsform der Folgenorientierung ist nicht anders als die teleologische Auslegung, die sich an den Folgen einer Interpretation orientiert. In der teleologischen Auslegung besteht nicht nur die normative Dimension, wie die geläufige in Bezug auf "die allgemeinen praktischen Argumente" anzunehmen pflegt. Vielmehr verbinden sich die normative und die kognitive Dimension in ihr. Dies ist bei der Folgenorientierung besonders der Fall. Zur kognitiven Dimension gehören die allgemeine Beschreibung und die Prognose der Folgen, die nicht leichter als deren Bewertung zu erstellen sind, aber unvermeidlich für alle Arten von Folgenorientierung in allen teleologischen Argumenten sind.

Es sei bemerkt, dass heutzutage auch in der Sozialwissenschaft allgemein anerkannt ist, dass es keine Prognose mit absoluter Gewißheit gibt. Das darf aber nicht dazu führen, ganz auf die kognitive Dimension der teleologischen Argumente zu verzichten. Die Folgenprognose über die Wirkungen der Rechtsentscheidung ist trotz ihres Charakters als Hypothese wahrheitsfähig[2]. Die kognitive Dimension der teleologischen Argumente bezieht sich auf die Empirie. Bei der Folgenorientierung wird die Aussage der Sozialwissenschaft in das Recht einbezogen. Sie gilt als eine der möglichen Einbruchstellen sozialwissenschaftlicher Erkenntnisse in das Recht. Eine andere Einbruchstelle ist die Reflexion über die bei der juristischen Tätigkeit impliziert mitlaufenden Hintergrundannahmen, die die leitenden Vorverständnisse der zeitgenössischen Gesellschaft darstellen und eine Grundlage für die Folgenorientierung bilden können. Denn, wie *Jürgen Habermas* zu Recht hervorhebt, die Interpretation des Rechts ist zugleich "eine Antwort auf die Herausforderung einer in bestimmter Weise wahrgenommenen gesellschaftlichen Situation"[3]. Die Argumentationsform der Verfassungstheorie soll vor diesem Hintergrund formuliert werden und stets über die sich verändernde gesellschaftliche Situation reflektieren. Die Reflexion kann deswegen als ein stabilisierender und damit rationalisierender Faktor der Folgenorientierung angesehen werden. Eine kontrollierte Folgenprognose der Verfassungsauslegung soll auch vor diesem Hintergrund erstellt werden.

Für die Konzeption einer rationalen Dogmatik-Rezeption sind die verfas-

---

[2] Dazu Hans Albert, Rechtswissenschaft als Realwissenschaft, 1993, S. 30 f.

[3] J. Habermas, Faktizität und Geltung. Beiträge zur Diskurstheorie des Rechts und des demokratischen Rechtsstaats, 4. Aufl. 1994, S. 468.

sungstheoretischen Erwägungen von Bedeutung, weil die rezipierte und die rezipierende Dogmatik unterschiedliche Hintergrundkenntnisse voraussetzen, die oft vernachlässigt werden. Ohne die Berücksichtigung der unterschiedlichen sozialen und politischen Hintergründe läuft die Rezeption leicht auf einen reinen Transfer der Dogmatik hinaus. Ob die Bearbeitung dieser Hintergrundannahmen zum Konsens innerhalb der taiwanesischen Verfassungsrechtslehre führt, mag bezweifelt werden. Ihre Klärung und Bearbeitung durch die verfassungstheoretischen Erwägungen sind jedoch unentbehrlich, wenn man das Problem der Dogmatik-Rezepition ernst nehmen möchte.

5. Schranken der Dogmatik-Rezeption durch den Grundsatz der Gewaltenteilung

Da die Dogmatik-Rezeption im Rahmen der Rechtsanwendung stattfindet, bilden die Grenzen der Rechtsanwendung auch die der Rezeption. Im Verfahren der Verfassungsinterpretation schränkt die konkrete Ausgestaltung der Gewaltenteilung die Anwendung der Argumentationsform der Verfassungsrechtspolitik und damit auch den Raum für die Dogmatik-Rezeption ein. Da Verfassungsinterpretation nicht Verfassungsgesetzgebung werden darf und an die Verfassung gebunden sein soll, ist die regulative Idee der verfassungsrechtlichen Texte als Grenze der Verfassungsinterpretation anzusehen. Dies entspricht dem Grundsatz der Demokratie und des Rechtsstaats. Die politische Eigenschaft der Verfassung schränkt somit die verfassungsrechtspolitischen Erwägungen bei ihrer Anwendung ein. Dass der Wortlaut der einzelnen Verfassungsbestimmung in Wirklichkeit selten die Grenzen für die Verfassungsinterpretation setzt, kann nicht darauf hinauslaufen, diese Ideen völlig aufzugeben. Ob die Grenzen des Wortes überschritten sind, ist eine Frage der materiellen Argumentation. Unterhalb der Schwelle des Wortlautes kann Dogmatik-Rezeption fruchtbar für die Rechtsanwendung und die Entwicklung der rezipierenden Dogmatik gemacht werden.

V. Zusammenfassung

1. Die Rechtsrezeption verbindet sich mit der Dogmatik-Rezeption, die unter Beachtung bestimmter Bedingungen rational begründet werden kann.

2. Die Aufgabe der Verfassungsrechtsdogmatik besteht vor allem darin, die Verfassungsinterpretation zu stabilisieren. Angesichts der Abänderbarkeit der Verfassung ist eine bestimmte Offenheit der Verfassungsrechtsdogmatik unentbehrlich, um die Verfassung an die sich wandelnde Gesellschaft anzupassen.

3. Auf die Ebene der Rechtssetzung gehört die Dogmatik-Rezeption als Teil der Rechtsrezeption, die die Untersuchung Mittels Rechtsvergleichung und Rechtspolitik beinhaltet.

4. Die Dogmatik-Rezeption auf der Ebene der Rechtsanwendung kann im Rahmen der juristischen Argumentation erörtert werden. Die Dogmatik-Rezeption ergänzt die vorgegebene Rechtsdogmatik um eine Interpretationsvariante, wenn der jeweilige Fall nicht allein durch die bereites bestehende Dogmatik gelöst werden kann. Die neue Variante der Interpretation soll natürlich auf ihre Richtigkeit in Bezug auf das rezipierende Rechtssystem und auf den zu lösenden Fall geprüft werden.

5. Bei der Dogmatik-Rezeption sind vier Faktoren (Bedingungen oder Strukturen) zu beachten: Gemeinsamkeiten und Unterschiede der verfassungsrechtlichen Texte und der zu lösenden Probleme, die Verbindung der Argumentationsformen der Rechtsvergleichung und der Rechtspolitik und schließlich der Grundsatz der Gewaltenteilung als Schranke der Rezeption.

6. Die verfassungsrechtlichen Texte als Grundlage für die Dogmatik-Rezeption lassen sich in drei Ebene teilen, und zwar die Begriffe, die Rechtssätze und die sich aus den zusammenhängenden Rechtssätzen

ergebenden Doktrinen.

7. Die Ähnlichkeit der Texte kann zur Einbeziehung der rezipierten Verfassungsrechtsdogmatik führen. Nachdem sie festgestellt wurde, kann man die betreffende Problematik auf ihre Gemeinsamkeiten hin überprüfen. Als drittes soll nach den Gründen für die Lösungsweise der rezipierten Verfassungsrechtsdogmatik gefragt werden. Dann sind die Gründe für die gleiche Problemlösung in der zu rezipierenden Dogmatik zu untersuchen. Im Verfahren der Argumentation ist zunächst von der rezipierten Dogmatik als Auslegungselement der Rechtsvergleichung auszugehen und dann an die verfassungsrechtspolitischen Erwägungen anzuknüpfen. Dabei spielt die Zweck-Mittel-Beziehung eine bedeutende Rolle. Zwar fehlt es an den klaren Maßstäben, um dieses Argumentationsverfahren auf seine Rationalität zu überprüfen. Angesichts der strukturellen Klarheit der Argumentation kann dieses Verfahren dennoch als rational angesehen werden.

8. Die Argumentationsform der Verfassungsrechtspolitik kann auch als Folgenorientierung bezeichnet werden. Sie fragt nach den Konsequenzen bestimmter Interpretationsvarianten. In ihr verbinden sich die normative und die kognitive Dimension. Zur kognitiven Dimension gehören die allgemeine Beschreibung und die Prognose der Folgen. Dabei werden Aussagen der Sozialwissenschaft in die Argumentation einbezogen. Eine andere Einbruchstelle sozialwissenschaftlicher Erkenntnisse ist die Reflexion über die bei der juristischen Tätigkeit implizit mitlaufenden Hintergrundannahmen, die als Verfassungstheorie rekonstruiert werden können.

9. Die Reichweite der verfassungsrechtspolitischen Erwägungen wird durch den Grundsatz der Gewaltenteilung eingeschränkt. Die regulative Idee der verfassungsrechtlichen Texte als Grenze für die Verfassungsinterpretation ist im Verfahren der Rezeption zu bewahren. Daraus folgt,

dass der Wortlaut den Raum für eine Dogmatik-Rezeption als Ergebnis der Verfassungsinterpretation einschränkt.

6 法律原則、法律體系與法概念論

——Robert Alexy法律原則理論初探

摘要 SUMMARY

　　本文分析並評論德國法學家R. Alexy的原則理論，分成兩部分討論，首先是原則理論的建構，說明Alexy藉由對R. Dworkin原則理論進行批判性轉化，以原則與規則初顯特徵的不同為兩者的首要差異，將原則定義為「理想應然」與「極佳化誡命」，並以此為基礎分析原則衝突的結構，他提出「衝突法則」與「衡量法則」，並結合其所提出的理性法律論述理論，證成原則衝突的合理性。其次是原則理論的開展，首先是法律體系模型的建立，以原則理論為基礎，重新詮釋備受爭議的「客觀價值秩序」理論，從規則、原則、程序三個層面，將法律體系的結構模型與程序性的實踐理性相結合，建立了他稱之為「溫和憲政主義」的法律體系模型。其次是，以「原則論證」為重要論據證成法與道德的必然關聯，捍衛非法實證主義的立場。Alexy的原則理論從法律體系參與者的角度出發，藉由區分原則與規則，重新建構「客觀價值秩序理論」，為法律實踐提供了清楚的自我理解，的確達

成某程度的「分析合理性」，然而在關鍵問題的探討上，例如原則衡量的合理性、法律體系「規則／原則—模型」動態面的補強、或是在法概念論中以「正確性命題」來總成「原則論證」，皆以其理性法律論述理論為基礎，因此其原則理論的說服力，最終就繫諸於「程序性的實踐理性」的能否證成，這樣做的優點是建立一個更複雜的，而且融貫性較高的法理論，然而著重程序面的後果則是，一方面無法在實質論證上做更細緻與更深入的探討，另一方面也顯示其原則理論作為規範結構理論的局限。

關鍵詞

- 原則
- 價值秩序
- 理性論述
- 規則
- 分離命題

一、序　論

　　德國法哲學暨公法學者Robert Alexy生於1945年，1968年就讀於德國哥廷根大學（Georg-August-Universität zu Göttingen）法律系與哲學系，在哲學系並從學於哲學家Gunter Pazig。1973年通過第一次國家考試後，進入該校法律系博士班就讀，在德國法哲學家Ralf Dreier的指導下，1976年完成使其一舉成名的博士論文《法律論證理論－理性論述理論作為法律證立的理論》[1]，因而躋身德國戰後世代重要法哲學家的行列。1984年Alexy完成並提出其「教授資格論文」（Habilitation）《基本權理論》（Theorie der Grundrechte）[2]，使其在德國公法學界亦獲得名聲，尤其是根據法律原則理論（Prinzipientheorie）來詮釋基本權規範的結構，在德國雖有許多贊同者與追隨者，但也引起不少公法學者的疑慮與批評。1986年Alexy應聘於德國基爾大學法律系，擔任公法學暨法哲學講座教授任教迄今。Alexy的思想，尤其是從基本權的原則特徵來分析德國聯邦憲法法院的判決，探討其法律論證的邏輯結構[3]，重建法益衡量（Güterabwägung）的模型與主張其合理性（Rationalität）等等，從學說與實務相互關係的角度看來，無疑是德國聯邦憲法法院判決的最佳正當化理論，尤其是他所提出的「柔性價值秩序」（weiche Ordnung der

---

[1] Robert Alexy, Theorie der juristischen Argumentation. Die Theorie des rationalen Diskurses als Theorie der juristischen Begründung，此論文於1978年由德國出版社Suhrkamp Verlag出版成書，並於1983年由同一家出版社出版口袋書（Taschenbuch）形式的第一版，在1991年增加〈第二版序言〉以及〈後記〉出版第二版。此書在1989年出版英文譯本：Ruth Adler und Neil MacCormick, A Theory of Legal Argumentation, Oxford University Press, Oxford 1989。

[2] R. Alexy, Theorie der Grundrchte，此論文於1985年由德國出版社Nomos Verlag出版成書，並於1986年由Suhrkamp Verlag出版口袋書（Taschenbuch）形式的第一版。

[3] 例如R. Alexy, Die logische Analyse juristischer Entscheidungen, in: ders., Recht, Vernunft, Diskurs, 1995, S. 29 ff.對於Lebach案的解析。

Werte）概念，並結合法益衡量的「說理模型」（Begründungsmo-
dell）[4]，更是「客觀價值秩序理論」（Lehre der objektiven Wer-
tordnung）的最佳辯護[5]。

　　國內法學界對Alexy應該不陌生，近十年來不乏探討其法律思
想各個面向的著作，在法哲學方面，其法律論證理論（Theorie der
juristischen Argumentation），法律原則理論，法論述理論（Dis-
kurstheorie des Rechts）皆有論文探討[6]，至於憲法學方面，Alexy所
建構的基本權理論亦是不少論文在處理基本權問題時，不可或缺的參
考資料[7]，尤其是以法律原則理論──「原則作為極佳化誡命」（Op-
timierungsgebot）的觀點── 來解析基本權規範的結構，並以之為
基礎處理基本權衝突等問題。由於Alexy法律思想對於國內法學界的
此種廣泛影響力，因此有關Alexy法律思想比較具有的整體性、體系
性的探討，即有其必要，然此卻非單一法學論文即能完成的任務，因
此本文選擇其法律原則理論為研究的焦點，並探討其與法律體系論暨
法概念論的關聯，Alexy法律思想的其他部分，僅在與此主題有關時
才指出其關聯性，嘗試讓整個探討的理論脈絡可以點點滴滴的浮現，

4　R. Alexy,（見註2），1986, S. 144 ff.

5　關於德國「客觀價值秩序理論」的討論，參閱張嘉尹，〈論「價值秩序」作為憲法學的基本
　　概念〉，《台大法學論叢》，第31卷第5期，頁8以下（2001年9月）。

6　關於Alexy的法律論證理論：顏厥安，〈法、理性與論證〉，原載於《政大法學評論》第52
　　期，1994年12月，頁33-58，以及《政大法學評論》第53期，頁1-44（1995年6月），現收錄
　　於氏著，《法與實踐理論》，1998年，頁95-212。關於Alexy的法律原則理論：賴志強，《論
　　法規則與法原則》，1999年台大法研所碩士論文。關於Alexy的法律論述理論：顏厥安，〈法
　　概念與實踐理性〉，原載於《月旦法學》第3期，頁24-34（1995年7月），現收錄於氏著，
　　《法與實踐理論》，頁213-234。

7　目前國內有兩篇Alexy基本權理論著作的翻譯：Robert Alexy著，程明修譯，〈作為主觀權利
　　與客觀規範之基本權〉，憲政時代第24第4期，頁83至98（1999年4月）。Robert Alexy著，程
　　明修譯，〈民主憲法國家中的基本權〉，中央警察大學法學論集第5期，頁427至441（2000年
　　3月）。

以拋磚引玉作為後續研究的參考。

　　有關法律原則及其相關理論的研究上，相較於國內法學界對於 Ronald Dworkin思想的濃厚興趣[8]，其理論在德國的批判性繼受者 Alexy的理論，除了顏厥安教授的兩篇論文之外[9]，近年來國內並沒有 出現新的相關論著，然而對於德國戰後世代的重要法哲學家Alexy的 研究，僅僅兩篇文獻真的足夠嗎？本文認為答案應該是否定的，姑且 不論在研究廣度上，Alexy的理論由於橫跨了法哲學與憲法學，形成 跨領域的重要法律理論，就理論原創性而言，他所發展的法論述理 論，在二十世紀70年代末，首開先河的為當時方興未艾的法律論證 理論建立了新典範，他所繼受並創新的法律原則理論，更為德國的基 本權理論以及基本權解釋，提供了更精確的結構分析工具，他也藉由 法律原則理論處理二十世紀最棘手的法哲學問題之一，亦即「分離命

---

[8]　例如莊世同，〈Ronald Dworkin與柔性法實證主義〉，月旦法學雜誌，第64期，頁54以下 （2000年9月）；莊世同，〈論法律原則的地位：為消極的法律原則理論而辯〉，《輔仁法 學》第19期，頁1以下（2000年6月）。

[9]　見註6所提及的兩篇論文。在顏厥安教授的另一篇論文〈法與道德－由一個法哲學的核心問題 檢討德國戰後法思想的發展〉（原載於《政大法學評論》，第47期，1993年6月，頁1以下； 現收錄於氏著，《法與實踐理論》）的一個章節之中，亦有介紹Alexy對於法律原則以及法體 系的見解（頁63以下）。值得注意的是此三篇論文皆發表於1996年以前，從1996年迄今，依 筆者所知，除了顏厥安教授的學生賴志強在其碩士論文《論法規則與法原則》之中有專章討 論外，國內法學界並未出現相關的學術論文。註7所提及的兩篇論文則是Alexy原著的翻譯， 而且是屬於憲法學理論的範圍。本文原發表於2002年，因此有上述說法，在2002年之後，國 內有不少探討Alexy的論文出版，特此補上：王鵬翔，〈阿列西《法概念與效力》導讀〉， 《台灣法學》，183期（2011年），頁143-153。王鵬翔，〈法概念與分離命題──論Alexy與 Raz關於法實證主義之爭〉，《中研院法學期刊》，第5期（2009年），頁229-289。王鵬翔， 〈規則是法律推理的排它性理由嗎？〉王鵬翔主編，「2008法律思想與社會變遷」，（2008 年），頁345-386。王鵬翔，〈基本權作為最佳化命令與框架秩序──從原則理論初探立法 餘地（gesetzgeberische Spielräume）問題〉，《東吳法律學報》，第18卷第3期（2007年）， 頁1-41。王鵬翔，〈規則、原則與法律說理〉，《月旦法學教室》，第53期（2007年），頁 74-83。王鵬翔，〈論基本權的規範結構〉，《台大法學論叢》，第34卷第2期（2005年）， 頁1-60。

題」所引發的論爭。此外，Alexy所建立的理論，也獲得英美法哲學界的重視，所以他的兩本成名作也陸續被翻譯為英文[10]，正式被引介入英美法學界。

　　由於Alexy的法律論證理論已有上述顏厥安教授的大作為詳盡的析論[11]，本文著眼其法理論的另外一端，以其法律原則理論的建立與展開為研究對象。藉此，本文亦嘗試為「法律原則是不是法律？」這個近年來在英美法哲學界曾經燃起戰火的問題，提供另外的觀察角度。有關此爭議，英美法學界目前仍然塵埃未定[12]，在國內法學界則有莊世同教授的專文探討，並提出「法律原則不是有效法律規範」的看法[13]，由於Alexy是Dworkin原則理論的重要繼受者，他對Dworkin的理論從事去蕪存菁的工作，並予以批判性的重建，因此本文認為Alexy的原則理論及其法概念論，即有可能為此爭議提供來自歐陸法哲學的觀點，在分析與討論其理論時，本文將會同時注意這個附帶的問題性。

---

[10] Ruth Adler, Neil Maccormick (Translator), A Theory of Legal Argumentation: The Theory of Rational Discourse As Theory of Legal Justification, 1989; Julian Rivers (Translator), A Theory of Constitutional Rights, 2. Edition, 2002.
　　by Ruth Adler (Translator), Neil Maccormick (Translator), Robert Werner Alexy

[11] 本文完成（2002年7月）之後，中國大陸學者舒國瀅也完成該書的翻譯，參閱舒國瀅譯，《法律論證理論》（2003年初版）。

[12] 此戰火由美國法哲學家Larry Alexander與Ken Kress合著的一篇論文"Against Legal Principles"（in Andrei Marmor ed., Law and Interpretation, Oxford: Clarendon Press, 1995, pp 279-327）所引起，他們主張法律原則並不存在，參閱莊世同，〈論法律原則的地位：為消極的法律原則理論而辯〉，頁14。

[13] 莊世同教授主張法律原則存在，但是卻不是有效的法律規範，而是介於法律與道德原則之間的第三種規範標準，他站立在「消極法律原則理論」上，將法律原則界定為：「法律上可適用的規範證立理由，以證立法治價值為其主要規範目的」，參閱莊世同，〈論法律原則的地位：為消極的法律原則理論而辯〉，頁53。

二、Alexy原則理論的建構

（一）原則理論的誕生

1. 傳統的「原則」概念

在過去以及現在的法學論述中，常常出現「原則」（Grundsatz; Prinzip）這個專有名詞，例如在憲法論述中時常提及的憲法基本原則：「法治國原則」、「民主國原則」、「權力分立原則」、「社會國原則」，審查國家行為是否造成基本權侵害（Grundrechtseingriff）時，所使用的「法律保留原則」（Grundsatz des Gesetzesvorbehalts）、「比例原則」（Grundsatz der Verhältnismäßigkeit），又如現代刑法的根本原則「罪刑法定主義」、民法的概括條款「誠實信用原則」，此外在程序法上，又有「不告不理原則」、「罪疑唯輕原則」（in dubio pro reo）。

法律論述中雖然充滿了林林總總的原則，然而在語言使用上，「原則」的概念並不十分清楚，有時原則指構成法律秩序的中心原理或是基本結構，比如憲法的基本原則，此時原則就與具體化該原則的各種詳細與具體的規定成為對比，相應於「權力分立原則」就有行政、立法、司法的三權分立與制衡型態，這些型態皆由更具體的憲法條文來做進一步的規定。有時原則指內容上抽象程度較高的法律規定，比如「誠實信用原則」，相對於其他的民法規定，該原則的內容比較抽象，亦可說比較空泛，單從「誠實信用」這個名詞，很難導出具體案例的判斷標準，此時，「原則」就與內容比較具體的法規——可暫稱為「規則」（rule）——成為對比。然而，法學領域中關於「原則」與「規則」的區別，一直缺乏清楚的判斷標準。

2. Dworkin**的原則理論**

　　無論法學者同不同意Ronald Dworkin的看法，他所建立的原則理論改變了法學界對於「原則」概念的理解，他的理論以對於H. L. A. Hart法理論的批評作為發展的契機。Hart是二十世紀第二次大戰後，法實證主義在英美法學界的重要倡導者，他批評德國法哲學家Gustav Radbruch去世前的重要主張，亦即著名的「賴特布魯公式」（Radbruchsche Formel），Hart認為法與道德並沒有必然的關聯，此即所謂的「分離命題」（Trennungsthese），主張法律僅由規則（rule）所構成，並將規則區分為兩類：「初級規則」（primary rules）與「次級規則」（secondary rules），前者直接規範人民的行為；後者則是針對前者的缺點而發展出來的規則，相對於「初級規則」的不確定性而有「承認規則」，相對於「初級規則」的靜止性而有「修改規則」，相對於「初級規則」的無效率性而有「裁判規則」。他認為，在法律體系中「承認規則」是最重要的，透過「承認規則」才有辦法辨識所有其他的規則[14]。

　　相對於此，Dworkin曾主張法律體系不僅由規則構成，法律體系還包含另一種與規則在適用上具有邏輯差異性的規範，此即原則（principles）。根據Dworkin的看法，原則與規則在適用上有以下幾個差異：

　　（一）首先，規則是以全有或是全無的方式（all-or-nothing fashion）來適用的法律規範，一旦構成要件事實存在，只有兩種可

---

[14] 關於H. L. A. Hart的「初級規則」與「次級規則」以及其與法律概念的說明，參閱其經典著作：Hart著，許家馨、李冠宜譯，《法律的概念》，頁104以下（2001年4月10日初版四刷）。

能：第一種是規則有效，因此必須接受其法律效果；第二種是規則無效，所以對該案判決不發揮作用。此外，即使有某些規則包含例外規定，也無損於其全有或全無的性質，一個完整的規則必須包含所有的例外，例外乃其構成要件的一部分，理論上，例外亦可被窮盡。在涉及原則的情況則有所不同，即使一個原則規範可以清楚區分構成要件與法律效果，而且構成要件事實也全部存在，在判決中卻不必然會適用此原則。因為此一原則只是支持如此或是如彼判決的判決理由，在系爭案件中可能有另一個原則比其優越，而會優先適用。但是不適用此原則的案件對此原則而言只是個「反例」（counter-instances），而不是此原則的例外，原則的「反例」意思是說，就該具體案件而言，在衡量之後，該原則的重要性比相競爭的原則弱所以不予適用，但是兩個原則之間的優先關係並沒有因此就固定下來。原則不像規則，無法包含所有的例外而以全有或是全無的方式來適用，原則的例外即使在理論上亦無法窮盡。

（二）其次，原則包含一個規則所無的面向，亦即「強度的面向」（dimension of weight），此區別表現在兩種規範衝突時的不同處理方式。兩個原則衝突時，在系爭個案中具有較高強度的原則具有優先性，但不會導致在此個案中強度較低不被適用的原則因而無效，在另一個案中其彼此之間的優先順位可能會反轉過來。規則與規則衝突時，如果此規則要求如此行為，彼規則禁止如此行為，而且並未有其中之一規則形成另一規則的例外，則至少有一個規則無效。規則衝突使得衝突之一方失去效力，而被排除在法秩序之外，因此涉及規則的效力問題，原則衝突則不涉及效力問題，強度較低的原則只是暫居幕後，不會被排除於法秩序之外。

此外，Dworkin將其原則理論與權利理論相互連結，根據Dworkin的看法，原則是規則之外，所有可以用來支持個人權利的標準，因此，原則作為判決理由僅僅支持權利的主張，而不支持政策（policies），「政策論證」（arguments of policy）所支持的是集體目標（a collective goal）[15]，事實上，法官在判決中常常必須以原則所支持的權利來與政策作衡量。

（二）Alexy對於Dworkin原則理論的創造性繼受

1. 對Dworkin原則理論的批評與修正

由於繼受了Dworkin的原則理論，因此Alexy對於原則的定義亦不同於傳統[16]，他認為法律原則不只是法律秩序的中心原則或是其深層結構，而且還具有某種規範邏輯上的意義，「原則」是法律規範的一種結構特徵。

Alexy雖然是Dworkin原則理論在德國的繼受者，然而他對Dworkin所為的區分並未全盤接受，反而是透過對該區分方式的批判來建構其自己的理論。首先是針對規則所具有的全有或是全無的性質，此性質要確立必須規則的例外是可窮盡的，然而因為原則可能形成規則的例外，而且原則的反例無法窮盡，就使得規則的例外也無法

---

[15] Ronald Dworkin, Hard Cases, in: Ronald Dworkin, Taking Rights Seriously, 1997, p. 90。「政策」也是法院判決理由的一種，也是判決的法律標準（legal standards）之一，與原則所支持的實質個人權利不同，「政策」所指向的是某種集體目標的達成，或是判決所帶來的社會後果。例如在著名的McLoughlin v. O'Brian案件中，上訴法院認為，一旦承認較大的責任範圍，認為非現場目睹親屬受傷的情形也可以請求損害賠償，將為整個社群帶來各種不利後果，例如鼓勵更多精神損害賠償訴訟，使得法院的訴訟負荷更形劇烈，也會引發更多的詐欺請求，此外也將增加責任險的費率，凡是此種對於社會整體的影響都屬於Dworkin所謂的「政策」，參閱Dworkin, Law's Empire, 1986, pp. 24-29.

[16] 例如Josef Esser在Grundsatz und Norm in der richterlichen Fortbildung des Privatrechts. Rechtsvergleichende Beiträge zur Rechtsquellen- und interpretationslehre, 4. Aufl., 1990一書當中的界定。

窮盡，因此規則無法完全以全有或是全無的方式來適用，所以Dwor-kin對於規則與原則的第一個區別，即因原則的存在而站不住腳[17]。其次，是針對強度面向而來的批評，Alexy認為Dworkin的「衝突定理」（Kollisionstheorem）雖可適用於規則衝突，但是如果要再適用於原則衝突，則必須做某些限制[18]。

　　由於Alexy認為Dworkin對規則與原則的區分具有上述缺點，所以他另闢蹊徑，主張以「初顯特徵」（prima facie-Charakter）的差別來區分兩者，將原則定義為「理想應然」（ideales Sollen），規則定義為「實際應然」（reales Sollen），並將原則進一步界定為「極佳化誡命」（Optimierungsgebot）。

　　最後，Alexy也反對Dworkin將原則僅與個人權利相連結的做法，他認為如此連結既無必要又缺乏合目的性，因為Dworkin的「原則」概念，無論使用在「一般意義的原則」（principle in generic sense）還是使用在陳述原則衝突時，都顯示出一種共同的邏輯特性[19]，使得與個人權利的掛勾沒有必要。Alexy以德國聯邦憲法法院的判決為例，說明原則既可以與個人權利相連結，亦可以與集體利益相連結[20]。在Lebach判決中，相對立的兩個原則是公共電視台的「報導自由（媒體自由權）」與重刑犯的「人格權」。在「欠缺協商能

---

[17] R. Alexy, Zum Begriff des Rechtsprinzips, in: ders., Recht, Vernunft, Diskurs. Studien zur Rechtsphilosophie, 1995, S. 188 ff.

[18] 其一是原則衝突指的是同樣隸屬於法秩序內之原則之間的衝突。其二是此處規則與原則的區別，並不適用於「絕對原則」，亦即那些無須與其他原則相衡量的原則，「絕對原則」根據其定義具有絕對效力，所以無須與其他法律原則相衡量，其他原則倘使有與其衝突者，皆應退讓，在德國憲法中「人性尊嚴」（Menschenwürde）就屬於「絕對原則」。其三是「衝突定理」不適用於以附有保留條款的方式來重構的原則，R. Alexy,（見註17），S. 196 ff.

[19] R. Alexy,（見註2），S. 99.

[20] R. Alexy,（見註2），S. 94, 98.

力」判決（Verhandlungsunfähigkeitbeschluß）中，相對立的兩個原則是「被告的生命權暨身體不可侵犯權」與「國家刑事機關功能的確保」，在其他判決中所涉及的還有以下的集體利益：例如「國民健康」、「能源的提供」、「營養的保障」、「防止失業」、「確保軍隊的內在架構」、「國家安全」、「自由民主的基本秩序」等[21]。如果將焦點集中於原則與規則在適用上的邏輯特徵，則Dworkin對於「原則」概念所做的限定不一定站得住腳，所以原則毋須只能關聯於個人權利[22]。

2. 規則與原則的初顯特徵

Alexy主張無論是原則還是規則，發生規範衝突時，皆可經由附加一個「指向原則的保留條款」（prinzipienbezogene Vorbe-haltsklauseln）[23]來排除。Alexy認為依此來重建規範，亦可得到對其性質的進一步闡明，因為在不附加此類條款時，這些性質是隱而不顯的，原則與規則在加上上述條款後所表現出來的差異，可稱為其初顯特徵的差異[24]。原則與規則所附加之「指向原則的保留條款」，所

---

[21] R. Alexy,（見註2），S. 98.

[22] 然而，如欲探討Dworkin與Alexy原則理論的異同，則其所處的法律體系脈絡有所不同——前者是著重判例法（case law）與具有普通法（common law）歷史淵源的「英美法系」，後者則是高度法典化的「大陸法系」——作為研究比較之背景，亦應慎重以待，此比較法問題意識的闡明，得自「台灣法理學之傳承與展望」研討會中王泰升教授所提供的寶貴意見。

[23] 所謂「指向原則的保留條款」意味著一般所稱的「但書」，但是此但書所描述的要件內容是「原則」，例如在著名的Elmer案件中，由於繼承人Elmer殺害其祖父，亦即被繼承人（立遺囑人），因此不得繼承其遺產，雖然遺囑在法律上具有有效的形式。簡言之，此時透過附加一個「指向原則的保留條款」來避免規則衝突：「具有兩個見證人的遺囑是有效的，除非繼承人做了法律上不允許的事而取得繼承權。」後半句即是「指向原則的保留條款」。關於Elmer案件的簡要分析，參閱Dworkin, Law's Empire, 1986, pp. 15-20.

[24] prima facie-Charakter有譯為「顯示性特徵」，參閱顏厥安，〈法概念與實踐理性〉與〈法與道德——由一個法哲學的核心問題檢討德國戰後法思想的發展〉中的翻譯，或是「推定性質」，參閱顏厥安，〈規則、理性與法治〉，《台大法學論叢》第三十一卷第二期，2002年3

表現出的不同性質，可以透過其不同的初顯特徵加以說明[25]。

　　首先，一般情況下在適用規則時，只要構成要件事實皆存在，法律效果即出現，想要透過原則為規則製造一個例外，則有如要偏離判決先例一般，必須負擔論證義務（Argumentationslast）。然而在個案中，要透過此原則來限制彼原則的適用性，卻毋須如此。對於案件的決斷而言，一個有效的法律規則具有確定的內容（Festlegung），原則卻欠缺如此的確定內容。如果說藉由規則可以對案件做出確定的論斷，所以規則具有一個歷史性的存在，則在此面向上，一個原則相對於其他原則並無此歷史性的存在，就此而言，原則的內容確定性對於任何案件而言基本上皆相同，所以此原則對於彼原則毋須一開始就退讓，要主張其中之一須退讓者必須負擔論證義務[26]。綜言之，規範內容確定性的有無，取決於主張排除其適用時是否應負論證義務。

　　其次，Alexy還從另一個角度說明規則不同於原則的初顯特徵。在具體案件中若涉及規範衝突時，原則P1雖然可被強度較高的原則P2所超越，然而如果相衝突的是原則P1與支持該規則的原則P2，即使原則P1比原則P2強度高，亦不能無條件的推論出原則P1應優先適用的結論，因為原則P1除了必須與支持該規則的原則P2相衡量之外，仍須與一些「形式原則」（formelle Prinzipien）相衡量，例如「透過正當權威所制定的規則必須遵守」、「不得無理由的偏離素來的法律實務」等形式原則，一個法秩序中此類形式原則的強度越大，

月，頁16；亦有譯為「首象性格」，參閱賴志強，《論法規則與法原則》，頁65。

[25] 另外一種說明模式認為所有的原則皆具相同的「初顯特徵」（prima facie-Charakter），所有的規則皆具有相同的「確定性特徵」（definitiver Charakter），但Alexy認為此種說法過於簡化，參閱R. Alexy,（見註2），S. 88.

[26] R. Alexy,（見註17），S. 201.

則其規則的初顯特徵就越強。僅當此類形式原則沒有半點強度，規則與原則才會具有相同的初顯特徵[27]。

此外，某些原則的初顯特徵也可因為其他原則附有論證負擔而增強，例如當支持個人權利的原則與支持集體利益的原則相衝突時，為後者加上論證負擔[28]，然而無論如何都無法使原則的初顯特徵與規則相同。

3. 原則是「理想應然」

Alexy認為，同樣可以用來說明規則與原則差異的是Dworkin的衝突定理所提及的，在原則衝突時僅能要求、禁止或是允許其內容以較高或是較低的強度來履行。舉例言之，交通規則如果規定「只能從左邊超車」，就只有遵守或是不遵守兩種情況，但是當憲法規定「報導自由應予保護」（Die Freiheit der Berichterstattung）時，相對於與其相衝突的其他規定，此基本權規定的內容僅能以較高或較低程度來履行，當憲法要求保護「報導自由」時，憲法並不要求實現其內容到任一特定程度，而是要求，鑒於法律暨事實的可能性儘可能的保護此自由[29]，於此，Alexy「發現」此等規定（即原則）包含了「極佳化誡命」，他也借用Moore、v. Wright以及Scheler所使用的概念，稱其為「理想應然」[30]。Alexy界定「理想應然」為：「每一個不預設所應為者必須全然在法律暨事實上都可能的應然，僅要求在法律

---

[27] R. Alexy,（見註2），S. 89。然而Alexy除了指出P1必須與規則背後的P1暨形式原則相衡量之外，卻未說明此種形式原則的強度要如何判斷以及為何如此判斷，因此就留下了一個理論上饒有意義的疑問，亦即為何規則會具有較強的「初顯特徵」？關於此問題的討論，參閱顏厥安，〈規則、理性與法治〉，頁17以下。

[28] R. Alexy,（見註2），S. 89.

[29] R. Alexy,（見註17），S. 202 f.

[30] R. Alexy,（見註17），S. 203.

暨事實上儘可能實現其應為的內容」[31]。質言之，原則作為「理想應然」（ideales Sollen），雖要求其自身之儘可能實現，然而原則的實現卻有賴於法律暨事實的可能性，所以原則作為規範，僅要求鑒於法律暨事實可能性，儘可能實現其自身的內容。相對於此，規則作為「實際應然」則只有履行或是不履行兩種情況[32]。

　　「理想應然」與「實際應然」的區分亦可用來說明原則與規則的不同初顯特徵，以及其各自附保留條款的差異。作為「理想者」（Ideale）的原則能否實現，繫諸事實上暨透過其他原則所界定之法律上的可能性，要陳述其實際的誡命內容則須預設有關法律暨事實之可能性的陳述，所以其初顯特徵比規則的初顯特徵還弱，因為後者具有確定的內容，亦即關於法律暨事實之可能性的確定[33]。

4. 原則是「極佳化誡命」

　　Alexy主張規則與原則之間最具關鍵性的區分在於原則是「極佳化誡命」[34]。「極佳化誡命」意味著，要求相對於法律與事實可能性儘可能實現其內容的規範，此種規範的內容只能以或多或少的方式、以不同的程度來實現，其實現既繫諸事實的可能性亦繫諸法律的可能性，於此，法律可能性的領域是由與其相對立的原則與規則所決定。由於規則只有實現或不實現，而在法律與事實的可能領域中有其所確定者，因此兩者的差異是質的差異，而非程度的差異，所以每個規範不是規則即是原則[35]。

---

[31] R. Alexy,（見註2）, S. 75.

[32] R. Alexy,（見註17）, S. 204.

[33] R. Alexy,（見註17）, S. 205.

[34] R. Alexy,（見註2）, S. 75.

[35] R. Alexy,（見註2）, S. 76.

　　有批評認為，Ａｌｅｘｙ對於原則的新定義將一個額外的後設誡命──「極佳化誡命：要求儘可能去實現規範的內容」──加在被定位為原則的規範上，卻沒有說明這個新加上的後設誡命是從哪裡來的？由於此種新定義在各方面都具有重大的影響，因此要在原則規範上加上此後設誡命，即須負擔說理證成的義務，而不是僅透過新的定義方式來解決[36]。本文認為，雖然「極佳化誡命」是原則的新定義，其成立的理由卻不僅僅是基於定義而已，Ａｌｅｘｙ對於Ｄｗｏｒｋｉｎ理論的繼受乃其重要基礎，他對於德國聯邦憲法法院相關判決的分析，更提供建立此新定義的重要素材，從原則與規則的區分以及原則衝突解決的角度，更能適當的分析與詮釋這些判決，尤其是「純化」備受爭議的客觀價值秩序理論，將其與原則理論接軌[37]。這些都是將原則詮釋為「極佳化誡命」的有力理由。

　　另一類批評則針對「極佳化誡命」本身而發，論者認為「極佳化誡命」具有多義性，因為什麼叫做規範的實現並不很清楚，極有可能把「極佳化」當作是「最大化」（Maximierung）來理解。因此會有學者認為，將原則定義為「極佳化誡命」將產生一個危險，那就是將憲法的具體化（Verfassungskonkretisierung）固著於一個唯一的點上[38]，而在解釋憲法時，只要求一個被定性為原則的規範在社會現實中做最大的實現。本文認為，在憲法解釋上將原則片面地絕對化的可

---

[36] 關於此批評，參閱Jan-Reinard Sieckmann, Regelmodelle und Prinzipienmodelle des Rechtssystems, 1990, S. 63 ff.；Peter Lerche, Die Verfassung als Ouelle von Optimierungsgeboten?, in: Joachim Burmeister u. a. (Hrsg.), Verfassungsstaatlichkeit. Festschrift für Klaus Stern zum 65. Geburtstag, 1997, S. 204 ff.；ders., Facetten der Konkretisierung von Verfassungsrecht, in: Ingo Koller u.a. (Hrsg.), Einheit und Folgeichtigkeit im Juristischen Denken. Symposion zu Ehren von Herrn Professor Dr. Dr. h.c. multi. Claus-Wilhelm Canaris, München 1998, S. 7 ff.

[37] 參閱本文3.1.的討論。

[38] Peter Lerche, Facetten der Konkretisierung von Verfassungsrecht, S. 21.

能性,正是導因於「極佳化」的語意不清,要避免此種情形首先要澄清概念的用法,避免將「極佳化」當作「最大化」,同時要慮及原則的實現亦有賴法律上的可能性,因為一個原則規範在具體個案中取得優勢,並不是因為該規範被定性為原則,而是基於在兩個原則之間價值衡量的結果。原則所具有的強度並非由其自身決定,故非絕對的強度,而是在個案中的相對強度[39]。

5. 原則衝突與規則衝突的區別

Alexy認為原則與規則的區別亦表現於規範衝突的解決方式。兩個規則衝突時,只能透過建立一個例外條款或是宣告規則之一失效才能解決[40]。規則衝突涉及效力問題,法律效力(juristische Geltung)的概念不同於社會效力或是規範強度,因法律效力不具程度性質,無法將其階段化,所以在規則衝突時,倘使無法形成一個例外條款,則至少其中之一必須被宣告無效,而被排除於法秩序之外。至於如何決定何者可以繼續留在法秩序內,則非規則衝突定理所能回答,必須依據其他因素來決定,例如「後法優於前法」(lex posterior derogat legi priori)或「特別法優於普通法」(lex specials derogat lex generali)的法理。在德國,基本法第31條「聯邦法破邦法」的規定亦是可供參考的判斷依據[41]。

當具體案件中原則P1所禁止者,恰好是原則P2所允許者,亦即

---

[39] R. Alexy,(見註2),S. 146.

[40] R. Alexy,(見註2),S. 77。Alexy舉了一個簡單易懂例子,假設規則一是「禁止在鈴聲響前離開房間。」,規則二是「火警時應該離開房間。」,當鈴聲未響起前卻發生火警,則由這兩個規則會導出兩個相互矛盾的應然判斷,要解決兩者的衝突,則可以將規則二當作規則一的例外。如此則可形成一個更完整的規則「禁止在鈴聲響前離開房間,但火警時不在此限。」

[41] R. Alexy,(見註2),S. 78.

兩個原則發生衝突，則其中一個原則在此具體案件必須退讓，衝突才能解決，但這不意味著退讓的原則被宣告無效，也不意味退讓的原則必須加上一個例外條款，因為該案件只是此原則的反例而已。反例意味，即使原則之一在此案件中獲勝，但是在另一個案件卻不一定會獲勝，原則之間的優先順位會隨著具體案件而改變，因為原則在具體案件中會有不同的強度，只有在該具體案件中具有較大強度的原則才會被適用。此外應注意的是，原則的衝突不發生在效力的面向，而發生在強度的面向，因為只有有效的原則才會發生衝突[42]，至於應適用的是相衝突原則中的哪一個，端視具體個案中的法益衡量（Güterabwägung）。

6. 法益衡量與「衝突法則」

　　一般而言，當兩個原則在同一案件中相衝突時，並沒有任一個原則一定優於另一原則，兩個原則在抽象層次處於同一位階，但是在具體案件中則是處於一種「緊張關係」，要解決原則衝突必須衡量相互競爭的法益，衡量涉及抽象層次同位階的法益中哪一個在具體案件中強度較高的判斷。質言之，由於在具體案件中，從兩個相衝突的原則會導出兩個內容上相互矛盾的要求，因此要透過衡量在兩者間建立「有條件的優先關係」（bedingte Vorrangrelation）才能解決。例如在「欠缺協商能力」判決中，由於進行主要程序可能會導致被告中風與心肌梗塞，因此是否許可對於被告進行主要程序就成為爭議問題，與本案相關的兩個原則，一個是「儘可能的保護被告的生命與身體不可侵犯性」的原則（P1）——基本法第2條第2項第一句的規定，另

一個是「儘可能保障刑事機關的功能」的原則（P2），兩者內容的實現皆必須考慮到法律暨事實的可能性，倘若只有後者存在，則會導出「要求進行主要程序」的誡命（P2），倘若只有前者，則會導出「禁止進行主要程序」的禁令（P1），二者在內容上相互矛盾，所以會相互限制對方實現的法律可能性。但是此衝突無法透過宣告一方無效來解決，亦無法透過在一原則上加上例外條款來解決。此種衝突的解決，有賴於在該具體案件中加上「優先條件」（C），為兩個原則建立一個「有條件的優先關係」（P）[43]。

　　為法益衡量時，最重要的在於判斷，在何種條件下哪個原則優先以及哪個原則必須退讓？本案中，德國聯邦憲法法院必須判斷，被告的利益在具體案件中是否顯然而且根本的比維持國家措施的利益來得重要？該法院認為，「如果存在著被告將因為參與主要程序而喪失生命或是健康受到嚴重損害之明顯而具體的危險，則繼續進行審判程序就會侵害其基本法第2條第2項第一句所保障的基本權」[44]，其中第一句即是決定本案中兩原則優先關係的「優先條件」，Alexy認為可以將此表述為「若一行為滿足條件C，則是基本權所禁止的」，所以兩個原則的「有條件的優先關係」可以表述為：（P1 P P2）C，其中C扮演雙重角色，在（P1 P P2）C中C是「優先關係」的條件，但是在規則形式「若一行為h滿足條件C，則h是基本權所禁止的」中，C是規範構成要件，綜合「有條件的優先關係」與規則形式，則可得出一法則：「當P1在C的條件下優於P2：（P1 P P2）C，當P1在C的條件下具有法律效果R，則下列規則生效：此規則以C為構成要件，以R

---

[43] R. Alexy,（見註2），S. 79.
[44] BVerfGE 51, 324 (346)（轉引自R. Alexy,（見註2），S. 83.

為法律效果：C→R」，Alexy將此法則形式稱為「衝突法則」（Kollisionsgesetz），並主張此法則是原則理論的一個基礎，透過它不但可以了解原則作為「極佳化誡命」的性格－原則與原則之間不存在絕對的優先關係，而且也表現出原則所涉及的行為與事態無法被量化的特性，更可用來化解原則理論與價值理論之間是否具有可轉換性的質疑[45]。

　　根據「衝突法則」的理論，在具體案件中，兩個原則經過法益衡量之後可以得出一個具體的規則，其形式如「衝突法則」所示，此規則可以在該案中用來涵攝案件事實以得出法律效果。如果所涉及者是兩個作為原則規範的基本權衝突，則所得出的具體規則作為衡量的結果亦可稱為「從屬的基本權規範」（zugeordnete Grundrechtsnorm）[46]。

7. 原則作為理由

　　Alexy還將原則與規則定性為理由（Gründe），首先，原則是「初顯理由」（prima facie-Gründe），當規則不必設置一個例外時，則是「確定理由」（definitive Gründe）。其次，原則與規則皆是「規範的理由」（Gründe für Normen），所以也是間接的「行為的理由」（Gründe für Handlungen）。有一種看法認為，原則作為理由，僅僅是規則的理由，而非具體應然判斷的直接理由，規則才是具體應然判斷的理由，Alexy認為並不恰當，他主張原則與規則皆可

---

[45] R. Alexy,（見註2），S. 83.
[46] Alexy以Lebach案的判決為例，說明其形式：「一個對於嚴重犯罪行為，重複的、不再為現實資訊利益所覆蓋電視報導，如果危害到行為人的再社會化時，即為基本權所禁止。」，參閱 R. Alexy,（見註2），S. 86.

為具體應然判斷的理由，不但規則可為規則的理由，原則亦可為具體應然判斷的理由，就如同上述「欠缺協商能力」判決所顯示，基本法第2條第2項第一句所包含的「保護生命」原則，即是不允許進行主要程序的理由。只要不要認為原則只能是規則的理由，將原則當作規則的理由亦有其道理，這表徵出兩者作為具體應然判斷的理由，仍有其不同的性格，規則在不須加上例外的情況下，是「確定理由」，在具體應然判斷中，如果根據規則一個人享有權利，則他的權利是「確定權利」（definitives Recht）。原則則是「初顯理由」，原則自身只能提供「初顯權利」（prima facie-Rechte），例如德國第二公共電視台ZDF，在Lebach案件中只具有播放節目的「初顯權利」，然而判決卻以確立一個「確定權利」為目標，從「初顯權利」到「確定權利」則須透過具體案件中原則間關係的確立，亦即透過「衝突法則」得到一個可資涵攝的規則[47]。

8. 「衡量法則」與法益衡量的合理性

前已提及，要解決個案中的原則衝突，必須要透過「衝突法則」：「當P1在C的條件下優於P2：（P1 P P2）C，當P1在C的條件下具有法律效果R，則下列規則生效：此規則以C為構成要件，以R為法律效果：C→R」，亦即運用法益衡量找到「優先條件」，以決定具體案件中原則之間的相對強度，並建立一個可資涵攝的規則。雖然「衝突法則」已經清楚的展示原則衝突的結構，使其在概念清晰性的面向獲得一定程度的合理性，但是卻未解決一個關鍵問題，亦即其中法益衡量是否也具有合理性？事實上，擔心法益衡量不具合理性，

---

[47] R. Alexy,（見註2）, S. 90.

也是傳統學說對於原則理論暨價值理論的疑慮所在。於此本文必須指出，法益衡量的合理性（或正確性）並非採取原則理論才會產生的問題，評價的合理性（或正確性）同時也是任何法學方法論所必須面對的難題[48]，然而原則理論仍然不能迴避此問題。

　　法益衡量的重點雖然在於確定「優先條件」，然而在個案中確定「有條件的優先關係」的方式，卻不必然是如許多學者所擔心的，來自於衡量者純然主觀的決斷，並蘊含著恣意的危險[49]，根據Alexy的看法，相對於此類「衡量的決斷模型」（Dezisionsmodell），還存在著另一種選擇──「證成模型」（Begründungsmodell）。前者意指「有條件的優先關係」由理性無法控制的心理過程所產生，後者則區分此心理過程與其說理證成（Begründung），將法益衡量的合理性奠基於其說理證成之上，並主張如果透過衡量所得之「有條件的優先關係」可合理證成，則衡量即是合理的[50]。

　　Alexy發現要合理證成「有條件的優先關係」，可資運用的除了一般的論證形式，例如解釋的標準、釋義學論證、判例論證、一般實踐論證、經驗論證等之外，還會運用到一個獨特的、專門針對衡量的論證形式，此形式是對聯邦憲法法院在許多判決中所為衡量具有構成性的規則：「原則P1之不實現或是受阻礙的程度越高，實現原則P2的重要性就必須更大」，Alexy將其稱為「衡量法則」（Abwägungsgesetz）[51]。Alexy認為，採取衡量的「證成模型」將可以避免

---

[48] 這個問題或問題意識正是Alexy建立其法律論證理論的起點，參閱R. Alexy,（見註1），S. 24 ff.

[49] Vgl. Thomas Zoglauer, Normenkonflikte - Zur Logik und Rationalität ethischen Argumentierens, 1997, S. 146.

[50] R. Alexy,（見註2），S. 144.

[51] R. Alexy,（見註2），S. 146; R. Alexy, Rechtssystem und praktische Vernunft in: ders., Recht Vernunft, Diskurs, 1995, S. 226.

許多由衡量概念引起的困難，衡量不再是為了追求此價值而輕率犧牲彼價值的程序，衡量亦非抽象或不加區分的決定程序，衡量的結果乃適用「衝突法則」才產生，而且所獲得的「有條件的優先關係」亦是針對個案特徵而得的判決規則，基於原則作為「極佳化誡命」的特徵，衡量的任務在於「極佳化」原則的適用，因此也符合常被強調的憲法解釋原則——「實踐的和諧」（praktische Konkordanz）原則。此外，「衡量法則」本身雖然未能提供確定的判斷標準，但是「衡量的證成模型」作為一個整體卻是一個判準，該模型結合「衡量法則」與理性的法律論證理論。再者，衡量亦非通常所認為的「個案判斷」（Einzelentscheidung），即令法官的判決是透過衡量才做成的，但是衡量的結果——「衝突法則」，在個案中的運用卻會形成一個可資涵攝的規則，所以個案中的衡量與「可普遍化」（Universalisierung）的要求也不衝突[52]。

（三）中間考察

Alexy在德國法制的背景上，藉助德國聯邦憲法法院的判決分析，將Dworkin的原則理論作了一個「德國式的轉向」，切斷原先Dworkin所預設的原則理論與權利基礎論之間的關聯，將原則理論予以形式化，認為原則即是具備特定規範邏輯性質的法律規範，因此原則所具有的法律性質不再是個有待探討的法哲學問題，而是建構與展開其原則理論的預設，因此對於「法律原則是否法律」的爭議，無法直接從Alexy此一階段的原則理論得到相應的回答。在法律原則規範邏輯化的基礎上，Alexy建立了原則的新定義，原則是「理想應然」

---

[52] R. Alexy,（見註2），S. 151 f.

或「極佳化誡命」，並進一步確定了原則適用暨原則衝突時所採取的模式，結合了原則的規範邏輯特質與法益衡量的必然性，得出原則衝突時的形式法則「衝突法則」，此外，他提出「衡量法則」，在結合「證成模型」之後，嘗試建立原則衝突時法益衡量的合理可能性，以保障原則適用的合理性。

雖然在此階段，Alexy的原則理論並不直接處理「法律原則是否法律」的問題，但是其原則理論對於法律概念的建立並非無所回饋，本文在下個章節將指出，在其後兩個階段，亦即Alexy在建立其法律體系論與非法實證主義式法概念論時，原則理論皆扮演關鍵的角色。尤其是在法概念論上要反駁法實證主義，必須論證「法律與道德具有概念上的必然關聯」時，Alexy提出「原則論證」，並在其第一個命題「合併命題」中嘗試證成「原則具有法律性質」，方才正面回答了「法律原則是否法律？」的問題。

三、Alexy原則理論的展開

如果Dworkin發展原則跟規則的區分，是為了反駁H.L.A.Hart關於法概念的看法，並批評法實證主義的「分離命題」（Trennungs-these）——法律與道德沒有必然的關聯，而從法律體系包含原則規範的角度，基於原則之間的衡量乃立基於道德觀點，論證法律體系向道德的開放性，Alexy作為Dworkin原則理論在歐陸法哲學界的創造性繼承者，其原則理論也蘊含著類似的型態，而與其法律體系論及法概念論緊密相關。當然，Alexy在發展其原則理論的同時，已

經著手建構其法律論證理論與法律論述理論[53]，將法律論述視為一般實踐論述的特殊案例——此即「特殊案例命題」（die Sonderfall-these）——來討論[54]，以及主張法律論證與一般實踐論證的相互支持[55]，亦可初步推論法律體系對於道德的開放性。本文以下將從原則理論的理路出發，探討其與法律體系理論及法概念論的關聯。

（一）原則理論與法律體系的模型

1. 「憲政主義」與「法制主義」之爭

　　Alexy認為在由德國基本法所界定的民主憲政國家類型中，可以區分兩種關於法律體系的基本構想：「憲政主義」（Konstitutio-nalismus）[56]與「法制主義」（Legalismus）。「憲政主義」的最佳代表即是德國聯邦憲法法院的「客觀價值理論」（Lehre der objek-tiven Wertordnung），該法院在Lüth案中認為，基本法的基本權利章包含一個「客觀價值秩序」[57]，此秩序作為憲法的基本決定，對於所有的法領域皆生效，而且行政、立法與司法皆由該秩序獲得行為的綱要與推動力。此理論預設了，除了傳統型態的規範之外，價值也屬於法律體系，而且憲法位階的價值對於所有普通的法律皆具有「放射

---

[53] Alexy於1976年完成其博士論文《法律論證理論》之後，才在1978年發表〈論法律原則的概念〉一文。

[54] R. Alexy,（見註1）, S. 261 ff.

[55] R. Alexy,（見註1）, S. 349..

[56] 此討論脈絡中的「憲政主義」(Konstitutionalismus, constitutionalism)，其用法不同於一般憲法學所使用的概念，乃用以界定一種關於法律體系的觀點。關於「憲政主義」一般用法的討論，參閱Ulrich K. Preuß, Einleitung: Der Begriff der Verfassung und ihre Beziehung zur Politik, in: dres. (Hrsg.), Zum Begriff der Verfassung. Die Ordnung des Politischen, 1994, S. 11 ff.

[57] 參閱張嘉尹，〈論「價值秩序」作為憲法學的基本概念〉，頁9以下。

效力」（Ausstrahlungswirkung），這深深的影響人們對於法律體系的理解，因為憲法不再只是授權的基礎或立法的框架，憲法的一些概念，例如「尊嚴」、「自由」、「平等」、「法治國」、「民主」或是「社會國」，皆因此成為法律體系的關鍵內容。即使是在法律適用的層次，也可觀察到「比例原則」的頻繁使用，以及使用憲法導向的原則與價值衡量來取代傳統的法律規則涵攝的趨勢[58]。批評「客觀價值理論」的見解則可通稱為「法制主義」，Alexy認為「法制主義」雖非一個內在一致的相對模型，不過卻由一組相關的論點構成，主要有四[59]：（一）「規範取代價值」：在規範理論上主張規範與價值的差異性，反對用價值來詮釋法規範。（二）「涵攝取代衡量」：在法學方法論上，主張回歸傳統解釋規則與涵攝模型，認為價值衡量會導致法律解釋適用的恣意性。（三）「普通法律的獨立性取代憲法的遍在性」：在法律體系的結構上，主張維護普通法律的固有領域，尊重發展已久的法律釋義學，諸如民法釋義學、刑法釋義學，反對輕易訴諸憲法的價值秩序，藉以侵犯此類法律領域。（四）「民主立法者在憲法框架中的自主性取代聯邦憲法法院受憲法支持的大權獨攬」：在權力分立的落實上，主張尊重立法者的政策形成自由，反對憲法法院動輒透過憲法價值秩序的觀點，實質上擴張違憲審查的範圍。

2. 法律體系的三層次模型──「溫和的憲政主義」

　　Alexy認為，兩者的爭論以對於法律體系之結構的不同見解為其

---

[58] R. Alexy, Rechtssystem und praktische Vernunft, S. 213.

[59] R. Alexy,（見註58），S. 214。這類批評又以Ernst Forsthoff為首倡者，早在1959年他即從「回歸法學方法」的角度，嚴厲批評聯邦憲法法院的「價值理論」在憲法解釋上的流弊及其後果，參閱張嘉尹，《憲法解釋理論》，1992年台大法研所碩士論文，頁93以下有關德國憲法解釋理論爭論的背景介紹。

根本，因此要判斷何者才正確，必須訴諸於法律體系的理論。Alexy
本身基於原則理論與法論述理論（Diskurstheorie des Rechts），
提出一個法律體系的三層次模型──「法律體系的規則／原則／程
序模型」（Das Regel/Prinzipien/Prozedur-Modell des Rechtssys-
tems），他透過三個步驟來支持「溫和的憲政主義」（gemäßigter
Konstitutionalismus）的法律體系觀點：（一）基於規範理論上規則
與原則的區分，批評嚴格的「法制主義」站不住腳。（二）將「價值
理論」去蕪存菁之後重新建構為原則理論，此原則理論是適當的法律
體系構想不可或缺的成分。（三）以實踐理性概念為導向的法律體系
模型來支持「溫和的憲政主義」[60]。

3. 「純規則模型」與「純原則模型」的缺點

　　Alexy認為可以從一個問題出發：法律體系僅用規則來說明即
可，還是必須加上原則才能完整說明？對此，可以先設想一個純然由
規則所構成的法律體系──「法律體系的規則模型」（Regelmodell
des Rechtssystems），此模型具有拘束性與開放性兩個特徵，規則
所在之處具有嚴格的拘束性，法官只能依規則判決，但是在不存在相
關規則的案件中，法官即不受任何法律拘束，因此規則模型會產生漏
洞問題。此外，在民主憲政國這類型國家的法律體系中，規則模型還
會導致基本權規範、憲法原則等憲法規範難以發揮效力，因為加上法
律保留條款之後，似乎立法者可以為所欲為的限制基本權，如此就
不符合立法者亦受基本權拘束的規定[61]。相對的，一個只由原則所構
成的法律體系──「法律體系的原則模型」（Prinzipienmodell des

---

[60] R. Alexy,（見註58），S. 215.
[61] R. Alexy,（見註58），S. 220.

Rechtssystems），則必須面對嚴重的不確定性問題，以及欠缺法安定性的問題，然而法安定性卻是法律體系重要的合理性內容[62]。

4. 「柔性價值秩序」的建立

　　既然純規則模型與純原則模型有重大缺陷，那麼可以設想的是兼具兩者的「規則／原則－模型」（Regel/Prinzipien-Modell），然而此模型也遭受來自三方的質疑：實質的、權限的與方法論的質疑。

　　（一）實質的質疑認為，採取「價值理論」（原則理論）會摧毀自由主義意義下的個人自由，然而此質疑誤解了原則理論，因為個人自由亦是原則保障的對象，而且原則在內容上是中立的。

　　（二）權限的質疑則擔心，採取原則理論會造成國會與法院之間不容許的權限轉移，立法者會因為憲法的無所不在──基本權的「放射效力」──而失去其獨立性，然而此質疑亦忽視了原則的對象具有多樣性，除了實質原則之外，也存在著形式原則或程序性原則，例如「對於具有民主正當性之立法者決定權限的尊重」，亦即相對於憲法的實質內容，立法者仍然具有相對的獨立性[63]。

　　（三）方法論的質疑則認為，原則理論只是個幌子，認為透過原則理論而來的法律體系封閉性可以解決規則模型的開放性，只不過是個空殼，因為原則理論只意味著法律論證可能存在，卻不表示法律體系可以對爭議問題提供一個確定的解答，為了對治規則模型因欠缺可資適用的法律標準而產生的漏洞問題，換來的是漫無邊際的法律標準所造成的不確定性問題。對此Alexy認為，過去對於價值秩序理論的討論顯示出，一個對於所有案件皆可相互主體的（intersubjektiv）

---

[62] R. Alexy,（見註58），S. 222.

[63] R. Alexy,（見註58），S. 223.

得到一個確定答案的「剛性價值秩序」（harte Wertordnung）不可能存在，但是不能據此就主張價值秩序理論將導致方法上的恣意性，反而透過建構「柔性價值秩序」（weiche Wertordnung）有可能解決方法論的質疑。

「柔性價值秩序」包含三部分：一個「優先條件」的體系、一個衡量結構的體系與一個初顯優先性的體系。（一）首先，在具體案件中，原則與原則的衝突必須使用「衝突法則」，透過建立「優先條件」來得到一個規則以解決之。（二）其次，衡量結構則來自於原則作為「極佳化誡命」的特徵，此即比例原則的三部分，來自事實可能性的是適當性原則、必要性原則與來自法律可能性的是（法益）衡量法則（Abwägungsgesetz）：「此原則之不實現或阻礙的程度越高，彼原則實現的重要性就必須更大。」想要將原則排除法律體系之外，意味著放棄比例原則，然而比例原則卻提供法律體系一個合理的論證結構。（三）最後，初顯優先性意味著，原則與原則衝突時其中之一具有初顯優先性，例如在Lebach案件中，對於重大刑事案件的報導自由「原則上」優先於其人格權的保障，又如聯邦憲法法院的主張：「有疑時推定自由的保障較優先」，雖然原則的初顯優先性無法提供具體案件一個完全確定的答案，但是卻也設定了論證的負擔，為原則領域建立了特定的秩序[64]。

上述「規則／原則—模型」的分析所建立的「柔性原則理論」，在方法論上可以在「規則模型」的開放性漏洞領域，提供法律決斷一個合理的結構，放棄法律體系的原則層面將意味著放棄此種合理性。此外，主要的憲法原則，像人性尊嚴原則、自由原則、平等原

---

[64] R. Alexy,（見註58），S. 225.

則等基本權原則，以及法治國、民主國與社會國等國家結構原則，皆是當代理性法（Vernunftrecht）在憲法中的實證化，惟有原則理論才能恰當的發揮其內容，這就表示除了方法的考量外，採取原則理論還具有實質的正當化事由[65]。

5. 原則理論與價值理論的轉換

　　然而柔性價值秩序／柔性原則模型理論要成立，還必須預設「原則模型」與「價值模型」之間具有轉換可能性。雖然原則具有「義務論的」（deontologische）性格，價值具有「價值論的」（axiologische）性格，使得原則與價值兩者有所區別，但兩者亦具有相似性，以及廣泛的結構一致性[66]。語言使用上，我們會論及「原則衝突」（Prinzipienkollision）以及「在兩個原則之間衡量」，也會論及「價值衝突」（Wertekollision）以及「在兩個價值之間衡量」，在法律的解釋與適用過程中，兩者的用法幾乎一樣，Alexy認為，如果將德國聯邦憲法法院判決中的「原則」概念與「價值」概念互換，其意義也不會改變[67]，而且，不管是原則的實現還是價值的實現都是程度的問題。因此Alexy就推論，在法律論證中也可以不由「原則模型」出發，而由「價值模型」出發，所有價值理論的問題皆可以在原則理論的框架中討論，反之亦然[68]。此外，原則衝突與價值衝突具有結構上很大的相似性，每個原則衝突皆可轉譯為價值衝突，反之亦然，兩者的差別只有一個，原則衝突所涉及的問題是，就

[65] R. Alexy,（見註58），S. 227.

[66] R. Alexy,（見註58），S. 218.

[67] R. Alexy,（見註2），S. 125.

[68] R. Alexy,（見註2），S. 133.

結果論何者確定應為（gesollt），價值衝突的問題則是，就結果論何者確定較佳（besser）。因此在法律論述中，原則與價值其實是同一件事，只是前者披著義務論（Deontologie）的外衣，後者則表現價值論（Axiologie）的外貌[69]，所有「價值理論」的問題皆可以在原則理論的架構下探討，反之亦然。當然Alexy也承認，在討論法律問題時，使用原則理論較佳，因為使用原則概念時，法的應然特徵可以毫無遺漏的表現出，而且相較於價值概念，原則概念比較不會帶有可疑的預設[70]。透過原則理論，可以釐清價值理論中常見的一些誤解，使其成為容易站得住腳的理論[71]。

Alexy此種看法卻受到Jürgen Habermas的批評，Habermas堅持區分原則與價值，認為前者是規範，具有義務論的意義，後者則具有價值論的意義。Habermas認為，有效的規範賦予其規範對象毫無例外暨平等的行為義務，以滿足一般化的行為期待；價值則是相互主體間所共享的喜好。價值表達了善的優先性，此善在特定集體中是值得追求的，而且可透過對準目標的行為來獲得；規範則帶有二元化的效力要求，規範只有有效與無效兩種，因此規範的應然效力具有絕對意義，是無條件的與普遍的義務，應該所要求者，對所有人都同等的好；價值的吸引力則具有相對的意義，是特定文化與生活方式所採納的對於善的評等，價值判斷是程度性的，喜好是可比較的[72]。

具體言之，Habermas認為規範與價值具有四方面的區別：

---

[69] R. Alexy,（見註2），S. 216.

[70] R. Alexy,（見註58），S. 219.

[71] 關於「客觀價值秩序理論」所引起的誤解與批評及其討論，參閱張嘉尹，〈論「價值秩序」作為憲法學的基本概念〉，頁16以下。

[72] J. Habermas, Faktizität und Geltung, Beiträge zur Diskurstheorie des Rechts und des demokratischen Rechtsstaats, 4. Aufl., 1994, S. 311.

（一）規範與義務行為相關；價值與目的行為相關。（二）規範的效力要求是二化的；價值的效力要求是漸次的。（三）規範具有絕對拘束性；價值具有相對拘束性。（四）規範標準所在的脈絡是規範體系；價值標準所在的是價值體系。由於兩者在邏輯性質上有此區別，就導致其運用上的巨大差異。因此將憲法詮釋為一個具體的價值秩序，將無視其獨特的法性質，因為基本權作為法規範，如同道德規則，是根據義務性的行為規範模式來定型的，透過權利體系所界定的法秩序，乃是透過規範性觀點的嚴格優先性，來拘束立法者的目標設定與價值導向[73]。

Alexy則反駁說，如果採取Habermas上述見解，意味著僅將原則當作「道德論述」（moralische Diskurse）的對象，價值當作「倫理論述」（ethische Diskurse）的對象，如此作法在運用於法律原則時會出問題，因為Habermas常常強調，法規範不同於道德規範，法規範並不陳述對於所有的人皆好之事，而是去調節具體法律社群中人民的生活脈絡，因此在法領域的「說理證成論述」（Begründungsdiskurse）與「（規範）適用論述」（Anwendungsdiskurse）皆須允許「實用論證」與「倫理論證」，如此一來，就不能毫無保留的將法律原則定性為具有絕對拘束性的規範，否則法律原則就會完全與道德規範毫無差別[74]。為了解決此困境，Habermas就必須主張基本權具有嚴格優先性，因其具體化了論述理論上普遍主義式之可證成的權利體系。對此，Alexy正確的指出，並非法律體系的所有原則皆如同基本權的核心領域一般，可獲得普遍主義式之道德所支持，因而法律體系

---

[73] J. Habermas,（見註72）, S. 312.

[74] R. Alexy, Jürgen Habermas' Theorie des juristischen Diskurses, in: ders., Recht, Vernunft, Diskurs, 1995, S. 167 f.

所有內容皆不得與之牴觸，但是所有的法律原則卻都具有義務論的特徵，因此，不能推論凡是具有義務論的特徵者皆具有絕對的性質，即使是立法者基於實用的或是倫理的理由所制定的法規範，亦具有義務論的地位，即令承認基本權的嚴格優先性，此性質亦非來自規範邏輯的特質，而是由道德所證成[75]，究極言之，Habermas的論證無法在規範理論上否定規範與價值模型之間的轉換可能性。

6. 法律體系與程序化的實踐理性

Alexy認為，採取原則理論雖然可以排除規則層面的漏洞問題，但是卻在原則層面產生了不確定的問題，這意味著「規則／原則－模型」仍不完整，而且徒法不足以自行，無論規則還是原則都無法規定其自身的適用，所以兩者僅展現了法律體系被動的一面，要使法律體系的模型完整，必須加上主動的一面：適用規則與適用原則的程序面，在一個以實踐理性為導向的法律體系，這樣的程序必須是一個保障合理性的程序，至此，Alexy的原則理論及其法律體系的模型就與法律論述理論接軌[76]。保障合理性的程序既可位於適用法律的層面，亦可位於制定法律的層面，事實上，Alexy關於法律論述的討論，區分四個具有漸進關係的層面：（一）從一般實踐論述（der allgemeine praktische Diskurs）開始；（二）其次是法律制定程序；（三）接著是法律論述；（四）最後是法庭辯論程序。第二與第四個層面是制度化的程序，第一與第三則是非制度化程序。

倘若將焦點暫時置於非制度化的法律論述程序，則此法律適用之保障合理化的程序本身即是法律論證理論的探討對象，此種理論的第

---

[75] R. Alexy,（見註74），S. 168.

[76] R. Alexy,（見註58），S. 228.

一個任務在於建立方法規則，來確保制定法律在適用時的拘束性，由
於方法規則的體系亦無法保證永遠可以確定單一結論，所以在此類疑
難案件中評價（Wertung）都有其必要的，然而問題是評價卻無法由
既有的法規中求取，所以法律適用程序的合理性就繫諸此類評價是否
以及在何種範圍內可以受到合理的控制？因此，合理的證成價值判斷
即是法律論證理論的第二個任務[77]。

　　與Dworkin不同的是，Alexy並不認為有可能建立一個實質道德
理論，以提供價值判斷一個互為主體的確定性，他認為至多僅能建立
一個程序性的道德理論，建構理性實踐論證的規則或條件，他所提倡
的「理性實踐論述理論」（Theorie des rationalen praktischen Dis-
kurs）即是很好的選項[78]，其核心是一個由論述規則與論述原則所構
成的體系，用以保障論證過程及其結果的合理性（Rationalitat），
這樣一種程序性的實踐理性必須滿足四項要求：（一）最大的語
言概念清晰性；（二）最充分的經驗資訊性（empirische Informi-
ertheit）；（三）最可普遍化（Verallgemeinerbarkeit）的性質；
（四）最大程度的無偏見性（Vorurteilsfreiheit），然而這些要求都
具有理想性格，所以在實際條件下僅能趨近而無法完全實現，其充分
的實現亦僅能擔保「相對的正確性」（relative Richtigkeit）[79]。

　　Alexy認為，此法律體系模型的三個層面，各自看來皆有其缺
點，但是將其連結為具有三個層面的「規則／原則／程序－模型」，
亦即「溫和的憲政主義」，則可產生高度的相互補償性，他推測，
除此之外，在人類條件的限制下要在實踐理性上有更多收穫並不可

---

[77] R. Alexy,（見註58），S. 229.

[78] R. Alexy,（見註58），S. 230.

[79] R. Alexy,（見註58），S. 230.

能[80]。

　　本文認為，既然從參與者的角度，尤其是法官的觀點來建構法律體系的「規則／原則－模型」，為何還要補充以專門為非制度化的法律論述所設計的程序？於此不但有層面的落差存在，也令人懷疑是否多此一舉，因為「規則／原則－模型」是個植基於規範理論的法律體系結構模型，它所要面對與處理的問題與法律論述理論並不相同，法律論述理論所要做的是從程序面來證成法律決斷的「正確性」，法律決斷的說理證成可以採取規則／原則的區分，也可以不採取該區分，只要符合程序條件，都是「正確的」決斷。如此一來是否有必要將結構性理論與程序性理論相連結，就不無疑問了。

（二）原則理論與法概念論

　　原則理論除了可以提供「合理」法律體系模型的建構基礎之外，亦可支持非法實證主義的觀點，作為批評「分離命題」的論據，因此是Alexy建構其法概念論的重要依據。Alexy認為法與道德不僅在概念上具有必然的關聯，即使從規範性的觀點出發，亦應主張在界定「法」與「法效力」時納入道德因素。為了論證法與道德具有概念上必然關聯，他提出三類相關聯的論證——「正確性論證」（Richtigkeitsargument）、「不法論證」（Unrechtsargument）與「原則論證」——來反駁法實證主義的「分離命題」，質言之，Alexy欲透過此三個論證來證成法與道德在概念上的必然關聯。簡言之，（一）「正確性論證」意指，無論是個別法規範、個別判決或是法律體系的整體，都必然會提出「正確性要求」，不提出此要求的規範體系即非

---

[80] R. Alexy,（見註58），S. 231.

法律體系，提出此要求的法律體系若無法實現此要求，則是在法律上有瑕疵的法律體系，個別法規範若具有相同情況則是法律上有瑕疵的法規範。此外，在Alexy的論證脈絡中，「正確性論證」是其他兩個論證的基礎[81]。（二）「不法論證」則是指，法律體系的個別規範若逾越了不法或是不正義的門檻，則不再具有法律性質[82]。（三）「原則論證」則是要論證，原則同時具有法律性質與正確性道德的性質，因此可以為法律與道德在概念上建立必然關聯，限於本文所探討的主題，以下僅檢討原則理論與法概念論之間的關聯──「原則論證」。

1. 「原則論證」與實證法的開放領域

　　「原則論證」涉及的是日常的法學活動，而以一個同時為實證主義與非實證主義都同意之法學方法論上的洞見為其出發點，亦即實證法具有所謂的開放結構（offene Struktur; open texture），此結構可能來自於下列幾個原因：（一）法律語言的模糊性；（二）規範矛盾的可能性；（三）欠缺判決所需的規範；（四）在特殊情況下必須違反規範文義而判決的可能性。此開放結構亦可稱為實證法的開放領域（Offenheitsbereich），此領域在每個法律體系皆存在，凡是落於此領域的案件皆可稱為疑難案件（zweifelhafter Fall）[83]。根據法實證主義的觀點，在開放領域無法根據法律來判決，所以是根據法律以外的標準來解決疑難案件。相對的，Alexy所提出的「原則論證」則主張，法官在開放領域的判決仍舊受到法的拘束，此種拘束性的發生方

---

[81] R. Alexy, Begriff und Geltung des Rechts, 1992, S. 64.

[82] R. Alexy,（見註81），S. 71.

[83] R. Alexy,（見註81），S. 118.

式會在法與道德之間建立一個必然關聯[84]。

　　Alexy的「原則論證」以原則理論對於規則與原則的規範理論性區別為基礎，並試圖透過下列三個命題來建立法與道德之間的必然關聯：（一）「合併命題」（Inkorporationsthese）；（二）「道德命題」（Moralthese）；（三）「正確性命題」（Richtigkeitsthese）。Alexy聲稱，由此三個命題所建立的必然關聯乃是概念性的、限定性的（qualifizierende），而非分類性的（klassifizierende）關聯，而且只適用於參與者觀點（Teilnehmerperspektive）[85]。

2. 「合併命題」

　　Alexy的「合併命題」主張，每一個至少有最低發展的法律體系都必然包含原則[86]。要論證「合併命題」可以成立，必須採取下列四個步驟：

　　（一）一個完全發展的法律體系包含原則，是很容易確認的，德國的法律體系就是個著例，德國基本法就具有人性尊嚴原則（Art. 1 Abs. 1 GG）、自由原則（Art. 2 Abs. 1 GG）、平等原則（Art. 3. Abs. 1 GG）、法治國原則、民主國原則、社會國原則（Art. 20, 28 Abs. 1 Satz1 GG），這些原則都是現代自然法與理性法的基本原則，所以德國基本法就這樣把作為實證法原則的現代法與國家的道

---

[84] R. Alexy,（見註81），S. 118 ff.

[85] R. Alexy,（見註81），S. 120.

[86] 很有趣的是，在英美法理學界中，使用到「合併命題」（或翻譯為「安置命題」）反而是用來支持「法實證主義」（「柔性法實證主義」），認為根據承認規則亦可接受道德原則作為法院判決的依據，而將道德原則併入法律體系，不過此種法律體系與道德原則的關聯是經驗性的、偶然的，而非必然的。關於此點，感謝「台灣法理學之傳承與展望」研討會中，台大法律系顏厥安教授提供的寶貴意見。

德，納入德國的法律體系了。然而如此卻仍然無法主張，法與道德具有概念上的必然關聯，如此至多僅可以推論，實證法決定要納入道德作為其內容，這也是法實證主義所不爭的[87]。於此，Alexy認為重要的是下列的問題：是否不只一些法律體系的實證法包含具有原則結構的規範，而是所有的法律體系皆然？

Alexy主張此問題應該從參與者，尤其是法官的觀點來回答，尤其是當他必須在法律體系的開放領域做出判決，卻無法僅根據既有的法規來做成最後的決定時。要判斷法官是否依據原則判決，可以觀察他是否採取法益衡量，換言之，當法官採取法益衡量時，他就是依據原則在判決，因為只有兩個可以相庭抗禮的判決理由都存在時，法益衡量才有其必要，此種理由若非即是原則，亦須根據原則而存在[88]。

（二）但是，法實證主義者可以爭執說，即使如此，相衡量的原則也未必就屬於法律體系，而只是道德原則，而且法益衡量的要求並非「法的要求」，而只是法律以外的要求。Alexy認為，對於參與者而言，法律體系不僅是個結果意義上的規範體系，還是個程序體系，所以在判決與說理程序中使用的理由，既然屬於該程序就應該屬於法律體系[89]。

（三）然而，質疑者還是可以說，單單法官在程序中使用特定理由，亦即原則，來說理與判決這一事實，仍無法推論該原則從屬於法律體系。對此，Alexy提出「正確性論證」來反駁。「正確性論證」意味著，法官的判決必然具有「正確性要求」（Anspruch auf Richtigkeit），因為此要求與法官的判決之間具有必然關聯，所以在性質

---

[87] R. Alexy,（見註81），S. 122.
[88] R. Alexy,（見註81），S. 122.
[89] R. Alexy,（見註81），S. 124.

上是一個「法的要求」，而非單純的道德要求。此「法的要求」就相應於一個去實現它的法義務，「正確性的要求」因此就要求，一旦有可能，則在疑難案件中應進行法益衡量並考慮原則，既然這是法所要求的，就可推論，在所有此類法律體系中，基於法的理由，原則是法律體系的必然要素[90]。

（四）最後，質疑者仍可以說，可能存在著不發生疑難案件的法律體系，如此就不發生法益衡量，所以該法律體系也無須包含原則，所以就不能主張所有法律體系皆必然包含具有原則結構的規範。Alexy認為這是個經驗性的問題，即使存在此類法律體系，也不是個至少有最低發展的法律體系[91]，所以他主張在原來的命題上加上限制，而得到「合併命題」：「每一個至少有最低發展的法律體系都必然包含原則[92]。」如果此命題成立，則「法律原則是不是法律」的問題亦可解決，當任一最低發展的法律體系皆包含原則時，其所包含之原則當然是法律。

本文認為，「合併命題」能否成立，取決於上述（三）的「正確性論證」是否能成立以及對其意義的詮釋，這至少在兩方面不無疑問。首先，Alexy使用「表現性矛盾」（performativer Widerspruch）的避免來證成該論證，倘若該方法仍不足以證成「正確性論證」，則不能主張法官判決必然包含「正確性要求」。「表現性矛盾」並非語意層面的邏輯矛盾，而是語用層面的矛盾，意謂一個人的

---

[90] R. Alexy,（見註81），S. 125.

[91] 因此可以推測，根據Alexy的看法，一個沒有疑難案件的法律體系，就是一個連最低發展也沒有的法律體系，這樣的形容方式應該是描述性的，而非評價性的，符合這樣條件的法律體系其複雜性非常低。

[92] R. Alexy,（見註81），S. 126.

言語行動跟他所說的內容相互衝突，換言之，陳述的命題內容與陳述這個言語行動的用意相矛盾──或稱為「以言行事的力量」（illocutional force）。Alexy在論證「正確性要求」時，提出兩個例子來說明「表現性矛盾」，第一個例子是，X國家的憲法第1條規定：「X是一個具有主權、採取聯邦制而且不義的（unrecht）共和國。」第二個例子是，判決主文寫道：「基於法律的錯誤解釋，被告被處以無期徒刑。」其次，即使法官的判決必然包含「（法的）正確性要求」，而且還要求如果有可能，在疑難案件中應進行法益衡量並考慮原則，卻不一定能夠依此推論，法官在進行法益衡量時所考慮的原則具有法律性質，是法律原則。我們可以問，必須考慮原則的要求會使得被考慮的原則成為法律原則嗎？還是這個要求只是個連結點，使得法律體系得以跟道德原則相銜接，如此一來所銜接的還是道德原則，不會因為與法律體系連結就成為法律原則。

3. 「道德命題」

　　Alexy承認，根據「合併命題」仍無法證成法與道德的必然關聯，因為法實證主義者仍然可以主張，法律體系之所以包含原則是基於實證法而來，而且也可主張，屬於法律體系的原則能否建立法與道德的關聯，亦取決於實證法。為了反駁此說法，Alexy認為必須區分法與道德具有必然關聯之命題的兩種版本，亦即弱版本與強版本。該命題在弱版本表現為「法與任何道德（irgendeine Moral）具有必然關聯」；在強版本則表現為「法與正確道德（richtige Moral）具有必然關聯」。在「道德命題」這個步驟，只處理弱版本，亦即從「原

則必然存在於法律體系」，推論「法與任何道德具有必然關聯」[93]，Alexy的論證步驟如下：

（一）「道德命題」要成立，則疑難案件中適用的原則必須屬於道德。此論點可成立，因為疑難案件所涉及者是個實踐問題（praktische Frage），在法的領域要解決實踐問題，就意味著要得出「應該做什麼」（was gesollt ist）的答案，要滿足「正確性的要求」，又無法僅基於既有的法規來決定，就必然要慮及所有相關的原則，而在與解決實踐問題相關的原則中，一直可以發現屬於道德者。雖然此類原則有可能是正確的或是錯誤的[94]，但是重要的是此類原則同時是屬於道德的原則[95]。

（二）質疑者可能會說，如此看法與法實證主義是相容的，根據其見解，法官在疑難案件正是根據法外標準來判決，根據道德原則來判決亦屬之。Alexy認為此看法所針對者並非重點之所在，因為，首先根據「合併命題」，原則是法律體系的必然要素，其次根據「道德命題」，這些原則必然包含道德的原則。因此，原則具有雙重特徵，原則必然屬於法律體系也必然屬於道德，所以法官在疑難案件中判決時，所使用的原則，雖然在內容上屬於道德，但是卻是具有法的形式，是具有法性質的判決標準[96]，換言之，法官仍然是依法審判。

4. 「正確性命題」

質疑者還是會說，當我們主張法與道德有必然關聯時，僅僅論

---

[93] R. Alexy,（見註81），S. 126.

[94] 例如「種族隔離原則」(Prinzip der Rassentrennung)，R. Alexy,（見註81），S. 128。這裡只論證到原則屬於道德，但是還沒有區分正確的與錯誤的道德。

[95] R. Alexy,（見註81），S. 128.

[96] R. Alexy,（見註81），S. 129.

證法與任何道德有必然關聯是不夠的，還要能夠證成「法與正確道德有必然關聯」，此即「正確性命題」的任務。「正確性命題」乃是將「正確性論證」使用於「原則論證」框架中所得到的命題[97]，Alexy的論證步驟如下：

（一）當實證法的原則為道德所要求，或是至少是為其所允許，例如前述德國基本法所包含的六項基本原則，要證成「正確性命題」並不難，因為原則作為「極佳化誡命」要求其自身內容的儘可能實現，如果這些原則在疑難案件上可資適用，則法官在法律上有義務極佳化其適用，於此所涉及者雖然是對於法律問題的解答，但該問題在內容上亦是（政治）道德的問題，因為法官藉以證成其衡量結果的論證，至少有某部分在內容上具有道德論證的特徵，所以可以推論，與判決必然連結之「法律正確性要求」包含「道德正確性要求」。因此當一個法律體系的實證法原則，其內容為道德所要求，或至少為道德所允許，法與正確道德就具有必然關聯[98]。

（二）質疑者可以說，上述結論只適用於在道德上可正當化的法律體系，而不能將其普遍化，在包含種族原則與領袖原則的納粹法律體系即無法適用。Alexy主張，即使一個適用種族原則與領袖原則的法官，亦會在判決時提出「正確性要求」，而且此要求蘊含「可證成性的要求」（Anspruch auf Begründbarkeit），後者不會侷限於要求，判決在任何道德的意義上是可證成的，而會要求判決在一個可證成的因此也是正確的意義上是正確的！由於「正確性要求」包含「道德正確性要求」，而且此要求會延伸到原則上，所以法與正確道德具

[97] R. Alexy,（見註81），S. 130.
[98] R. Alexy,（見註81），S. 130.

有必然關聯[99]。

（三）質疑者仍可說，法與正確道德此種方式的連結太過鬆動，無法主張其必然關聯，因為所涉及者是「要求」（Anspruch）而非其實現，而且雖然提及正確道德，仍未說明此種道德所在何處。Alexy認為，在極端不法的情況之外[100]，只能透過「要求」而非其實現來建立法與道德的必然關聯，否則即是要求太多，而主張所有的法都必須是道德上正確的法。Alexy所要建立的必然關聯卻非分類性的，而是「限定性的」，他認為在極端不法的情況之外，牴觸道德的法規範或是判決，並不會因此喪失其法的性質，亦即成為不法，只會成為「在法律性質上有瑕疵的規範或判決」（eine rechtlich fehler-hafte Norm oder Entscheidung）。由於與法必然連結的「正確性要求」包含了「道德正確性要求」，所以在上述情況中，牴觸正確道德就造成法律上的瑕疵，然而即使此種「柔性的」（weiche）關聯亦是必然關聯[101]。

（四）質疑者可能會說，只是回溯到正確道德還是太少了，雖然在極端不法的情況，關於何者與道德牴觸，眾人可以很快達成一致見解，但是在一般情況下卻非如此容易。Alexy認為，即令如此亦不表示在此領域缺乏判斷是非的標準，因為「正確性要求」蘊含「可證成性的要求」，從「可證成性的要求」可導出一些要求，這些是道德若不要被當作錯誤道德時，必須履行的最低要求；從「可證成性的要求」可導出另外一些要求，這些是道德若要成為正確道德時，必須盡

---

[99] R. Alexy,（見註81），S. 132.

[100] 亦即在「不法論證」適用的領域之外，關於「不法論證」，參閱R. Alexy,（見註81），S. 70ff.

[101] R. Alexy,（見註81），S. 133 .

可能履行的要求[102]。

　　Alexy認為，倘使我們從參與者角度，將法律體系觀察為一個亦包含程序的體系，則「限定性的」或「柔性的」關聯並不導致，法與一特定的、應被標示為具有正確內容的道德之間會具有必然關聯，而是法與正確道德——可證成的道德——的理念之間具有必然關聯，該理念與法的結合就意味著，從屬於法的不僅是法律說理的獨特規則，道德論證的一般規則亦屬之，因為在道德領域的正確可能性，是基於此類規則才成為可能的[103]。要證成道德原則必須滿足理性說理（rationale Begründung）的最低要求，此即正確道德的條件。

　　如果Alexy所主張的「正確性命題」是正確的，那麼到最後似乎可以證成「法律與道德在概念上具有必然關聯」，而駁斥法實證主義的「分離命題」，然而「正確性命題」是Alexy三大論證中的第一個「正確性論證」運用於「原則論證」的結果，所以「正確性命題」要站得住腳，以「正確性論證」能夠確立為前提，否則即不能主張「分離命題」之謬，而法律與道德的關聯也不是概念上的必然，至多僅是規範性上的應然（normatives Sollen）。由於Alexy在嘗試證成「正確性論證」時，使用的方法亦是「表意性矛盾」（performativer Widerspruch）的避免，因此，「正確性命題」是否能成立，最終亦繫諸「表意性矛盾」作為判準是否站得住腳？當然，這個問題的回答不只是牽涉到法哲學上法實證主義的論戰，也涉及哲學領域中有關「終極證成」（Letztbegründung）問題的論戰。這是哲學上，Otto Apel與Jürgen Habermas所代表的論述理論（Diskurstheorie）陣營

---

[102] R. Alexy,（見註81），S. 134.
[103] R. Alexy,（見註81），S. 136.

與Hans Albert所領軍的批判理性論（Kritischer Rationalismus）陣營之間，迄今尚未有定論的爭議[104]。

由於法與正確性道德之間是否具有必然關聯，最終繫諸於「正確性命題」是否成立，而「正確性命題」能否站得住腳卻有賴於「表意性矛盾」是否成立，因此，Alexy對於分離命題的批判能否證成，就必須仰賴Apel所發展的「終極證成」論的說服力了。於此應注意的是，即使是在論述理論的陣營中，Habermas也由於與Apel在「終極證成」的終極性上，出現重大的歧異見解而分道揚鑣，他認為Apel的「先驗語用學」對於「終極證成」的講法，仍未脫離主體哲學的影響，未能完全過渡到語言哲學，他否定「終極證成」的先驗性質，認

---

[104] Apel與Habermas分別從「先驗語用學」（Transzendentalpragmatik）以及「普遍語用學」（Universalpragmatik）所共同發展的「終極證成」，對於法論述理論具有重要意義，尤其是其後繼續發展的「論述倫理學」（Diskursethik），也成為開展法論述理論的基石。由於論述理論主張倫理問題可以類比於事實問題，具有「可認識性」／「可證立性」，所以就必須面對批判理性論者的質疑，Karl Poppe就主張「證成」會面臨一個難題，亦即無法證成自身，所以必須植基於無法論證的預設，而這種預設就是一種決斷；他的學生Hans Albert則提出所謂的「Münchhausen三重困境」（Münchhausen-Trilemma），認為任何說理證成的活動到最後都會陷入下列三種情況中的一種，不是陷入無窮的後退，就是會陷入循環論證，不然就必須使用恣意的決定作為其終點，因此Albert主張終極證立是不可能的。其實，Apel所發展的「終極證成」論，就是用來克服「Münchhausen三重困境」。一開始他借助美國實用主義哲學，尤其是Charles Sanders Peirce的研究，發展出「先驗語用學」的觀點，他認為Abert與Popper的「證成」概念都太過狹隘，只包含演繹式證立（deduktive Begründung），卻未包括「反省」（Reflexion），然而只要進行論證活動或是要去爭執別人的論證，只要想要有意義的去進行論證，就不得不站立在特定的前提上，而所謂的「終極證成」就是要回溯到一個無可爭辯的前提：因為只要想要爭辯，就已經站立在此前提上了，即使是想要去爭辯這不是「終極證成」也已經預設這個前提了。所以要發言論證去否定這種前提就會陷入一種矛盾：「表意性矛盾」（performative Selbstwiderspruch），所以透過這個方式找到的是論述最後的、終極的前提，是只要一進行論證活動就不可偏離的、無條件的（voraussetzungslos）前提。因此Apel主張只要一進行言談活動，就已經接受了某些預設，如果又要發言來否定這些預設，就陷入一種特殊的語用學矛盾—亦即所謂的「表意性自我矛盾」。然而Apel的批評者卻質疑這種主張，懷疑這些前提是否真的沒有條件，尤其是批判理性論者，也並不認為這樣就可以解決「Münchhausen三重困境」的質疑，批評Apel的終極證立仍然是有條件的。參閱W. Reese-Schärfer, Grenzgötter der Moral, 1997, S. 69 ff.

為充其量其只具有假設的地位，並提出「重建的科學」概念，將哲學以及科學熔於一爐，主張我們最多僅能夠將社會演化到目前的理性成就加以重建，這種重建所得具有經驗性，而非先驗知識[105]。

三、結　論

　　R. Alexy藉由對R. Dworkin原則理論的批判與更新，建構自己的原則理論，以原則與規則的初顯特徵不同為其首要差異，並將原則定義為「理想應然」與「極佳化誡命」，以此為基礎分析原則衝突的結構，提出「衝突法則」與「衡量法則」，最後並結合其法律論證理論，以證成原則衝突的合理性。其後Alexy又以規則與原則的區分為基礎，建立了法律體系的「規則／原則／程序－模型」──「溫和憲政主義」，將法律體系的結構模型與程序性的實踐理性相結合。最後，Alexy以「原則論證」為重要論據之一，嘗試證成法與道德在概念上具有必然關聯。其實Alexy也以原則理論為基礎建構其基本權理論，探討原則理論與比例原則的關係[106]、解析基本權規定（Grundrechtsbestimmung）與基本權規範（Grundrechtsnorm）的雙重結

---

[105] 詳細請參閱J. Habermas, Diskursehtik. Notizen zu einem Begründungsprogramm, in: Moralbewußtsein und kommunikatives Handeln, 1983, S.

[106] Alexy主張原則理論與比例原則關聯十分密切，規範的原則特徵與「比例原則」（Grundsatz der Verhältnismäßigkeit）具有相互蘊含的關係，這意味著，「比例原則」與其三個次原則─「適當性原則」（Grundsatz der Geeignetheit）、「必要性原則」（Grundsatz der Erforderlichkeit）與「狹義比例原則」（即「法益衡量原則」）（Abwägungsgebot），可以從基本權規範的原則特徵演繹出來，反之亦然。原則作為「極佳化誡命」，要求相對於法律暨事實的可能性而儘可能的實現其自身的內容，「法益衡量原則」演繹其中對於法律可能性的相對化，當具有原則性格的基本權規範與其他原則相衝突時，實現此基本權規範的法律可能性繫諸與其相衝突的原則，為了解決衝突做出法律判斷，即有賴於作為「衝突法則」的法益衡量。「適當性原則」與「必要性原則」則是演繹自原則特徵的另一部份，亦即其對於事實可能性的相對化，參閱R. Alexy,（見註2）, S. 100 ff.

構[107]、分析基本權的客觀面向[108]等問題，充分展現其原則理論的實用（實踐）性格。

　　Alexy的原則理論從法律體系參與者的角度出發，藉由區分原則與規則，重新建構「客觀價值秩序理論」，為法律實踐提供了清楚的自我理解，的確達成某程度的「分析合理性」（analytische Rationalität），然而對於關鍵問題的回答，例如原則衡量的合理性、法律體系「規則／原則－模型」動態面的補強、或是在法概念論中以「正確性命題」來總成「原則論證」，皆與其法律論述理論相結合，因此其原則理論是否具有足夠的說服力，就繫於「程序性的實踐理性」的證成，這樣做的優點是建立一個更複雜的，而且融貫性較高的法理論，然而著重程序面的後果則是，一方面無法在實質論證上做更細緻與更深入的探討[109]，另一方面也顯示其原則理論作為規範結構理論的局限。

　　（本文原以〈法律原則是法律嗎？－Robert Alexy的原則理論及其問題〉為名，2002年1月12日發表於台灣法理學學會與台大法律學院法律與社會中心所合辦之第一屆台灣法理學學術研討會：「台灣法理學之傳承與展望」研討會。後發表於「輔仁法學」第二十四期，2002年12月，頁1-48。）

---

[107] Alexy使用語意學的規範概念（der semantischer Normbegriff），將「規範」界定為「規定」（Bestimmung）或「規範語句」（Normsatz）的意義，所以才會有「基本權規定」與「基本權規範」的區分，參閱R. Alexy,（見註2）, S. 42 ff.。「基本權規定」與「基本權規範」的規則與原則雙重特徵，參閱（見註2）, S. 122 ff.

[108] R. Alexy, Grundrechte als subjektive Rechte und als objektive Normen, in: ders., Recht, Vernunft, Diskurs. Studien zur Rechtsphilosophie, 1995, S. 262 ff.

[109] 這並不必然是著重程序的法律論述理論必然會產生的理論後果，另一個法律論述理論建構者Jürgen Habermas,在《事實性與效力》（Faktizität und Geltung）一書中就建立了涵蓋面更廣，也具有更多實質內容的法理論。

7 法學方法與法律推理
——類比推理作為法律推理的核心

■摘要 SUMMARY

歷經五百年以上的法學方法，仍傳授於德國大學法律系，然而常常遭遇批評與質疑，不但偏離法律實務的法律推理而遭其漠視，也無法協助法官做出正確判決。對此窘境，或許可以借助發展自普通法背景的法律推理方法，重新省思法律推理的意義與過程，本文檢討Richard Posner與Cass Sunstein對於法律推理的討論，發現法律推理有其獨特性，而且類比推理正是法律推理的核心，本文更進一步發現類比推理在法律推理活動中具有普遍性，無論在法律解釋還是法律漏洞補充，都有其適用。然而類比推理並不是法律推理的全部，面對解釋結果無法確定的狀況時，就需要其他方法的輔助。

■關鍵詞

- ■ 法學方法論
- ■ 類比推理
- ■ 類推適用
- ■ 法律推理
- ■ 判決先例

一、傳統法學方法論之死？

　　法學方法（juristische Methode）經歷了五百多年的歷史[1]，其間不僅具時代主導性的法律思想幾經更迭，社會結構也歷經重大的變遷，在結構層面從階層化分化演化為功能分化，在政治層面從封建王權轉變為憲政民主，在經濟層面進入全球化的資本主義，在法律層面則從習慣法的主導演進為制定法的主導。即使從德國歷史法學派創始人F. C. von Savigny的時代算起，迄今為止將近兩百年的期間，德語法學界法哲學與法理論的流變，也堪由厚厚的一本歷史巨著來書寫[2]，伴隨思想轉變而來的對於法學方法觀點也有多次的轉變，然而每隔一陣子，對於法學方法的不滿就會躍於紙上，在二十世紀50年代中，隨著類觀點學（Topik）[3]的重新發掘，在60年代起隨著現象學派哲學詮釋學[4]的流行，在70年代中則隨著法律論證理論[5]的漸受矚目，法學方法一再受到法學界的嚴厲批判，但是作為法律釋義學前提的法學方法，在大學法律學系中仍然繼續傳授著，一方面，法律實務對法學方法的不滿與批評並沒有停止過，另一方面，對於法律實務偏

---

[1]　歷史上第一個獨立的法律解釋學出現在15世紀中葉，由Caepolla於1460年在其論文〈De verborum etrerum significatione〉中提出，參閱*Peter Raisch*, Juristische Methoden. Vom antiken Rom bis zur Gegenwart, 1995, S. 28.

[2]　德國法理論與法學方法論從F. C. v. Savigny一直到當代的發展，可參閱*Karl Larenz*, Methodenlehre der Rechtswissenschaft, 1960, 6. Aufl., 1991, I. Historisch-kritischer Teil. Rechtstheorie und Methodenlehre in Deutschland seit Savigny (S. 11-173).

[3]　此次的重新發掘開端於*Theodor Viehweg*, Topik und Jurisprudenz, 1953, 5. Aufl., 1974一書的出版。

[4]　主要受到德國古典語言學大師暨哲學家*Hans-Georg Gadamer*, Wahrheit und Methode, Grundzüge einer philosophischer Hermeneutik, 1960, 5. Aufl., 1986一書的影響。

[5]　*Robert Alexy*, Theorie der juristischen Argumentation, 1978, 2. Aufl., 1991是此波法律論證理論運動的重要著作。*Ulrich Neumann*, Juristische Argumentationslehre, 1986則是到1986年為止對法律論證理論運動的一個重要的回顧與整理。

離乃至漠視法學方法的情況，法學界也認為無法接受。由於在法律學系傳授的法學方法與法律人在解決實際法律爭議暨作出法律決斷時的法律推理（legal reasoning）相去甚遠，有時甚至被稱為是「理論與實踐之間的斷裂」（Theorie/Praxis-Bruch）[6]。

　　這種理論與實踐之間疏離關係的成因很複雜，也有其長遠的背景，如果從法系的發展來看，在大陸法系的發展過程中，學說（理論）一直扮演著不可或缺的角色，或許如同Martin Kriele所說的，傳統法學方法的主要任務在於協助學者建立正確的學術見解，而非協助法官作出正確判決的方法[7]，據此也可以區分兩種性質的法學方法論，一種是法釋義學取向的方法論，亦即傳統法學方法論，另一種則是實務取向的或判決取向的方法論[8]，前者可以Karl Larenz的《法學方法論》為代表，Kriele的《找法理論》則是後者的佳作。由於在Kriele的論述當中這樣定位的法學方法論帶有貶意，不但其所體現的是與實務疏離的理論，還被認為是透過解釋規則的精緻化來為法官脫卸判決責任，可想而知，雖然Larenz將其著作命名為《法學方法論》，但是他並不會贊同這樣的定位，而且他也認為Kriele的批評是基於誤解[9]。即使我們並不完全接受Kriele對於傳統法學方法論的批評，但是至少「理論與實踐之間的斷裂」的事實，是探究法學方法時

---

[6] *Martin Morlok*, Vorwort: Theorie/Praxis-Bruch in juristischer Methodenlehre und Soziologie, in: Rechtstheorie 32 (2001), Sonderheft Juristische Methodenlehre: Vom Scheitern und der Wiederbelebung juristischer Methodik im Rechtsalltag – ein Bruch zwischen Theorie und Praxis?, S. 135。其實早在1967年Martin Kriele即注意到傳統法學方法論的主要缺點在於無視於理論與實踐的關係，造成理論與實踐的分離，參閱*Martin Kriele*, Theorie der Rechtsgewinnung, 1967, 2. Aufl., 1976, S. 22.

[7] 參閱*Martin Kriele*,（見註6），S. 41.

[8] 參閱*Martin Kriele*,（見註6），S. 320.

[9] 參閱*Karl Larenz*,（見註2），S. 151.

所不可忽視的，在贊同可能存在兩種方法概念的前提下，表現「理論與實踐之間的斷裂」的問題上就有兩種解釋的可能，第一種是法學方法是否足以協助法學者認識法秩序與建構法釋義學？第二種是法學方法是否足以協助法官正確的／合理的解釋與適用法律？[10]即使我們承認在法與法釋義學之間，法釋義學與案件的解決之間，存在著密切的關聯，進一步言，法／法釋義學／案件的解決之間存在著緊密關聯，雖然法釋義學作為一門學術有其獨立性，以建構法釋義學為目標的法學方法論也可稱為「法學的邏輯」（Logik der Rechtswissenschaft）[11]，但是孤芳自賞並非建構法釋義學的目的，反而是在此關聯中，協助法官正確的解決案件才是其任務所在。因此，固然可以在概念上區分這兩種不同取向的法學方法論，但是無論如何都不能忽略以判決為取向的方法考量，想要對判決的作成有所助益就不能不理解個案中法律推理的特性，對此，如果傳統法學方法論所能提供的只有諸如「解釋的目標」（Auslegungsziel）或「解釋的標準」（Kriterien der Auslegung）等論證形式，但是卻持續忽略法律實踐的行動條件，甚至爭論一些與法律論證並不相干的理論問題[12]，因而無法真正協助個案的解決，那麼就無法改善理論與實踐的斷裂關係，

---

[10] 相近的見解，參閱*Jan Schapp*, Methodenlehre, Allgemeine Lehre des Rechts und Fall-Lösung, Rechtstheorie 32 (2001), S. 306.

[11] 這是Gustav Radbruch的用語，「法學的邏輯」對他而言就是「法學的方法論」（Methodologie der Rechtswissenschaft），他認為根本的法學，亦即釋義的法學與體系的法學，是以解釋、建構與體系三個步驟來進行，參閱*Gustav Radbruch*, Rechtsphilosophie. Studienausgabe, (Hrsg.) Von Ralf Dreier/Stanley L. Paulson, 1999, S. 106 f.

[12] 例如法學方法論對「持續性的判決是否可視為法源？」的問題爭論，但是在審判實務上法官與律師卻必須正視並處理在持續性判決中被維持的法律見解，參閱*Ulrich Neumann*, Juristische Methodenlehre und Theorie der juristischen Argumentation, Rechtstheorie 32 (2001), S. 241.

甚至當法學界對於其作出「死亡診斷」時[13]，也無法提出有力的反駁。從另一個角度，或許我們也可猜測，法學方法論「死亡」的真正原因在於太過於堅持「法律拘束」（Gesetzesbindung）原則，太將焦點置於區分法律的解釋適用與法律漏洞補充的界限，太致力於追求自己作為指導法律的解釋與適用的角色，但是卻忽略了普遍性與特殊性之間的巨大落差，高估了具有一般性的法規範對於個案判決的決定性。

如果傳統法學方法論因為深陷在大陸法系的「學者法傳統」，無法因應法律實踐的需求而改頭換面，由於「矯枉必須過正」，那麼一個可能的借鑑對象就是英美法系中有關法律推理（legal reasoning）理論，相對於大陸法系在解決法律解釋適用問題時所強調的法釋義學傳統，英美法系由於普通法（common law）的背景，討論法律推理時通常會著重案例法（case law）與判決先例（precedent）的關鍵角色，因此其法律推理理論的特色與大陸法系的法學方法呈現強烈的對比。如果傳統法學方法已經「病入膏肓」，或許透過對法律推理理論的探究與對比，可以提供法學方法論足以攻錯的他山之石。當然，本文以下的討論並沒有忽略大陸法系與英美法系只是比較法學在法系歸類上的理想類型，以及現實世界中的法律體系暨與其相隸屬的法學傳統呈現複雜多元的面貌，更沒有完全否認在此條件下「法學方法」與「法律推理」無法相提並論的可能性，然而本文認為，在研究以判決為取向的法學方法時，不應該過度強調兩個法系的差異[14]，因為無

---

[13] Ulrich Neumann認為如果要對傳統法學方法論作出死亡診斷，就必須回答兩個問題，首先是法學方法論的死亡病因何在？其次是誰將要與誰應該繼承法學方法論？參閱*Ulrich Neumann*,（見註12），S. 239.

[14] 在探討針對判例解釋的比較法研究時，Neil MacCormick與Robert Summers也持類似觀點，

論在大陸法系或是英美法系，作為有效法的內容都不會侷限於制定法或是判例法，而且對法官而言，所要面對的判決處境如果不是完全相同，也是類似的，因此在某個程度內就可以合理化關於「法學方法」與「法律推理」的比較研究[15]。

　　本文所說的法律推理主要是指法官從事判決時的推理過程，然而對於法律推理的研究並不是要研究法官作出判決時的心理過程，因為那屬於法官心理學的研究對象，而是要將焦點集中於表現在判決書中的正當化（或稱為「說理證成」）過程[16]，檢視法官如何提出理由來正當化其決定的過程[17]。在這個講法裡，法律推理的研究可以包含「發現」與「正當化」兩個面向，然而值得一提的是，雖在概念上可以清楚區分這兩個面向，但是為了獲取一個與法律實務相關，而非自處於象牙塔的法律推理理論，如果研究對象不是法官獲致判決的複雜心理過程，就應該承認法律推理的過程正是法官正當化其判決的過程。雖然隨著研究者的重點而會有不同的側重，但是任何一個面向都不可偏廢，一方面，如果不清楚法官如何獲得其決定，要如何批判性的重建能協助其法律推理的理論？另一方面，如果不關心法官正是透過論證步驟來正當化其決定，又如何知道法官使用哪些論證方式來正當化其判決？

　　參閱D. Neil MacCormick, *Introduction*, in: INTERPRETING PRECEDENTS. A COMPARATIVE STUDY 3,(Neil MacCormick & Robert S. Summers eds., 1997)

[15] 這方面的探究事實上不乏其例，例如*Konrad Zweigert/Hein Kötz*, Einführung in die Rechtsvergleichung, 3. Aufl., § 18 Rechtsfindung und Prozeß im Common Law *und im Civil Law*; Wolfgang Fikentscher, Methoden des Rechts IV, 1977.

[16] 參閱*Neil Maccormick*, LEGAL REASONING AND LEGAL THEORY 8 (1978).

[17] 參閱*Cass R. Sunstein*, LEGAL REASONING AND POLITICAL CONFLICT 94(1996).

二、法律推理的獨特性

　　目前關於法律推理的研究似乎建立在一個假設上，那就是「存在著獨特的法律推理」，雖然對於大多數訓練有素的法律人而言，法律推理不但存在，而且與眾不同似乎是不言而喻的事實，但是在法理論上這個命題並非沒有爭議，過去有法律現實主義（legal realism）的嚴厲批判，當今則除了批判法學運動（CLS）的強烈質疑之外，新實用主義法理學家Richard A. Posner也提出尖銳的批評，本節將以其觀點為檢討對象，初步探討法律推理是否具有獨特性的問題。

　　與大部分學者的看法類似[18]，Posner也認為一般通稱的法律推理屬於實踐推理（practical reasoning）──實踐理性的方法──的一種，雖然實踐理性有多重涵義，但是他使用的概念，源自Aristotle討論歸納、辯證法與修辭學時所提出的方法，指的是無法透過邏輯或精密觀察來證實時，使用來形成對於事物的信念的方法，他認為實踐推理並非單一的分析方法，也非一組相關聯的方法，而像個雜貨箱一般，包含典故、內省、想像、常識、設身處地、動機考察、講者的權威、隱喻、類比推理、先例、習慣、記憶、「經驗」、直覺與歸納[19]。Posner質疑用來解決疑難案件的法律推理具有獨特性的看法，他認為並沒有所謂的與眾不同的法律推理，並以兩個被公認是最主要的法律推理方法──訴諸權威（reliance on authority）與類比推理（reasoning by analogy）──為例，檢驗到底法律推理是否真的具有獨特性？Posner認為，無論是在訴諸權威的方法還是在類比推理，

---

[18] 例如*Neil Maccormick*, *supra* note 16, at 7.其他例子請參閱*Richard A. Posner*, THE PROBLEMS OF JURISPRUDENCE, S. 71 Fn. 1（1990）所舉的文獻。

[19] *Richard A. Posner*, *supra* note 18, at S. 71 ff.

判決先例都扮演著關鍵角色，他的主要論點有二：首先，權威在法律中的角色不同於在科學中，由於法律大量的又必然的依賴權威，這就阻礙了法律中出現科學精神；其次，類比推理並非獨特的法律推理方法，而可化約為將判決奠基於所有可用的資訊上，這也包括過去判決中的資訊[20]。

　　訴諸權威本身屬於法律推理的出發點，也是法官依法審判的體現，因為法官的判決必須基於法律或是判決先例，即使法律推理訴諸權威的方式與科學活動有很大的差異，並且因而阻礙科學精神的出現在法律上，這與訴諸權威是否獨特的法律推理方法的問題並不相干，因此本文並不認為Posner的質疑是有效的，反而是，如果他的論點可以成立，更可以證明不同的訴諸權威方式正是法律與科學的根本差異所在。

　　退一步言，如果訴諸權威僅僅界定了法律推理的性質，那麼可否視為一種推理方法當然就有商榷的餘地。又，如果訴諸權威指的是遵循「判例拘束原則」，則訴諸權威亦非法律推理方法，而是指法律推理時所必須遵循的法律原則。本文以下會指出，將訴諸權威與類比推理區分為兩種截然不同的法律推理方法並不適當。

　　由於大多數法律人都認為類比推理是法律推理的核心[21]，所以比較重要的就是探究Posner的第二個質疑能否成立，亦即類比推理是否屬於獨特的法律推理？Posner對於類比推理的看法如同他對於實

---

[20] *Richard A. Posner, supra* note 18, at 78.

[21] 這也是Posner所承認的現況，參閱*Richard A. Posner, supra* note 18, at 86.除了訴諸權威與類比推理之外，Posner還檢討另外四種比較次要的法律推理方法：解釋、手段——目的合理性（means-end rationality）、默會致知（tacit knowing）與接受時間的測試，參閱*Richard A. Posner, supra* note 18, at S. 101 ff.對本文而言，比較重要的還是與被視為法律推理核心的類比推理的相關討論。

踐推理的看法，他認為類比推理並無確定的內容，也不具有整全性
（integrity），所指稱的是一類沒有固定內容而且不相互聯繫的推理
方法，而法律人之所以需要類比推理，是因為形式邏輯無法在法律推
理中起作用[22]。當然，Posner的說法比較適用在「發現的脈絡」[23]，
因為法官的法律推理過程固然不是形式邏輯的演繹推論。其實，形式
邏輯在法律推理中並不是完全沒有用處，因為演繹推論在「正當化
的脈絡」中扮演著「第一階正當化」或「演繹正當化」（deductive
justification）的角色[24]。

　　雖然對法律人而言，有時類比推理就是指類似歸納法的推理方
式，但是Posner比較贊成的定義是法律人對類比推理的另一種用法，
亦即將類比僅僅視為爭議問題的事例，而非邏輯證明的步驟或歸納推
論所植基的規律模式的一環，因此類比的作用就在於提供豐富的觀念
與資訊，以協助法官作成判決。換言之，在類比推理中，判決先例提
供律師與法官許多事實、理由以及技巧，使得其得知新案件應如何判
決。在另外一個脈絡中，Posner認為類比推理事實上只是一種間接的
邏輯推理而已，在其中判例被當作是相關的事實與觀念的來源，被當

---

[22] *Richard A. Posner, supra note 18,* at 86 f.

[23] 這也是Posner所承認的，他說類比推理屬於發現的邏輯而非正當化的邏輯，參閱*Richard A. Posner, supra* note 18, at 90.

[24] 參閱*Neil Maccormick, supra note 16,* at S. 19 ff.然而每個學者所用的詞彙並不相同，也有「內部正當化」（interne Rechtfertigung）或「主要架構」（Hauptschemata）等說法，參閱*Robert Alexy,* Theorie der juristischen Argumentation, S. 273 ff.; *Hans-Joachim Koch/Helmut Rüßmann,* Juristische Begründungslehre. Eine Einführung in Grundprobleme der Rechtswissenschaft, 1986, S. 6; Ulrich Neumann, Juristische Argumentationslehre, S. 80; Aulis Aarnio, THE RATIONAL AS REASONABLE. A TREATISE ON LEGAL JUSTIFICATION S. 119 ff（1987）.必須說明的是，演繹推論固然擔任第一階正當化的任務，但是大部分的法律推論卻不僅止於第一階正當化，而必須進展到第二階正當化，這個問題在下面討論MacCormick觀點時會再處理。

作材料來創造一個可以透過演繹推理來適用於新案件的理論[25]。所以根據Posner的看法，基於對判決先例的不同態度，可以在概念上將法律推理區分為訴諸權威與類比推理，前者將判決先例當作本案中的判決依據，後者則將判決先例當作是訊息提供者[26]。Posner會如此狹義的界定類比推理，其目的在於指出，類比推理既非邏輯演繹又非科學歸納，又與遵循判例的法律推理不同，因此並不值得法律人投注那麼多目光在上面。

本文認為Posner對於類比推理的批評有兩個問題，首先是，類比推理的價值高低並不影響其作為法律推理的獨特性，否則就混淆了不同層面的問題，因為類比推理可以既是獨特的法律推理方法，卻又達不到嚴格推論的高度。其次是，Posner對於類比推理作如此狹義的界定有道理嗎？既然判決先例既可以為法律推理的權威性依據，又可以提供法官豐富的觀念與資訊，以協助其作出判決，難道不能將類比推理的意義擴張到包含前面的「訴諸權威」嗎？何況他也有看到，對於當前案件的判決而言，先前的同級法院或是上級法院所做出的判決中所包含的價值因素、考慮因素、政策暨道德洞視，比見諸於其他資料的因素具有更大的權威性[27]。此外，目前即使在英美法系之中，嚴格的「判例拘束原則」也已經過時了[28]。如此一來，還能嚴格區分判決先例到底是作為資訊還是作為權威嗎？類比推理不就是根據案件的可類比性以及判決所植基的理由來作推理？進行法律推理時，區分判例

---

[25] *Richard A. Posner*, OVERCOMING LAW 175(1995).

[26] *Richard A. Posner*, *supra* note 18, at 89.

[27] *Richard A. Posner*, *supra* note 18, at 93.

[28] 嚴格的「判例拘束原則」已經在1996年被英國最高法院正式否定，從此之後最高法院可以推翻自己先前的判決，參閱*Maccornick*, *supra* note 16, at 134.

中的「判決理由」（ratio decidendi）與「旁論」（dicta），不正是
依據判例來推理的重點？所以，（廣義）類比推理的獨特性不就在於
區分了作為權威與作為資訊的判例？雖然Posner並非沒有預見到類似
的質疑，但是他仍然認為，在具體案件中對判例作廣義（權威）還是
狹義（資訊）的理解，雖然被認為是判決藝術的關鍵，但是這種理解
或選擇卻與進行類比沒有任何關係[29]。在此，Posner雖然提出了一個
有意義的觀點，亦即要選擇對判例作廣義或狹義的理解，並非類比推
理作為一種方法可以全然決定的，但是本文認為他的辯解並沒有成
功，因為他混淆了「發現的邏輯」與「正當化的邏輯」，類比推理屬
於前者，他卻用後者的標準來要求它。Posner甚至否定類比推理具有
方法的性質，並舉MacCormick討論過的一個案例，試圖證明類比推
理不能連接前提與結論，真正決定一個案件的是並未包含在判決先例
中的全新道德判斷或政策判斷[30]。本文認為Posner的論證弱點還是在
於混淆了「發現的邏輯」與「正當化的邏輯」，此外，還將方法的概
念予以更狹義的定義，似乎不屬於邏輯演繹或是科學歸納，就無法連
結前提與結論。本文以下將透過對Cass R. Sunstein法律推理理論的
考察，進一步探究類比推理的特質，以及類比推理是否如Posner所主
張的，真的是一種備受侷限的推理方法。

三、類比推理作為法律推理的核心

　　面對法律是否具有特殊形式的邏輯或是獨特推理形式的問題，
Sunstein認為，不要因為法律中的邏輯與推理形式是司空見慣的，就

---

[29] *Richard A. Posner, supra* note 18, at 95.

[30] *Richard A. Posner, supra* note 18, at 93.

認為答案是否定的。因為這樣的看法過於簡單，過於忽視法律人進行
推理時所面臨的獨特處境：法律人必須依據法律圈內的習慣來推理，
他們不但創造而且必須面對特殊的限制，使用的是自己的語彙與工
具，而且關心的總是正當權威的問題。法官與律師基於他們的特殊社
會角色，也會依他們自己的方式來思考，就是這種特殊處境使得法律
思維有別於其他的思維活動[31]。這種基於實踐條件而來的考察固然有
其依據，但是要確定法律推理的獨特性，還需要透過有關內容與特質
的掌握來加強其說服力。

　　近代主張類比推理是法律推理核心的最著名學者是Edward
Levi，他所著的《法律推理導論》[32]早已成為英美法學界家喻戶曉的
經典名著，本節所要考察的是該書出版將近半世紀後，另一個著名學
者Cass R. Sunstein對於類比推理的描述與解說[33]。應先說明的是，
類比推理的討論對Sunstein而言並非自為目的，而是在一個特定的問
題意識與論點下所發展的，亦即在充滿社會分歧與多元價值的當代
社會條件下，法律系統要透過什麼樣的特殊策略來製造穩定與合意
才能有良好的運作？雖然許多學者皆提出所謂的「大理論」（grand
theory）來解決這個問題，但是Sunstein卻反其道而行，他提出的

---

[31] *Cass R. Sunstein, supra* note 17, at 13.

[32] *Edward Lew*, INTRODUCTION TO LEGAL REASONING(1947). Sunstein指出，Levi指所要建立這個
理論，主要在回應法律現實主義對法律推理自主性的攻擊，參閱*Cass R. Sunstein, supra* note
17, at 75.

[33] 說來有趣，這篇1993年原本發表於109 Harvard Law Review 741 (1993)，並引起廣泛迴響，後
經修改收錄於其著作「Legal Reasoning and Political Conflict」的論文，在我國卻是由歷史學者
所翻譯出來，參閱賈士蘅譯，〈如何以類推決疑〉，收錄於費俠莉（Charlotte Furth）等著，
賈士蘅、陳元朋譯，《讓證據說話》，頁121-186（2001年）。不過法學者討論類推適用時也
曾介紹過這篇論文的想法，參閱王文宇，〈論類推適用與法律解釋〉，《民商法理論與經濟
分析》，頁280（2000年）。

一帖藥方是，要解決法律爭議必須嘗試製造「不完全理論化合意」
（incompletely theorized agreements）[34]，對Sunstein而言，「不完
全理論化合意」不但是進入法律推理的鑰匙，還是社會穩定的重要來
源，而且也是人們在法律與在自由民主的社會中，相互表示尊重的重
要方式。「不完全理論化合意」意味著，爭議的參與者清楚地在特定
的事物上達成合意，但是並不訴諸支持這個結果的高層次理論，他們
頂多只提出些低層次或中層次的原則[35]。對Sunstein而言，在法院中
進行的法律推理主要就是類比推理，而且法官之所以大量採用類比推
理，是因為類比推理可使人達成「不完全理論化合意」[36]。Sunstein
透過「不完全理論化合意」的觀點來釐清法律中類比推理的特質，另
一方面，如果類比推理真的使用到「不完全理論化合意」的思考，有
關類比推理的討論也可支持他對於法律系統特殊策略的論點。

　　Sunstein認為，一方面，類比推理毋須使用到有關「善」或是
「對」的高深理論；另一方面，進行類比推理時也必須涉及一點抽象
事物，才能從具體個案推論到另一個具體個案。因為在推理時仍然必
須主張，案件A是根據哪一個理由而判決的，這個理由是否也適用於
案件B[37]。

　　基於案例的分析，Sunstein主張具有類比推理是由五個步驟所組
成的推論形式：

　　一、某事實模式A──「來源」案件──具有某些特徵X、Y、

---

[34] *Cass R. Sunstein, supra* note 17, at 4.

[35] *Cass R. Sunstein, supra* note 17, at 5.關於「不完全理論化合意」的詳細討論，參閱同書的第二章。

[36] *Cass R. Sunstein, supra* note 17, at 62.

[37] *Cass R. Sunstein, supra* note 17, at 63.

Z。

　　二、事實模式B──「目標」案件──具有特徵X、Y、A。

　　三、案件A在法律上以某方式處理。

　　四、在思考案件A、案件B與其相互關係的過程中，創造或發現了某個原則，可用來解釋案件A為何以此方式處理。

　　五、基於與案件A的共通之處，案件B應該作相同的處理，所以相同的原則也適用在案件B。

　　Sunstein反對類比推理屬於演繹推理的講法[38]，雖然在上述的第四個步驟中，要進行類比推理必須先確定一個主導觀念，以支持來源事實與目標事實中的結論，但是這個主導觀念卻不是事先給定之後再適用於新案件，反而是在類比推理的過程中才被確認出來，類比推理對主導觀念的確認具有不可或缺的地位，因為在接觸與理解案例之前，我們根本無從得知什麼是相關的主導觀念，能不能作類比也是在比較案件的過程中才能確定，這麼做的同時，人們也在辨識能正當化其判斷的原則[39]。

　　Sunstein認為類比推理有四項互異但有重疊的特徵，亦即原則上具有一致性、將焦點置於個案的細節、不完全理論化的判斷、適用可在較低或中間抽象層次操作的原則[40]，當然這四項特徵也決定了類比推理的優缺點。

　　一、原則上具有一致性的意思是，對於個別案件的判斷必須彼此一致，要求原則上具有一致性是類比推理的標誌，為了能產生必要的一致性，為了要讓看似分歧的結果相互和諧，就要援引原則來解釋案

---

[38] 這正是前述Posner的看法之一，參閱 *Richard A. Posner supra* note 25, at 175.

[39] *Cass R. Sunstein, supra* note 17, at 64 f.

[40] *Cass R. Sunstein, supra* note 17, at 67-69.

件。

　　二、類比推理將焦點置於細節，而且是從具體的爭點開始進行，所以也可視為「由下而上的」（bottom-up）思考方法或決疑法的特殊類型。應該補充的是，雖然類比推理將焦點置於細節，但是對於個案判決的任何描述都會包含更一般性的成分，如果我們不知道一個案件的判決理由，我們就不可能理解這個案件，當我們將兩個案件相提並論時，其實我們已經對第一個案件的事實與理由作某種程度的抽象化了。

　　三、類比推理並不使用深奧的或完備性（comprehensive）理論來解釋個案結果，決定相關案件的基礎信念是不完全理論化的。雖然法律人在推理時會基於這個或那個確信，但是他並不能鉅細靡遺的解釋這些信念的基礎，或提供一套詳盡的理論來說明這些信念。

　　四、在類比推理中被創造或發現的通常是中低抽象的原則，不管人們在高層次贊成何種不同的理論或價值，還是可以在低層次的原則上達成一致。

　　Sunstein認為，如果我們暫時不考慮（法律）規則的解釋，類比推理的四項特徵所標誌的幾乎就是一般法律人的推理模式，他們並不擁有足以支持其信念或是認定法律的抽象理論，但是仍然可以得知什麼是他的信念或是確定什麼是法律，並將其運用來解決新遇到的案件，需要指引的時候他們就會回到舊的案件，並從其中獲取確定的看法[41]。由此，我們也可得知判決先例在類比推理中的重要性。

---

[41] *Cass R. Sunstein, supra* note 17, at 69.

四、判決先例的作用與類比推理的難題

判決先例或先例中的判斷在類比推理中扮演著「固定點」（fixed points）的角色，根據Sunstein的看法，這個觀點可以區分成三種可能性[42]：

一、有些判決先例不能被某些法官正當的推翻，就此意義而言他們具有權威性與拘束性（binding），例如下級法院通常會接受聯邦最高法院的判決。

二、在某些極端例外的情況下，有些判決先例可以被推翻，也可以說不具拘束性，通常這是指聯邦最高法院對其先前所作判決的態度。

三、有某些判斷並不全然體現在判決先例之中，但是其特質如此明顯與令人無法抗拒，所以也具有判決先例的地位[43]。

透過上述的區分，似乎判決先例的權威性與拘束性可以清楚判斷，但是實則不然，因為判例到底支持什麼並不如表面上那麼清楚，通常在具有拘束性的判例中，還可以再區分「判決」（holding）與「旁論」，「判決」是指案件中的判決結果與支持它的最狹窄的理由。但是要在類比推理中適用這個區分並不容易，尤其當考慮到其他案件的時候，本案中法院用來支持其判決結果的論證有時就顯得太過廣泛，有時候又顯得太狹窄，所以從判決先例中找到的判決理由並不是簡單的發現，而是解釋的結果[44]。基於Sunstein這裡的簡單說明，也可以得知Posner將訴諸權威與類比推理區分開來，並狹義的理解後

---

[42] *Cass R. Sunstein, supra* note 17, at 70 f.

[43] Sunstein舉的例子是：政府不得因為基督徒信仰基督教就將他們監禁。政府不得僅僅因為有人需要血液來維持生命就強迫西班牙裔的人民捐血，參閱*Cass R. Sunstein, supra* note 17, at 70.

[44] *Cass R. Sunstein, supra* note 17, at 71.

者，即使在描述性方面都是對類比推理過於簡單的看法。

　　除了作為「固定點」之外，Sunstein還進一步區分對於判決先例的兩種使用方式，亦即將判例當作「規則」或當作「類比」來使用。當判例主導了所有相同案件的判決時，就扮演「規則」的角色，所謂相同案件是指這些案件在重要之處皆相似，而且彼此之間沒有重要的差異。當判例與當前要處理的案件有顯著的差異，但是從更高層次的原則或政策的角度看來，判例卻又與本案相關的時候，判例就扮演「類比」的角色。當然他也承認，在操作上要區分兩者也沒那麼容易，只有在開始進行推理之後，才有辦法得知要把判例當作「規則」還是「類比」來看待。所有的案件都是潛在的可區分的，Sunstein認為在推理過程中對於判例的定位，有賴於共享的理解（shared understandings），所以一個判例到底是「規則」還是「類比」乃是基於某種實質觀念的人工產物[45]。問題是，在缺乏共享理解之處，在法官與律師對於某種實質觀念沒有相同看法之時，有關於判例到底是「規則」還是「類比」就會成為爭議焦點，此時，Sunstein似乎只能訴諸社群的某種同質性，引用他所創的「不完全理論化的合意」來解決，假使「不完全理論化的合意」是指對於判決的結果與支持它的理由的合意，縱使有減少抽象理論爭議與擴張合意可能性的作用，但是在合意並不存在的時候，也無法解決爭議問題。其實不僅關於判例的定位會有這個問題，關於判例中「判決」與「旁論」的區分，甚至針對「判決理由」是否過寬或過窄的判斷也會有這個問題。然而必須補充說明的是，以上的質疑並非只適用於Sunstein所述的類比推理，而是判例法方法所會遭遇而必須解決的一般性問題，針對這些問題而發展

---

[45] *Cass R. Sunstein, supra* note 17, at 71 f.

的判例法方法固然提供了不少更細緻的技巧[46]，但是問題的根本恐怕不在於技巧的有無，而在於技巧的正確運用。換個角度，也可以說這是類比推理作為「發現的邏輯」所必須面對的難題。

事實上，Sunstein自己也承認，進行類比推理時可能發生以下的問題[47]：

一、案件選擇方面：有時法官對「來源」案件的選擇無法被正當化；有時法官將案件A當作是類比推理的基礎，但是案件B與案件C卻是更恰當的起點。

二、類比的理由方面：由於採用類比方法時必須問：案件A與案件B是否具有在法律上重要的類似性？所以我們需要一套有關法律上重要的類似性與差異的理論，否則不是會陷入形式主義的思考，就是會做出不恰當的類比。當法官只是單純的宣稱案件A與案件B可以相互類比，但是卻沒有提出必要的論據時，類比推理的創造性面向就會受到貶抑，而變成一種形式主義的思考。不恰當的類比則可能發生在，當法官基於某個被接受的統一性原則將案件A類比於案件B，卻沒有再測試其他的可能時，或是當法官認為兩個案件的類似性具有決定性，卻沒有去探究對兩者也同等重要的差異性。此外，由於類比推理會影響法官去思考引起其他論題的其他案件或假想的例子，可能會導致法官將目光從本案中真正重要的因素偏離。

五、類比推理的普遍性

即使必須面對不少難題，將判例當作「固定點」的類比推理對法

---

[46] 參閱 *Martin Kriele*, Theorie der Rechtsgewinnung，S. 243 ff.對於判例法方法的詳細解說。

[47] 這是筆者對其論點的歸納，參閱 *Cass R. Sunstein*, *supra* note 17, at 72-74.

院還是那麼有吸引力，法院甚至以類比推理為其主要的思考方法，其原因何在呢？在理念上，這體現了正義的要求，避免沒有正當理由的差別待遇，此外，對判例的尊重也是合乎法治原則。在實踐上也有許多優點，遵循判例除了可避免法官的專斷之外，更重要的是可以節省法官的時間，法官從判例中學習許多前人的智慧，透過類比過程中對判例的分析，法官可以辨識許多原則與政策，而且不用每次遇到一個新的案件都必須重起爐灶[48]。

　　相對於普通法系重視的判決先例，大陸法系的思考可能會將重點置於發展良好的法釋義學（Rechtsdogmatik）之上，根據法社會學家Niklas Luhmann的看法，法釋義學具有穩定期待與化約複雜性的功能[49]，可以說，大陸法系的法釋義學與普通法系的判決先例具有某種程度的功能對等性，法官面對新案件時，可以藉由法釋義學的成果來避免重起爐灶。然而值得考慮的是，如果法釋義學對於法官的幫助真的這麼大，大陸法系的法官還需要法學方法論嗎？事實上，取向於建構法釋義學的傳統法學方法論常常被批評為與法律實踐疏離，因為它對於法官在具體案件的判決幫助不大，但是著重建構體系的法釋義學所能給予法官的，通常倘使不是一些過於空泛的指示，就是針對法律文義的各種不同主張（通說／少數說，甲說／乙說／丙說等等），即使「判例拘束原則」在大陸法系並非理所當然，在審級體系中工作的法官，在面對原告與被告針鋒相對的法律見解時，常常要參考的就是上級法院，尤其是最高法院對於類似案件所作過的判決，即使是原告與被告的訴訟代理人也是一樣，為了打贏訴訟比較保險的做法就是

---

[48] 請比較*Cass R. Sunstein, supra* note 17, at 76-77.

[49] 詳見*Niklas Luhmann*, Rechtssystem und Rechtsdogmatik, 1974, S. 25, 29, 36.

引用實務見解。

　　就類比推理可以避免重起爐灶這個優點而言，以憲法案件為例，Sunstein提及，一般人以為憲法裁判的根據是憲法文本、憲法所規定的國家結構（聯邦制）或是歷史，雖然不是全然錯誤，但卻是過度簡化的看法，因為根據這些解釋標準來解釋憲法，往往會導致漏洞、模糊或是其他無法解決的解釋問題，尤其是憲法使用了許多高度抽象的概念，例如「平等保護」（equal protection），要將具有一般性的文本應用到許多始料未及的特殊問題，當然就會產生許多不確定性[50]。事實上，Sunstein對於這一、二十年來英語法學界所發展的各種解釋理論，抱持著懷疑的態度，即使承認解釋（interpretation）在法律思維中是很普遍的，他也不認為有可能建立一個具有普遍性而且是好的解釋理論，因為詮釋性實踐（interpretive practice）高度依賴其所處的脈絡與所扮演的角色，我們固然可以透過對於脈絡與角色的抽象而獲得理論，但是要解決個別案件的話，這樣的理論卻顯得太過空泛，對他而言，關於解釋的各種爭論都是一種偽裝，因為真正爭論的問題是（法律）規則是否存在以及制定（法律）規則是否令人期待[51]。Sunstein會有這樣的質疑並不令人意外，因為法律推理與法理論具有密切的關聯，不但是許多學者所共同支持的看法，而且不分普通法系或大陸法系，例如MacCormick指出：「法律推理理論需要法理論，反之亦然。任何法律推理的說明……都對法律的性質作了預設。同樣地，關於法律性質的理論也可以在它與法律推理的關係上得

---

[50] *Cass R. Sunstein, supra* note 17, at 79 f.

[51] *Cass R. Sunstein, supra* note 17, at 167.關於這個問題，當代最著名莫過於H. L. A. Hart與Ronald Dworkin關於原則與規則的辯論。

到測試[52]。」Ronal Dworkin主張：「法理學是司法裁判的總論，是任何判決靜默的前言[53]。」此外，Larenz也曾提及：「事實上可以輕易地指出，法學方法論依賴其所預設的法理解[54]。」

　　因此，主張降低爭論層次以尋求合意的Sunstein，自然會再次強調類比推理由下而上的性質，不但可以暫時避開（法）理論爭端，而且還有利於達成「不完全理論化合意」，因而特別適合法官與律師的角色，在此意義上，的確可以說類比推理是法律思考方式的核心。

　　Sunstein主張，雖然普通法特別重視類比推理，但是即使在憲法這種成文法的領域，大部分的憲法問題並非引用憲法條文或是歷史來解決，而是透過類比推理以及決疑性的（casuistical）思考來解決，甚至連在確定（法律）規則的意義上，類比推理也扮演重要的角色[55]，因此無論是在普通法、憲法還是制定法，類比推理都是最主要的法律推理方法。Sunstein這種大膽的宣稱固然有其依據，事實上他也分別在這三個法領域各舉例子說明類比推理的作用[56]，但是這個說法如果不只是針對美國的司法實務，還要適用到其他普通法國家，甚至大陸法系國家，就需要相應於當地的司法實務作調整[57]，因為法院的法律推理與判決總是以具體的制度性設計與法律文化傳統為條件，即使對於普通法國家的司法而言，法的範圍已經包含普通法、憲法與制定法，所以法院的法律推理並不侷限於普通法的推理，但是深深影

---

[52] *Nell Maccormick, supra* note 16, at 229.

[53] *Ronald Dworkin*, LAW'S EMPIRE 90(1986).

[54] *Karl Larenz*,（見註2），S. 7.

[55] *Cass R. Sunstein, supra* note 17, at 63.

[56] *Cass R. Sunstein, supra* note 17, at 77-90.

[57] 相關的比較研究，請參考各國法理學者的跨國性合作：NEIL MACCORMICK/ROBERT S. SUMMERS (eds.), INTERPRETING STATUTES. A COMPARATIVE STUDY (1991); Neil MACCORMICK/ROBERT S. SUMMERS (eds.), INTERPRETING PRECEDENTS. A COMPARATIVE STUDY (1997).

響它的還是普通法的傳統。但是對本文的研究目的而言，重要的是發展自普通法的法律推理理論，對於目前遭遇瓶頸的法學方法論可以有什麼啟發？

　　本文認為，即使各國法院對所賴以進行法律推理的權威性依據有不同的偏重，具體的審級制度與規範訴訟程序的法規範亦有所不同，而且所處的法系傳統或法律文化的影響力也不可忽視，如果將焦點置於著重對個案作正確決定的法院判決活動，在某個抽象層面上卻必須承認法官所面臨的判決處境是類似的，這不但是法學方法論與法律推理理論可以相互比較的基礎條件，也是此處Sunstein所討論的類比推理具有參考價值的理由。

　　相對於Sunstein所主張的，類比推理是法院主要的推理方式，德國傳統法學方法論之中，「類推適用」（Analogie）卻非法律解釋的一環，而屬於法律漏洞補充的方法之一[58]。根據Larenz的看法，「類推適用」是填補「明顯」漏洞（"offene" Lücken）[59]的方法，就是將法律中適用於構成要件A的規則，適用於法律並未規範但與A類似的構成要件B之上。類推適用的理由在於，基於兩個案件在法律評價的重要面向上具有相似性，所以對兩件案件必須給予相同的評價，這即是正義所要求的，相同事物必須相同的對待[60]。德國傳統法學方法論會將「類推適用」排除在法律解釋之外，並將其限定在法律漏洞的補

---

[58] 我國學者也大多採納德國傳統法學方法論的看法，將「類推適用」侷限於法律漏洞的填補，視其為補充法律的方法，參閱黃茂榮，《法律漏洞及其補充方法》，頁125以下（1987年）；黃建輝，《法律漏洞‧類推適用》，頁101以下（1988年）；黃建輝，《法律闡釋論》，頁28以下（2000年）。但是也有學者注意到這個問題，請比較林立，《法學方法論與德沃金》，頁93、118以下（2002年）。

[59] 當法律並未包含任何可適用於特定的案件群的規則，但是根據其本身的目的卻應該包含這樣的規則時，就存在著「明顯」漏洞，參閱 *Karl Larenz*,（見註2），S. 377.

[60] *Karl Larenz*,（見註2），S. 381.

充上，其原因在於將制定法（Gesetz）的解釋與適用視為法律推理的常軌，將焦點過度集中於文本的解釋上，所以才會將重點置於用以闡明與探究文本意義的各種的解釋標準。問題是，在法律推理的研究上如此狹窄的界定「類推適用」的意義有沒有道理？將「類推適用」當作法律漏洞的補充方法有個前提，就是可以清楚判斷案件事實是否落在法條文義之內，此即研究法學方法論的學者常常強調的「文義作為解釋的界限」（Wortlaut als Grenze der Auslegung）[61]，但是這個前提卻不是不容置疑的，法官判決時所面對的問題反而是有待解釋的法律該如何確定其意義，換言之，亦即本案是否可適用該法律來判決的問題。所以問題不是法律文義沒有界限，而是界限在哪裡以及要如何確定，因此本文並不認為刑法上基於「罪刑法定主義」禁止不利於被告的類推，難以達成保護被告基本權利的功能，但是這是刑法的原則與其實現的問題，與此處所討論的法律推理方法並無直接關係，「禁止類推適用」原則反而預設了此處討論的結果，因為什麼屬於法條文義所涵蓋的案件是法律推理的結果而非出發點，在判定文義的界限時，同時也在判定本案跟判例有法律上重要的類似或是法律上重要的差異，尤其在所謂的疑難案件（hard cases），如果不去比較本案與判決先例，法官很難斷定本案的適用是屬於法律解釋還是法律漏洞的補充，在此意義上，Sunstein所提倡的類比推理不但在推理程序上先於「類推適用」，而且所指涉的是比「類推適用」更為基礎的推理層面。

　　相較於德國傳統法學方法論對於「類推適用」的狹隘理解，某

---

[61] 這方面的深入研究，參閱*Otto Depenheuer, Der Wortlaut als Grenze. Thesen zu einem Topos der Verfassungsinterpretation*, 1988,值得注意的是，他將文義的對象功能與界限功能對立起來，並對於文義是否能作為解釋的界限持質疑的態度。

個意義上，已故的德國法哲學家Arthur Kaufmann可以說是Sunstein
在德國的知音，他抱怨類推適用在法律中被貶為「漏洞填補者」
的角色，他認為不但每一種思考都是「類比思考」（analogisches
Denken），而且法的認識與法律發現（Rechtsfindung）都具有類比
的結構[62]。然而可以推測，不喜歡抽象理論的Sunstein可能不會贊成
Kaufmann的法本體論主張，因為Kaufmann不只認為法的理解具有類
比結構，連法本身都具有類比的性質[63]。

六、結 論

迄今為止，本文對於法律推理理論的考察，比較著重「發現的邏
輯」這個面向，而以類比推理為其主要代表，對於以指導判決為其職
志的法學方法論而言，著重比較案件與低層次原則的類比推理，的確
有重大的啟發性。但是必須注意的是，由於類比推理主要發展自普通
法的推理，判決先例又扮演不可或缺的「固定點」，再加上雖然已經
被相對化但是仍享有一定程度拘束性的「判例拘束原則」，要引進以
成文法為主的大陸法系，則必須做相當的調整，尤其是當相關的判決
先例不存在時，類比推理就可能找不到一個出發點[64]，此時就進入一
個更加複雜的推理領域，一個可能的方向是回歸傳統以法釋義學建構

---

[62] 詳細的討論，參閱Arthur Kaufmann著，吳從周譯，《類推與「事物本質」──兼論類型理論》（Analogie und „Natur der Sache" – Zugleich ein Beitrag zur Lehre vom Typus）（1991年），第三章與第五章。討論作為一種法學方法的類推，進一步請參閱*Arthur Kaufmann*, Rechtsphilosophie, 1994, 2. Aufl., 1997, S. 76 ff.; *Arthur Kaufmann*, Das Verfahren der Rechtsgewinnung. Eine rationale Analyse, 1999, S. 59 ff.

[63] Arthur Kaufmann著，吳從周譯，前揭（註62）文，頁45。

[64] 嚴格言之，並不是沒有出發點，然而類比的案件類型並非判決先例案件，而是當初立法者制定法律時預想的規制對象。

為取向的法學方法，然而它可以發揮的潛能有多大，並不易判定。此外，Sunstein之前的警告也值得注意，為了要解決法律解釋的問題而藉助解釋理論，可能會一頭栽進去法理論而忘記初衷。

　　另一方面，在分析類比推理時可以發現，無論在判斷案件的類似性，還是在區分「判決理由」與「旁論」時，甚至在確定判決先例中哪一部分屬於「判決理由」或「判決理由」的確定內涵時，都可能有所爭論，這些也都不是單靠類比推理本身就可以解決的問題。如同Arthur Kaufmann所說，類比推理並不是嚴格的邏輯推理，它需要與演繹推理等其他形式的推理共同作用，當然這樣一來可能將焦點轉移到判決的正當化之上，也就進入法律推理另一面向的研究了。

原文出處

一、〈論「價值秩序」作為憲法學的基本概念〉，原發表於《台大法學論叢》第30卷第5期，2001年9月，頁1-32。

二、〈基本權理論、基本權功能與基本權客觀面向〉，原發表於翁岳生教授祝壽論文編輯委員會主編，《岳生教授七秩誕辰祝壽論文集—當代公法新論（上）》，2002年7月，台北，元照出版公司。

三、〈憲法解釋、憲法理論與「結果考量」——憲法解釋方法論的問題〉，原發表於中研院中山人文社會科學研究所主辦「第三屆憲法解釋之理論與實務」學術研討會，2001年3月23、24日。修訂後收錄於劉孔中／陳新民主編，《憲法解釋之理論與實務／第三輯》，2002年9月，台北，中央研究院中山人文社會科學研究所。

四、〈憲法、憲法變遷與憲法釋義學——對「部門憲法論述」的方法論考察〉，原以〈憲法、憲法變遷與憲法釋義學－兼論蘇永欽教授的「部門憲法論述」〉為題，發表於政治大學法學院舉辦「宏觀法學論壇」，2003年9月29日。修訂後發表於《月旦法學雜誌》第112期，2004年9月，頁150-169。後收錄於蘇永欽、張嘉尹、張文貞等著，《部門憲法》，2006年1月，台北，元照出版公司。

五、〈Zur Rezeptionsfahigkeit der Verfassungsrechtsdogmatik und Ihrer Grenzen〉，原發表於國家科學委員會委託政治大學法學院暨台灣大學法律學院主辦「第二屆德台學術研討會」，主題：「憲法學在民主憲政國家中的角色」，台北圓山

大飯店，2002年9月26、27日。修訂後收錄於Christian Starck (Hrsg.), Die Rolle der Verfassungsrechtswissenschaft im demokratischen Verfassungsstaat, 2004, Baden-Baden, Nomos-Verlagsgesellschaft.

六、〈法律原則、法律體系與法概念論──Robert Alexy法律原則理論〉，原以〈法律原則是法律嗎？──Robert Alexy的原則理論與法概念論〉為題，發表於台灣法理學學會暨台灣大學法律學院法律與社會中心主辦「第一屆台灣法理學學術研討會」，主題：「台灣法理學之傳承與展望」，2002年1月12日。修訂後發表於《輔仁法學》第24期，2002年12月，頁1-48。

七、〈法學方法與法律推理──類比推理作為法律推理的核心〉，原發表於台灣大學法學院舉辦「楊日然教授逝世十週年紀念學術研討會：法律的分析與推理」，2004年6月19日。修訂後收錄於林文雄主編，《法律的分析與推理──楊日然教授逝世十週年紀念學術論文集》，2006年7月，台北，元照出版公司。

國家圖書館出版品預行編目資料

憲法學的新視野. 一, 憲法理論與法學方法論
／張嘉尹著. －－初版. －－臺北市：五南,
2012.10
　面；　公分
ISBN 978-957-11-6259-1（平裝）
1.憲法　2.法學　3.方法論
581.1　　　　　　　　　100005085

1R23

憲法學的新視野㈠——
憲法理論與法學方法論

作　　者— 張嘉尹（223.5）

發 行 人— 楊榮川

總 編 輯— 王翠華

主　　編— 林振煌

責任編輯— 李奇蓁　王政軒

封面設計— 斐類設計工作室

出 版 者— 五南圖書出版股份有限公司

地　　址：106台北市大安區和平東路二段339號4樓

電　　話：(02)2705-5066　傳　真：(02)2706-6100

網　　址：http://www.wunan.com.tw

電子郵件：wunan@wunan.com.tw

劃撥帳號：01068953

戶　　名：五南圖書出版股份有限公司

台中市駐區辦公室/台中市中區中山路6號

電　　話：(04)2223-0891　傳　真：(04)2223-3549

高雄市駐區辦公室/高雄市新興區中山一路290號

電　　話：(07)2358-702　傳　真：(07)2350-236

法律顧問　元貞聯合法律事務所　張澤平律師

出版日期　2012年10月初版一刷

定　　價　新臺幣350元